STASILÂNDIA

Coleção Jornalismo Literário — Coordenação de Matinas Suzuki Jr.

A sangue frio, Truman Capote
Berlim, Joseph Roth
Chico Mendes: Crime e castigo, Zuenir Ventura
Fama e anonimato, Gay Talese
A feijoada que derrubou o governo, Joel Silveira
Filme, Lillian Ross
Hiroshima, John Hersey
O imperador, Ryszard Kapuscinski
O livro das vidas, org. Matinas Suzuki Jr.
A milésima segunda noite da avenida Paulista, Joel Silveira
Na pior em Paris e Londres, George Orwell
Radical Chique e o Novo Jornalismo, Tom Wolfe
O segredo de Joe Gould, Joseph Mitchell
O super-homem vai ao supermercado, Norman Mailer
A vida como performance, Kenneth Tynan

ANNA FUNDER

Stasilândia

Tradução
Sérgio Tellaroli

Posfácio
William Waack

Copyright © 2002 by Anna Funder

Publicado originalmente na Austrália e na Nova Zelândia como *Stasiland*, pela The Text Publishing Company.

Título original
Stasiland

Capa
João Baptista da Costa Aguiar

Imagens
Corbis/ LatinStock (queda do muro)
Rene Burri/ Magnum Photos (soldados)
Reuters/ LatinStock (arquivo)

Preparação
Carlos Alberto Bárbaro

Revisão
Cecília Ramos
Daniela Medeiros

Dados Internacionais de Catalogação na Publicação (CIP)
(Câmara Brasileira do Livro, SP, Brasil)

Funder, Anna
    Stasilândia / Anna Funder ; tradução Sérgio Tellaroli.
— São Paulo : Companhia das Letras, 2008.

    Título original: Stasiland
    ISBN 978-85-359-1236-4

    1. Alemanha Oriental – Biografia – Anedotas 2. Alema-
nha Oriental – Usos e costumes 3. Jornalismo literário 4. Serviço secreto – Alemanha Oriental – História I. Título.

08-03910   CDD-070.401

Índice para catálogo sistemático:
1. Jornalismo literário   070.401

[2008]
Todos os direitos desta edição reservados à
EDITORA SCHWARCZ LTDA.
Rua Bandeira Paulista 702 cj. 32
04532-002 — São Paulo — SP
Telefone (11) 3707-3500
Fax (11) 3707-3501
www.companhiadasletras.com.br

Para Craig Allchin

... uma selva silenciosa e louca sob o vidro.

Carson McCullers, *A sócia do casamento*

Vocês dois, violador e vítima (colaborador! violino!), estão ligados, talvez para sempre, pela obscenidade daquilo que se revelou a vocês, pelo triste conhecimento do que as pessoas são capazes de fazer. Somos todos culpados.

Breyten Breytenbach,
Confissões verídicas de um terrorista albino

"Que o júri chegue a seu veredicto", disse o rei, mais ou menos pela vigésima vez naquele dia. "Não! Não!", disse a rainha. "Primeiro a sentença   depois o veredicto."

Lewis Carroll,
As aventuras de Alice no País das Maravilhas

Sumário

Mapa da Alemanha, 1945-90	12
Mapa do Muro de Berlim, 1961-89	13
1. Berlim, inverno de 1996	15
2. Miriam	26
3. A ponte da Bornholmer Strasse	36
4. Charlie	50
5. O palácio de linóleo	70
6. O quartel-general da Stasi	79
7. O cheiro dos velhos	94
8. Telefonemas	105
9. Julia não tem história	120
10. O namorado italiano	132
11. Major N.	142
12. O lipsi	156
13. Von Schni…	169
14. Quanto pior…	181
15. *Herr* Christian	192

16. O homem socialista 200
17. Traçando a linha 216
18. A placa 227
19. Klaus 235
20. *Herr* Bock, de Golm 248
21. *Frau* Paul 258
22. O acordo 269
23. Hohenschönhausen 279
24. *Herr* Bohnsack 295
25. Berlim, primavera de 2000 308
26. O muro 318
27. Quebra-cabeças 329
28. Miriam e Charlie 339

Algumas notas sobre as fontes 355
Agradecimentos 361
Posfácio 365

STASILÂNDIA

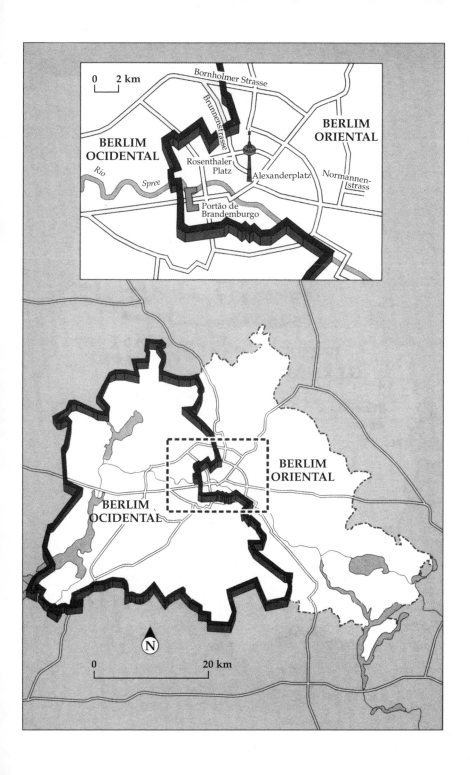

9 de novembro de 1989.

Berlim Oriental, 1989.

Antigo arquivo da Stasi, aberto ao público após a reunificação alemã.

1. Berlim, inverno de 1996

Estou de ressaca e avanço como um carro pela multidão na estação Alexanderplatz. Por várias vezes calculo mal o espaço que ocupo e raspo num latão ou num daqueles postes com propaganda. Amanhã, manchas roxas vão aparecer em minha pele, como uma foto surgindo do negativo. Junto da parede, um homem se volta, sorrindo e fechando a braguilha. Faltam-lhe os cordões do sapato e alguns dentes — rosto e sapato igualmente negligentes. Outro homem, de macacão, segurando uma vassoura do tamanho daquelas usadas para limpar as quadras de tênis, joga bolinhas de desinfetante pela plataforma. Constrói arcos de pó verde, cigarro e urina. Um bêbado matinal caminha como se o chão não fosse segurá-lo.

Vou pegar o metrô para a Ostbahnhof, a estação ferroviária de onde sai um trem regional para Leipzig, a cerca de duas horas de Berlim. Sento-me num banco verde, contemplo azulejos verdes, respiro ar verde. De repente, não me sinto muito bem. Preciso chegar rapidinho à superfície e faço o caminho de volta, escada acima. No nível da rua, a Alexanderplatz é uma gigantesca extensão em concreto cinza, projetada para fazer com que as pessoas se sintam pequenas. Funciona.

Está nevando lá fora. Sigo pela neve suja e derretida em direção aos banheiros. Como as linhas do metrô, os banheiros ficam embaixo da terra, mas ninguém pensou em conectá-los à estação correspondente. À medida que vou descendo os degraus, o cheiro enjoado de desinfetante é onipresente.

Uma mulher enorme, de avental roxo e maquiagem pesada, encontra-se postada lá embaixo. De pé, encostada num balcão de vidro, ela guarda sua pilha de preservativos, rolos de papel e absorventes. Sem dúvida, uma mulher que não teme o lixo da vida. Sua pele é suave e brilhante, e ela exibe muitos queixos macios. Deve ter uns 65 anos.

"Bom dia", cumprimento. Sinto-me esquisita. Ouvi histórias sobre pesarem a comida ingerida e as fezes expelidas por bebês alemães na tentativa de se obter a medida da vida. Sempre achei inapropriado esse tipo de espectadora maternal. Usei o toalete, saí e depositei uma moeda na bandeja dela. Penso comigo que o propósito das gotas de desinfetante é mascarar os cheiros dos corpos humanos com coisa pior.

"Como está o tempo lá em cima?", a mulher pergunta, sinalizando com a cabeça para o topo da escada.

"Bem frio." Ajeito minha pouca bagagem. "Mas não está tão ruim, a camada de gelo fino na rua ainda não está tão grande."

"Isso ainda não é nada", ela desdenha.

Não sei se é ameaça ou bazófia. É o que chamam por aqui de *Berliner Schnauze* — aquela tromba berlinense. A postura habitual, estampada na cara. Não quero ficar ali nem tampouco subir a escada rumo ao frio. O cheiro de desinfetante é tão forte que não sei dizer se estou me sentindo melhor ou mais enjoada.

"Faz vinte e um anos que estou aqui, desde o inverno de 1975. Vi coisa bem pior do que isso."

"É bastante tempo."

"Com certeza. Tenho meus fregueses habituais, posso dizer a você. Eles me conhecem, eu conheço todos. Uma vez veio um príncipe, um Von Hohenzollern."

Imagino que ela use o truque do príncipe com todo mundo. Mas funciona: estou curiosa. "Ã-hã, e isso foi antes ou depois da queda do muro?"

"Antes. Ele veio do lado ocidental para passar o dia aqui. Costumavam aparecer muitos ocidentais, você sabe. Ele me convidou" — ela dá uns tapinhas com a mão espalmada nos seios enormes — "para visitar seu palácio. Mas é claro que não pude ir."

Claro que ela não pôde ir: o Muro de Berlim estendia-se por alguns quilômetros a partir dali, e não havia como passar para o outro lado. Junto com a Grande Muralha da China, era uma das estruturas mais extensas jamais construídas para separar as pessoas. Ela está perdendo credibilidade com rapidez cada vez maior, e sua história vai melhorando na mesma proporção. De repente, já não consigo sentir cheiro nenhum. "Você já foi viajar depois que o muro caiu?", pergunto. Ela joga a cabeça para trás. Noto que está usando um delineador roxo que, visto daquele ângulo, tem um brilho fosforescente.

"Ainda não. Mas gostaria de ir. Para Bali, ou coisa do tipo. Ou para a China. É, para a China, talvez." Ela tamborila as unhas pintadas no balcão de vidro e sonha, contemplando a meia distância por sobre meu ombro esquerdo. "Você sabe o que eu gostaria mesmo de fazer? Adoraria dar uma olhada naquela muralha deles."

O trem parte da Ostbahnhof e atinge sua velocidade de cruzeiro. O ritmo me embala como um berço, silenciando meus dedos tamborilantes. A voz do condutor surge dos alto-falantes, recitando nossas paradas: Wannsee, Bitterfeld, Lutherstadt Witten-berg. No norte da Alemanha freqüento a extremidade cinza do espectro: prédios cinza, terra cinza, pássaros cinza, árvores cinza. Lá fora, a cidade e, depois, o campo passam em preto-e-branco. A noite anterior é uma mancha enevoada — outra sessão no bar com Klaus e seus amigos. Mas minha ressaca não é daquelas que condenam o dia às trevas. É do outro tipo, mais interessan-te, em que sinapses destruídas se reconstroem, às vezes errando o antigo caminho e formando novas e estranhas conexões. Lem-bro-me de coisas de que não me lembrava antes — coisas que não provêm do arquivo ordenado de memórias a que chamo meu pas-sado. Lembro-me do buço da minha mãe ao sol, do sentimento agudo de fome e perda da adolescência, do odor de asfalto quei-mado pela freada dos bondes no verão. A gente acha que tem o passado todo catalogado e arquivado por assunto, mas, em algum lugar, ele aguarda para voltar à tona.

Lembro-me de quando aprendia alemão — uma língua tão bela e tão estranha — na escola, na Austrália, do outro lado do mundo. Minha família ficou perplexa com o fato de eu estar aprendendo aquela língua tão esquisita e feia, além de — claro, eram todos sofisticados demais para dizê-lo — ser a língua do inimigo. Mas eu gostava daquela estrutura de ir juntando peda-ços, de construir palavras longas e maleáveis a partir da junção de palavras menores. Podiam-se criar coisas que não tinham no-me em inglês — *Weltanschauung, Schadenfreude, sippenhaft, Sonderweg, Scheissfreundlichkeit, Vergangenheitsbewältigung*. Gos-tava de toda aquela ampla gama de palavras que ia de "heartfelt" [sincero] até "heartsick" [deprimido]. E me agradava a ordem, a franqueza direta que imaginava características das pessoas. Então, na década de 1980, fui morar em Berlim Ocidental por um tempo, e ficava pensando muito no que acontecia por trás daquele muro.

Sentada diante de mim, uma mulher com uma barriga que mais parece um barril desembrulha sanduíches de pão preto. Até o momento, ela teve êxito em fingir que não estou ali, embora baste um pequeno descuido para que nossos joelhos se toquem. Delineou o arco das sobrancelhas com uma expressão de surpresa ou ameaça.

Penso no sentimento que acabei desenvolvendo pela ex-República Democrática da Alemanha. É um país que não existe mais, e no entanto aqui estou eu, num trem, a desembestar por ele — por suas casas em ruínas e por seu povo atônito. É um sentimento que demanda uma daquelas palavras juntadas: só posso descrevê-lo como de "horrormantismo". É um sentimento bobo, mas não quero me livrar dele. O romantismo provém do sonho de um mundo melhor que os comunistas alemães queriam construir das cinzas de seu passado nazista: de cada um, de acordo com sua capacidade, a cada um, de acordo com sua necessidade. O horror vem do que fizeram em nome desse sonho. A Alemanha Oriental desapareceu, mas seus restos ainda estão lá.

Minha companheira de viagem puxa um maço de cigarros ocidentais, daquela que parece ser a marca preferida por aqui desde a queda do muro. Acende um e expele a fumaça por cima da minha cabeça. Quando termina de fumar, apaga o cigarro na lata com tampa fixa, de erguer, cruza as mãos sobre a barriga e adormece. Sua expressão, desenhada a lápis, não muda.

Estive em Leipzig pela primeira vez em 1994, quase cinco anos depois da queda do muro, em novembro de 1989. A Alemanha Oriental ainda parecia um jardim secreto e emparedado, um lugar perdido no tempo. Não ficaria surpresa se as coisas tivessem ali um gosto diferente — se as maçãs tivessem gosto de pêras, digamos, ou o vinho o gosto do sangue. Leipzig foi o centro do que hoje é chamado de *die Wende*: a virada. A *Wende* foi a revolução pacífica contra a ditadura comunista na Alemanha Oriental, a única revolução bem-sucedida da história alemã. Leipzig foi seu coração e ponto de partida. Agora, dois anos mais tarde, estou voltando para lá.

Em 1994 encontrei uma cidade construída por justaposição. As ruas serpenteavam tortuosas, passagens em ruínas atravessavam os prédios, conduzindo inesperadamente ao quarteirão seguinte, e baixas arcadas afunilavam as pessoas rumo a bares subterrâneos. Meu mapa pouco ou nada tinha a ver com a maneira como se vivia a vida ali. Quem conhecia o lugar era capaz de cortar caminho por atalhos ocultos através dos edifícios ou ao longo de vielas não mapeadas que ligavam um quarteirão a outro, permitindo que as pessoas se movessem por cima e por baixo da terra. Fiquei completamente perdida. Procurava pelo museu da Stasi na Runden Ecke, o edifício na "esquina redonda" que antes abrigava os escritórios da polícia secreta. Precisava ver com meus próprios olhos uma parte daquele vasto aparato que havia sido o Ministério para a Segurança do Estado da Alemanha Oriental.

A Stasi era o exército interno por meio do qual o governo mantinha o controle. Sua missão era saber tudo sobre todos, valendo-se dos meios que quisesse. Ela sabia quem visitava quem, quem telefonava para quem e até mesmo com quem essa ou aquela esposa andava dormindo. Era uma burocracia cuja metástase penetrara a sociedade alemã oriental: abertamente ou às escondidas, sempre havia alguém informando à Stasi sobre as atividades de colegas e amigos em cada escola, cada fábrica, cada edifício de apartamentos ou cada bar. Obcecada pelos detalhes, a Stasi não foi capaz de prever o fim do comunismo e, com ele, o fim do próprio país. Entre 1989 e 1990 viraram-na do avesso, transformando-a da noite para o dia de unidade stalinista de espionagem em museu. Ao longo de seus quarenta anos de existência, "a Firma" gerou o equivalente à totalidade dos registros relativos à história alemã desde a Idade Média. Postos lado a lado na vertical, os arquivos mantidos pela Stasi acerca dos alemães orientais formariam uma linha de 180 quilômetros de comprimento.

Acabei encontrando a Runden Ecke, e o edifício era gigantesco. Um lance de escada conduzia a enormes portas duplas de metal, com dois grandalhões diante delas. Encolhi feito Alice. À direita via-se um retângulo pálido no cimento da fachada, um pedacinho do prédio que não havia sido tingido pela poluição e pela neblina. Ali costumava ficar uma placa que dizia "Ministério para a Segurança do Estado — Divisão de Leipzig", ou coisa do tipo. Durante a revolução, a placa havia sido removida numa espécie de alegria amedrontada, e nunca mais se soube do seu paradeiro.

Dei uma volta pelo lugar. Todas as mesas estavam exatamente como haviam sido deixadas na noite em que o prédio foi tomado pelos revoltosos — exibiam asseio assustador. Telefones de discar dispunham-se aos pares. Máquinas de rasgar papel haviam sido jogadas nos fundos, depois de pifarem durante a última e desesperada tentativa da Stasi de destruir os arquivos mais comprometedores. Sobre uma mesa havia um calendário de 1989 com a foto de uma mulher nua da cintura para cima, mas de modo geral imperavam as insígnias comunistas pelas paredes. As celas estavam abertas, como se preparadas para receber novos prisioneiros. A despeito de todo o empenho de Miss Dezembro, o edifício era só umidade e burocracia.

O comitê de cidadãos responsável pela administração do museu montara expositores em pranchas baratas de madeira. Havia uma cópia da famosa fotografia tirada durante os protestos do outono de 1989. Mostrava um mar de gente segurando velas, os pescoços esticados olhando para cima, na direção do prédio, as pessoas fitando seus controladores cara a cara. Sabiam que era a partir dali que suas vidas eram observadas, manipuladas e, às vezes, arruinadas. Viam-se cópias também dos telex cada vez mais frenéticos provenientes do quartel-general da Stasi em Berlim, onde os funcionários se haviam entrincheirado vedando as janelas com chapas de metal. "Protejam instalações do ministério", diziam. "Protejam itens secretos."

Minhas fotos favoritas eram as dos manifestantes ocupando o edifício em 4 de dezembro de 1989, acocorando-se pelos corredores com a surpresa estampada nos rostos, como se ainda à espera que os mandassem sair dali. Quando entraram no prédio, os guardas da Stasi pediram para ver as identidades, numa estranha paródia do controle que, naquele exato momento, estavam perdendo. Chocados, os revoltosos obedeceram, retirando a identidade da carteira. Depois, tomaram o edifício.

Grandes e pequenos mistérios encontraram explicação quando os arquivos foram abertos. Dentre eles, os tiques das pessoas comuns na rua. Em exposição, encontrei este documento:

CÓDIGOS PARA VIGILÂNCIA:

1. CUIDADO! SUSPEITO VEM VINDO

— TOCAR O NARIZ COM MÃO OU LENÇO

2. SUSPEITO SEGUE ANDANDO, ALCANÇA, ULTRAPASSA

— MEXER NOS CABELOS COM A MÃO OU ERGUER DE LEVE O CHAPÉU

3. SUSPEITO PARADO

— MÃO NAS COSTAS OU NA BARRIGA

4. AGENTE À ESPREITA DESEJA TERMINAR OBSERVAÇÃO EM RAZÃO DE AMEAÇA AO DISFARCE

— AGACHAR-SE E RE-AMARRAR OS SAPATOS

5. SUSPEITO VOLTANDO

— DUAS MÃOS ÀS COSTAS OU NA BARRIGA

6. AGENTE À ESPREITA DESEJA FALAR COM CHEFE DE EQUIPE OU COM OUTROS AGENTES

— RETIRAR PASTA OU EQUIVALENTE E EXAMINAR CONTEÚDO

Pus-me a imaginar esse balé de rua dos surdos-mudos. Agentes sinalizando uns para os outros, tocando o nariz, a barriga, as costas e os cabelos; amarrando e desamarrando os sapatos; erguendo o chapéu para estranhos e remexendo papéis — toda uma coreografia para escoteiros muito malvados.

Mais para o fundo do prédio, três salas abrigavam os artefatos da Stasi em mostruários de vidro. Havia uma caixa com perucas e bigodes falsos, acompanhados de pequenos tubos de cola para fixá-los. Havia também bolsas femininas de vinil com microfones embutidos, disfarçados como apliques de pétalas de flores; escutas implantadas nas paredes dos apartamentos e uma pilha de cartas que jamais chegaram ao lado ocidental — um dos envelopes ostentava uma caligrafia de criança, escrito com lápis de cor: uma cor diferente para cada letra do endereço.

Uma caixa de vidro continha apenas frascos vazios. Eu a observava quando uma mulher se aproximou. Ela parecia uma versão feminina de Lutero, a não ser pelo fato de que era bonita. Estava na casa dos cinqüenta, tinha as maçãs do rosto saltadas e um olhar direto. O aspecto era simpático, mas ela parecia saber que, em minha mente, eu ridicularizava um regime que exigia de seus cidadãos que assinassem um compromisso de lealdade mais parecido com uma certidão de casamento, um regime que confiscava cartões de aniversário enviados por crianças a seus avós e datilografava informações sem sentido junto a mesas encimadas por calendários de mulheres peitudas. A mulher era *Frau* Hollitzer, a administradora do museu.

Frau Hollitzer explicou-me que os frascos diante de nós eram "amostras de cheiro". A Stasi havia desenvolvido um método quase científico para encontrar criminosos: a tal "amostragem de cheiro". A teoria era a de que todos nós temos nosso próprio odor, que nos identifica e que deixamos em tudo que tocamos. Esses cheiros podem ser capturados e, com o auxílio de cães farejadores treinados, comparados na busca por alguém. A Stasi levava seus cachorros e frascos para onde suspeitava que tinha havido alguma reunião ilegal; lá, observava para ver se os cachorros apanhavam os odores daquelas pessoas cujas essências estavam contidas nos frascos.

Na maior parte das vezes, as amostras eram colhidas por meios ilícitos. A Stasi invadia o apartamento de alguém e pegava um pedacinho de alguma roupa usada o mais próximo possível da pele — com freqüência, escolhiam um pedaço de roupa de baixo. Uma alternativa era, a partir de um pretexto qualquer, levar o "suspeito" para interrogatório; o assento de vinil por ele utilizado era, então, limpado com um pedaço de tecido. Os pedacinhos de roupa roubados ou o tecido eram, depois, guardados em frascos lacrados. Os frascos pareciam-se com potes de geléia. Uma etiqueta anunciava: "Nome: *Herr* [nome]. Hora: 1 hora. Objeto: cueca".

Quando os cidadãos de Leipzig entraram no edifício encontraram uma vasta coleção de amostras de cheiro. Depois, os frascos desapareceram. Só foram reaparecer em junho de 1990 — na "despensa de cheiros" da polícia de Leipzig. Mas estavam vazios. Ao que tudo indica, a polícia os confiscara para uso próprio, mesmo no período posterior à queda do muro, quando a democracia dava ali seus primeiros passos. Os frascos ainda carregavam as meticulosas etiquetas. A partir delas, ficou claro que a Stasi de Leipzig tinha coletado amostras de cheiro de toda a oposição política daquela região da Saxônia. Hoje, ninguém mais sabe quem está de posse dos retalhos de pano e das meias velhas, nem por que razão estaria guardando tudo isso.

Mais tarde, *Frau* Hollitzer me contou sobre Miriam, uma jovem mulher cujo marido morrera numa cela da Stasi ali perto. Disseram que a Stasi orquestrou o funeral, a ponto de substituir o caixão cheio por outro, vazio, e de cremar o corpo, com o intuito de destruir qualquer indício da causa da morte. Fiquei imaginando carregadores de caixão pagos, fingindo suportar o peso da urna vazia, ou talvez suportando de verdade os oitenta quilos de um caixão cheio de jornais velhos e pedras. Pus-me a pensar no que é não saber se o seu marido se enforcou ou se foi morto por alguém que você, hoje, encontra na rua. Pensei comigo que gostaria de falar com Miriam antes que o produto da minha imaginação se fixasse à maneira das lembranças falsas. Fui para casa, na Austrália, mas agora estou de volta a Berlim. Não consegui tirar da cabeça a história de Miriam, aquela história de segunda mão sobre uma mulher que não conheci. Consegui um emprego de meio período na televisão e saí em busca de algumas das histórias de um país que deu errado.

2. Miriam

Trabalho no serviço internacional de televisão daquela que já foi chamada de Berlim Ocidental. O serviço foi montado pelo governo depois da guerra, para irradiar um espírito germânico benigno por todo o globo. Meu trabalho é responder as cartas de telespectadores que tenham perguntas a fazer.

Como correspondente dos telespectadores, sou um cruzamento entre conselheira espiritual, assistente autônoma de pesquisa e receptáculo para mensagens postadas em garrafas. "Caro Serviço ao Telespectador, procuro o endereço da clínica do dr. Manfred von Ardenne a fim de tentar seu tratamento a temperaturas ultra-altas para o câncer em estágio avançado, conforme apresentado no programa..."; "Caro Serviço ao Telespectador, muito obrigado pelo interessante programa sobre as pessoas que buscam asilo em seu país. Tenho dezesseis anos e moro em Akra. Vocês poderiam, por favor, me enviar mais informações sobre como pedir asilo?". O neonazista ocasional, seja do Missouri ou de Liverpool, escreve em busca de informação sobre "grupos-mãe" na Alemanha Oriental. Um homem de Birmingham, no estado do

Alabama, enviou-me uma foto sua, de pé, trajando uniforme, atrás de uma série de cadáveres, quando da libertação do campo de concentração de Bergen Belsen, em 1945. Escreveu: "Obrigado pelo programa sobre o 50º aniversário da paz. Gostaria que vocês soubessem que me lembro com grande carinho da recepção que nós, americanos, tivemos por parte da população civil alemã. Nas aldeias, as pessoas não tinham nada, mas quando chegamos compartilharam conosco o que tinham como se fôssemos uma família [...]". Escrevo respostas contidas e apropriadas. Às vezes, penso como seria ser alemã.

Meu chefe se chama Alexander Scheller. É um homem alto, recém-entrado na casa dos quarenta e que possui uma mesa imensa mas vazia, à exceção de uma foto da esposa loira e de cara fechada, um cinzeiro de vidro e uma eterna xícara de café. Está sempre batucando alguma coisa com as mãos, inquietude resultante da cafeína e da nicotina. Em seu benefício, posso dizer que me dá a honra de comportar-se como se meu trabalho (responder às cartas dos telespectadores) fosse tão importante quanto o dos jornalistas e profissionais da casa. Há um mês, eu estava sentada defronte a sua mesa, porque ele arranjara tempo para uma reunião que eu própria havia convocado.

Seu assessor, Uwe Schmidt, estava lá também. A principal função de Uwe como assistente é fazer com que Scheller pareça importante o suficiente para ter um assistente. A outra parte de seu trabalho consiste em parecer ocupado e sem tempo, o que é mais difícil, porque ele não tem quase nada para fazer. Scheller e Uwe são alemães ocidentais.

Uwe tem mais ou menos a mesma energia de jornalista televisivo de que Scheller dispõe, mas a de Uwe é sexual, em vez de química. Suas namoradas vivem abandonando-o, o que o torna, portanto, durante a maior parte do dia e quase em qualquer companhia, um homem profundamente perturbado pelo desejo.

Gosto de Uwe e tenho pena dele, porque sei que, na busca do motivo pelo qual as namoradas o abandonam, ele tem se desgastado por dentro. Não faz muito tempo, eu o vi em seu carro, parado no farol, cantando em inglês: "You're once, twice, three times a layayadeee", e ele tinha lágrimas nos olhos. Agora, do outro lado da mesa, ele olhava para mim como se eu fosse comida, e eu sabia que ele não estava ouvindo o que eu dizia.

"Como?", ele disse.

Decidi recomeçar. "Recebemos uma carta de um alemão que mora na Argentina, em resposta à matéria sobre as mulheres dos quebra-cabeças."

"Mulheres dos quebra-cabeças? Quebra-cabeças...", Uwe repetia, tentando se lembrar da matéria.

"As que ficam lá em Nuremberg tentando juntar os pedacinhos de arquivo que a Stasi não conseguiu transformar em cinza ou polpa."

"Ah, sei, estou entendendo", Scheller disse. Ele batucava na mesa com a ponta de borracha do lápis.

"Esse senhor diz que saiu de Dresden depois da guerra. E pergunta se a gente não podia fazer uma matéria sobre como as coisas estão de fato para os alemães orientais, em vez de, nas palavras dele, 'ficar falando sobre o que está sendo feito pelos primos pobres.'"

"Mulheres dos quebra-cabeças...", Uwe murmurou.

Respirei fundo. "E eu concordo com ele: estamos sempre falando sobre as coisas que a Alemanha está fazendo *pelos* ex-alemães orientais. Seria muito legal fazermos uma matéria do ponto de vista oriental. Descobrir, por exemplo, como é ficar esperando até que parte do seu arquivo seja montado, peça por peça."

"Você sabe que a gente não transmite para dentro da Alemanha", disse Scheller. "Portanto, não tem sentido fazer matérias só para agradar aos *Ossis.*"

28

Olhei para Uwe, que, meio de lado, apoiava os pés sobre os hectares da mesa de Scheller. Perdido em algum devaneio, ele rolava uma caneta-tinteiro pelos nós dos dedos. Quebrando a cabeça com as mulheres.

"Eu sei, eu sei", garanti a Scheller. "Mas, a Alemanha Oriental — sei lá, acho que a gente devia mostrar algumas matérias a partir de lá. Daqui, quero dizer." "Que tipo de matéria?", Scheller perguntou. Atrás dele, o computador emitiu o som de um sininho, sinalizando a chegada de novo e-mail.

"Não sei", respondi, porque não sabia mesmo. "Deve ter gente que de alguma maneira enfrentou o regime ou que foi presa injustamente." Eu sentia uma animação crescente, um pouco perigosa. "Quero dizer, depois da Segunda Guerra Mundial procurou-se em todo canto pelos sinais mais minúsculos de resistência a Hitler — como se um pedacinho de nada de orgulho nacional pudesse ser salvo e ligado a dois ou três estudantes pacifistas e a um punhado de velhos aristocratas prussianos. Pois e aqui? Deve ter havido alguma resistência à ditadura."

"Eles não são uma nação", disse Scheller, dessa vez com irritação.

"Eu sei, mas eram uma nação."

"Escute", ele disse, "são só alemães que viveram sob o comunismo por quarenta anos e andaram para trás. Tudo que querem agora é dinheiro para comprar um grande aparelho televisor e tirar férias em Mayorca, como todo mundo. Foi uma experiência, e não deu certo."

"Bom, então o que você sugere que eu escreva para esse senhor?" Eu podia ouvir minha voz subindo de tom. "Digo que ninguém aqui está interessado em alemães orientais e nas histórias deles porque não são parte da nossa imagem internacional?"

"Pelo amor de Deus!", Scheller exclamou. "Você não vai encontrar a grande história de coragem pessoal que está procurando. Ela teria sido contada anos atrás, logo depois de 1989. Eles são só um punhado de chorões oprimidos, têm lá dois ou três ativistas gentis dos direitos civis, e, aliás, não passam de dois ou três mesmo. O que aconteceu foi que tiveram o tremendo azar de acabar atrás da Cortina de Ferro." Ele inclinou a cabeça. "O que deu em você?"

Uwe tirou os pés da mesa. "Tudo bem aí?"

Ele me acompanha de volta a minha mesa, solícito como um médico com uma paciente que acabou de receber notícia ruim. Essa sua atitude me fez perceber que eu tinha me excedido. "Olha, ele simplesmente não está interessado", diz Uwe.

"Ninguém está interessado nessa gente."

"Escute..." Ele toca meu antebraço com gentileza, girando-me na direção dele como um parceiro de dança. Seus olhos são verdes e voltados para cima, os dentes são pequenos e certinhos, parecem pérolas. "É provável que você esteja com a razão. Ninguém aqui está interessado. Eles eram atrasados, uns duros, e toda essa coisa da Stasi..." Uwe se detém. Seu hálito cheira a menta. "É meio... embaraçoso."

Respondi ao argentino agradecendo pela sugestão, mas disse-lhe que, "infelizmente, o propósito da emissora é tratar de assuntos e notícias da atualidade, não havendo portanto possibilidade de investigarmos histórias individuais de um 'ponto de vista' mais pessoal".

Há uma semana ele respondeu. Irado, disse-me que a história é feita de histórias pessoais. Disse ainda que questões importantes estavam sendo varridas para debaixo do tapete na Alemanha Oriental e que, com isso, estavam varrendo gente para debaixo do tapete. Depois da guerra, afirmou ele, vinte anos haviam sido necessários para que o regime nazista ao menos começasse a ser discutido na Alemanha, e esse processo estava se repetindo agora. "Vamos ter de esperar até 2010 ou 2020 para que o que aconteceu lá seja lembrado?", perguntou. E, por fim: "Por que algumas coisas vão se tornando mais fáceis de lembrar quanto *mais* tempo se passa desde que elas ocorreram?".

A mulher diante de mim acorda quando o trem entra em Leipzig. Como há uma componente de intimidade no ato de observar o sono de alguém, ela agora reconhece minha existência. "*Wiedersehen*", diz, ao sair do nosso compartimento.

De pé, no fim da plataforma, está Miriam Weber, uma mulher pequena e quieta em meio ao fluxo de passageiros desembarcando. Segura uma única rosa diante do corpo, para que eu possa identificá-la. Cumprimentamo-nos com um aperto de mãos, sem nos olharmos mais detidamente de início, conversando sobre trens, viagens e sobre a chuva. É como um encontro no escuro: havíamos descrito uma à outra nossa aparência. Sei que ela nunca contou sua história a nenhum estranho.

Atravessamos Leipzig de carro. A cidade se transformou em um canteiro de obras, uma obra em construção visando a algum novo objetivo. Guindastes remexem buracos abertos como feridas. As pessoas os ignoram, serpenteando de cabeça baixa por passagens e desvios para pedestres. No alto de uma das torres de concreto, o emblema da Mercedes gira, dançando a nova valsa do presente.

O apartamento de Miriam fica logo abaixo do telhado de seu edifício. São cinco lances de escada, uma vasta escadaria ladeada por uma graciosa balaustrada escura. Tento não bufar muito alto. Tento não pensar em minha cabeça lesada pela ressaca. E tento me lembrar quando foi que inventaram o elevador. Ao chegarmos, o apartamento é um vasto espaço iluminado sob os beirais, cheio de plantas e luminárias, com vista para toda a cidade de Leipzig. Dali se poderia ver qualquer um que chegasse. Sentamo-nos em grandes cadeiras de vime. Ao olhar diretamente para Miriam, percebo tratar-se de uma mulher de seus 45 anos, os cabelos cortados curtos e com graça, espetados no topo da cabeça como os de um garoto numa história em quadrinhos, óculos redondos e pequenos. Veste um comprido suéter preto, calça comprida e dobra as pernas sob o corpo. Para minha surpresa, tem uma voz possante, marcada pela nicotina. É tão miudinha que a voz parece vir do nada e de toda parte ao mesmo tempo: não fica claro de imediato que é dela — enche a sala e nos envolve.

"Oficialmente, tornei-me inimiga do Estado aos dezesseis anos. De-zes-seis." Ela me olha através das lentes, e seus olhos são grandes e azuis. Na voz há uma mistura de orgulho, pelo modo como ela se tornou um tal demônio, e descrença, no fato de que seu país pudesse criar inimigos entre suas próprias crianças. "Você sabe, aos dezesseis temos uma espécie de comichão."

Em 1968, a velha igreja da Universidade de Leipzig foi demolida de repente, sem nenhuma consulta à população. A 250 quilômetros dali a Primavera de Praga estava a toda, e os russos ainda não haviam enviado os tanques para esmagar os que pediam democracia. A demolição da igreja forneceu um foco que permitiu à população de Leipzig dar expressão ao mal-estar generalizado que lhes fora transmitido pelos primos tchecos. Vinte e três anos depois do final da guerra, a nova geração fazia perguntas sobre o modo como os pais tinham implementado os ideais comunistas.

Os protestos em Leipzig foram interpretados pelo regime alemão oriental como sinal dos tempos: cinza prestes a se inflamar. A polícia afogou-os com mangueiras de apagar incêndio e fez muitas prisões. Miriam e sua amiga Ursula acharam que aquilo não era certo. "Aos dezesseis temos uma certa idéia de justiça, e simplesmente pensamos que aquilo estava errado. Não estávamos de fato contra o Estado, nem tínhamos refletido tanto assim sobre o assunto. Só achamos que não era justo agredir as pessoas, soltar os cavalos em cima delas e assim por diante." As duas decidiram fazer alguma coisa. Numa papelaria, compraram um daqueles conjuntos de carimbos para crianças, com tinta, letrinhas de borracha e um trilho onde assentá-las. "Era possível comprar esse tipo de coisa?", pergunto. Eu sabia que, na RDA, mimeógrafos, máquinas de escrever e, mais tarde, fotocopiadoras estavam sujeitos a controle estrito (ainda que não muito eficaz) por parte do Estado. "Depois do que nós fizemos, não mais", ela sorri. "A Stasi mandou tirar das prateleiras."

Miriam e Ursula fizeram panfletos ("Consulta, sim. Canhão de água, não!". Ou "Povo da República do Povo: manifeste-se!"). Uma noite, saíram afixando os panfletos pela cidade. Usavam luvas, para não deixar impressões digitais. "Já tínhamos lido tantos romances quanto qualquer outra pessoa", ela diz, rindo. Miriam tinha enfiado os folhetos dentro do casaco; Ursula levava um tubo de cola e um pincel escondidos numa caixa de leite. Eram espertas: colaram os panfletos em cabines telefônicas, em cima das instruções de uso, e nos pontos dos bondes, em cima da tabela com os horários. "Queríamos ter certeza de que as pessoas iriam ler." Primeiro descreveram um círculo em torno da cidade; depois, puseram-se a atravessá-la.

Passaram pela sede regional do Partido Comunista. Tudo ia bem. "Olhamos uma para a outra, e não resistimos à tentação." Entraram e disseram ao guarda de plantão que estavam ali para falar com *Herr* Schmidt, correndo o risco de que houvesse de fato alguém com aquele nome no edifício. Não pararam para pensar no que fariam se algum *Herr* Schmidt aparecesse.

O guarda deu um telefonema. Depois, desligou o telefone. "Bem, o camarada Schmidt não está no momento." As garotas disseram que voltariam no dia seguinte.

"A caminho da saída, havia aquelas colunas lindas, lisinhas..." Miriam está convencida, contudo, de que se tivessem ficado só nisso ninguém as teria apanhado, mas no caminho de volta para casa acabaram indo longe demais. Ao passarem por um prédio onde moravam alguns colegas de escola deixaram panfletos nas caixas de correspondência de dois meninos que conheciam. No dia seguinte, um dos pais ligou para a polícia.

"Por que alguém chamaria a polícia só por causa de um folheto de propaganda?", pergunto.

"Porque eram bobos ou talvez porque fossem do partido, quem é que sabe?"

"Parece uma coisa tão inofensiva", comento.

Miriam replica com calma, mas também com vigor. "Àquela época não era uma coisa inofensiva. Era crime de sedição."

Na Alemanha Oriental, as informações circulavam num circuito fechado entre o governo e seus órgãos de divulgação. Como o governo controlava os jornais, as revistas e a televisão, o aprendizado como jornalista equivalia, na prática, ao aprendizado como porta-voz governamental. O acesso aos livros era restrito. A censura exercia pressão constante sobre escritores e era um fato para os leitores, que aprenderam a ler nas entrelinhas. O único meio de comunicação de massas que o governo não podia controlar era o sinal das emissoras de televisão ocidentais. Mas ele tentou: até o início da década de 1970 a Stasi costumava monitorar o ângulo das antenas de TV que pendiam das janelas dos apartamentos, punindo quem voltasse sua antena para o oeste. Depois desistiram desse controle: aparentemente, os benefícios da soporífera programação comercial eram maiores do que os perigos que as notícias do mundo livre acarretavam.

O crime de sedição era da alçada da polícia secreta, e não da polícia comum, a chamada *Volkspolizei*. A Stasi era metódica. Interrogou todos os colegas de escola dos garotos que haviam recebido os panfletos. Falou com o diretor, com os professores e com os pais. Vários dias se passaram. Miriam e Ursula combinaram um plano para o caso de serem presas e encarceradas: nenhuma das duas confessaria nada. A Stasi chegou a uma pequena lista de suspeitos. Homens usando luvas e auxiliados por cachorros vasculharam a casa de Miriam.

"E nós achamos que tínhamos sido tão cuidadosas, que tínhamos jogado tudo fora e destruído todo e qualquer indício." A Stasi encontrou algumas das letrinhas de borracha no carpete. Os pais de Miriam disseram aos agentes que não sabiam como uma coisa daquelas podia ter acontecido em sua casa. As duas meninas foram postas em solitárias por um mês. Não podiam receber visitas dos pais ou de advogados, não tinham livros, jornais, e não podiam dar nem sequer um telefonema. De início, ativeram-se a seu plano. "Não, senhor. Também não sei como os panfletos foram parar lá. Não, não pode ter sido ela." Mas, como relata Miriam, "eles acabam dobrando você. Foi como na ficção. Usaram o velho truque e disseram a cada uma de nós que a outra tinha confessado, e que portanto o melhor era confessar logo. Sem visitas, sem livros, sem nada, você pensa: bom, ela deve ter confessado mesmo".

As duas foram soltas para aguardar pelo julgamento. Quando chegou em casa, Miriam pensou consigo: não vão me pôr de volta naquele lugar de jeito nenhum. Na manhã seguinte, ela pegou o trem para Berlim. O ano era 1968, véspera de ano-novo, e Miriam Weber ia pular o muro.

3. A ponte da Bornholmer Strasse

A viagem de Leipzig a Berlim leva menos de duas horas, mas Miriam nunca havia estado lá. Sozinha na cidade grande, ela comprou um mapa na estação. "Queria dar uma olhada em alguns pontos da fronteira. Pensava comigo: não pode ser verdade; em algum lugar deve haver um jeito de passar para o outro lado." No portão de Brandemburgo ficou espantada de poder caminhar até o muro. Não podia acreditar que os guardas a deixavam chegar tão perto. Mas o muro era liso e alto demais para ser escalado. Mais tarde, descobriu que toda a parafernália da fronteira entre Leste e Oeste naquele ponto só começava atrás do muro. "Mesmo que eu tivesse conseguido subir até lá em cima, só poderia ter esticado a cabeça acima do muro para dar um tchauzinho aos guardas orientais." Ela acena com as duas mãos e encolhe os ombros.

Já à noitinha, as chances não pareciam nada boas. "Não tinha encontrado nenhum buraco no muro", Miriam diz. Estava com muito frio e sentia-se infeliz. Sentada no trem de subúrbio a caminho da estação Alexanderplatz, ia pegar o trem regional para casa. Estava escuro e ela ia voltar para a prisão. Avançando sobre estacas, lá no alto, o trem espremia-se entre edifícios. Edifícios de ambos os lados, com suas fachadas lisas de concreto e janelas retangulares, todos de cinco andares. Alguns com as luzes acesas, outros, no escuro; alguns tinham plantas, outros, sem nada. Então, o panorama mudou. Miriam levou alguns instantes para percebê-lo no escuro, mas de repente ela estava passando por uma cerca de tela de arame.

"Eu pensei: se o trem passa por aqui, e tem essa enorme cerca de arame do meu lado, então Berlim Ocidental só pode ser ali do outro lado." Miriam desceu do trem, atravessou a plataforma e pegou outro trem, que ia em sentido contrário. Era como ela havia pensado: uma cerca alta de arame. Então, desembarcou de novo e tornou a pegar o trem no sentido oposto, mas dessa vez desceu na ponte da Bornholmer Strasse.

Depois, fui procurar aquela ponte num mapa da cidade. Tinha ouvido falar dela e imaginei que pudesse ser um daqueles lugares onde as Alemanhas Oriental e Ocidental costumavam trocar espiões. Agora, toda vez que abro o mapa, só vejo essa ponte. É como quando a gente nota que alguém tem um olho vesgo e, a partir daí, não consegue enxergar mais nada no rosto dessa pessoa.

Encontros entre as linhas de trem orientais e ocidentais eram raros na Alemanha dividida. Na estação da ponte da Bornholmer Strasse, a linha proveniente do lado ocidental ainda mergulha de noroeste a sudoeste, ao passo que a linha que vem do lado oriental sobe de sudeste a nordeste. As formas que elas compõem no mapa parecem perfis de duas figuras dando um beijo de nariz à maneira dos maori.

Na ponte da Bornholmer Strasse, em teoria, a fronteira passava entre os trilhos. Em outras partes de Berlim, ela — e portanto o muro — abre uma estranha ferida que corta a cidade. O muro atravessava casas, ruas, canais e fatiava linhas do metrô. Ali, porém, em vez de cortar a linha do trem, os alemães orientais construíram a maior parte das fortificações defronte à linha, do lado oriental, permitindo que os trens do leste avançassem até o muro mais distante, ao final da faixa mortal de segurança.

"Dei uma olhada na situação e decidi: nada mau." Miriam podia ver as instalações fronteiriças, toda a cacofonia de arame, cimento, asfalto e areia. Defronte ao local onde tudo isso começava havia mais ou menos um hectare de jardinzinhos cercados, cada um deles com sua própria casinha. Esses jardins minúsculos são uma solução tradicional alemã para aqueles que vivem em apartamentos mas anseiam por um galpão de ferramentas e uma horta. Compõem uma colcha verde de retalhos nos recantos mais improváveis de solo urbano, ao longo de vias férreas, canais ou, nesse caso, à beira do muro.

Miriam pulou as cercas que separavam os jardins, na tentativa de se aproximar do muro. "Estava escuro e eu tive sorte. Mais tarde, fiquei sabendo que eles normalmente patrulham os jardins também." Foi até onde podia, mas não chegou ao muro em si, porque havia "uma sebe larga e imensa" antes dele. Então, resolveu remexer um pouco no galpãozinho de ferramentas de alguém, à procura de uma escada, e encontrou o que queria. Apoiou a escada na sebe e subiu. Lá em cima, deu uma boa e longa olhada ao redor.

Toda a faixa era iluminada por uma fileira de postes com enormes lâmpadas de rua, todas dobradas num único e mesmo ângulo, em submissão. No céu, os fogos de artifício do ano-novo tinham começado a silvar e espocar. A ponte da Bornholmer Strasse estava a cerca de 150 metros de distância. Entre a ponte e o Ocidente havia uma cerca de tela de arame, uma faixa de patrulhamento, uma cerca de arame farpado, uma rua asfaltada de vinte metros de largura, utilizada para o transporte de pessoal, e um caminho estreito. Depois, as guaritas das sentinelas orientais, apartadas uma da outra por cerca de cem metros, e, atrás delas, mais arame farpado. Miriam pega um pedaço de papel e desenha nele uma confusão de linhas, para que também eu possa ver e entender.

"Para além disso tudo, eu podia ver o muro que tinha visto de dentro do trem, o muro que corre ao longo da ferrovia. Supus que ali, atrás daquele muro, era o Ocidente, e estava certa. Podia ter me enganado, mas estava certa." Se possuía algum futuro ele estava lá do outro lado, e ela precisava alcançá-lo.

Sentada em minha cadeira, ponho-me a explorar o significado da palavra "abobalhada", que vou girando em minha mente. Rio com Miriam quando ela ri de si própria e da ousadia dos dezesseis anos. Aos dezesseis, somos invulneráveis. Rio com ela da história de remexer no galpão de ferramentas dos outros em busca de uma escada, e rio mais ainda por ela ter encontrado o que procurava. Rio da improbabilidade de algo assim acontecer, de alguém que é pouco mais do que uma criança ir xeretar no jardim de Beatrix Potter junto do muro, de olho no sr. McGregor e em seu bacamarte, ao mesmo tempo que procura uma escada de mão para escalar uma das fronteiras mais fortificadas da Terra. Nós duas gostamos da menina que ela foi, e eu gosto da mulher que ela se tornou.

De repente, ela diz: "Ainda tenho as cicatrizes nas mãos, de subir pelo arame farpado, mas agora já não dá para ver tão bem". Miriam exibe as palmas das mãos. As partes mais macias apresentam um emaranhado de marcas brancas, bem definidas, cada uma delas com cerca de um centímetro.

A primeira cerca era de tela de arame, com um rolo de arame farpado em cima. "O estranho é que, bem, sabe aquela espécie de tubo de arame farpado que eles punham em cima da cerca? Minha calça estava toda rasgada e enganchou ali, ficou presa naquele rolo de arame! E eu fiquei pendurada! Não posso acreditar que ninguém tenha me visto." Uma marionete, pendurada em exposição.

O fato é que ela conseguiu se soltar, porque, a seguir, pôs-se de quatro e começou a travessia, avançando pela rua larga e pela faixa que vinha logo depois. A área toda estava tão iluminada que parecia dia. "Eu simplesmente me ajoelhei e fui em frente. Mas tomei cuidado, ia bem devagar." Depois do caminho estreito, ela atravessou a rua larga de asfalto. Não sentia o próprio corpo, estava invisível. Era nada mais do que um feixe de terminações nervosas e medo.

Por que não vinham atrás dela? O que estavam fazendo?

Miriam alcançou o final da faixa de asfalto, e eles ainda não a haviam apanhado. Quando topou com um cabo suspenso a mais ou menos um metro do chão, ela parou. "Eu já tinha visto aquilo da escada. Achei que podia ser algum tipo de alarme ou coisa parecida e, por isso, eu me deitei de barriga no chão e passei por baixo do cabo." Atravessou então o último trecho, arrastando-se até uma dobra no muro, onde se acocorou e pôs-se a olhar apenas, sem nem respirar. "Fiquei ali, olhando fixo, esperando para ver o que ia acontecer." Chegou a pensar que os olhos saltariam de sua órbita, de tanto que olhava. Onde estavam eles?

Alguma coisa se mexeu bem perto dela. Era um cachorro. O enorme pastor alemão voltou-se na direção dela. O tal cabo não era alarme nenhum, e sim o local onde acorrentavam os cães. Miriam não podia se mexer. O cachorro tampouco se moveu. Ela imaginou que os olhos do guarda seguiriam a direção para onde apontava o animal. Esperou que o cachorro latisse. Se ela se movesse ao longo do muro, ele a atacaria.

"Não sei por que não me atacou. Não sei como funciona a visão dos cachorros, mas talvez ele tivesse sido treinado para atacar alvos em movimento, pessoas correndo, e eu me pusera de quatro. Talvez ele tenha pensado que eu fosse outro cachorro." Ficaram se entreolhando pelo que pareceu ser um longo tempo. Então passou um trem, e, embora isso fosse incomum, era um trem a vapor. Uma névoa fina cobriu os dois.

"Será que foi aí que ele perdeu meu cheiro?" No fim, o cachorro foi-se embora. Miriam tornou a esperar um bom tempo. "Achei que ele ia voltar para me pegar, mas ele não voltou." Ela subiu pela última cerca de arame farpado rumo ao topo do muro que margeava a linha do trem. Podia ver o Ocidente — os carros cintilantes, as ruas iluminadas e o prédio da editora Springer. Podia ver até os guardas ocidentais sentados em seus postos de sentinela. O muro era largo. Em cima dele, cerca de quatro metros ainda por cruzar; depois, precisaria passar por baixo de uma grade. Era só isso. Miriam não podia acreditar. Queria atravessar correndo aqueles últimos metros, antes que a apanhassem.

"A grade, na verdade, era desta altura", diz ela, apontando com o braço a altura da coxa, "eu só precisava me enfiar por baixo dela. Tinha sido tão cuidadosa, fizera tudo tão devagar. Agora, pensava comigo: são só mais quatro passos, CORRA, antes que te peguem! Mas, bem aqui" — ela rabisca um X, diversas vezes, no mapa que desenhava para mim —, "bem aqui, tinha um fio." A voz soa muito suave. Miriam desenha e redesenha o X, até eu ter a impressão de que o papel vai se rasgar. "Não vi o fio."

Sirenes dispararam, soando alto. As guaritas das sentinelas ocidentais buscavam-na com holofotes, para encontrá-la e impedir que os orientais atirassem nela. Os guardas do lado oriental levaram-na embora a toda pressa.

"Seu monte de merda!", um jovem lhe disse. Levaram-na para o quartel-general da Stasi de Berlim. Ataram mãos e pernas, e foi a primeira vez que Miriam notou o sangue ou sentiu alguma dor. Tinha sangue no rosto e nos cabelos.

"Mas eles de fato não tinham me visto. Ninguém tinha nem sequer me visto." Ela chegara muito perto.

O Ocidente reluzia de neon e, sobre a cabeça, os fogos de artifício explodiam no céu.

Miriam foi levada de volta a Leipzig na traseira de um camburão. O agente da Stasi que a interrogou disse-lhe que haviam entrado em contato com os pais dela, que não queriam ter mais nada a ver com a filha.

"Você acreditou nele?"

"Hmm, bom... Não, não muito." Era muito difícil ter certeza sobre qualquer coisa ou qualquer pessoa. Miriam faz uma pausa. Era uma pergunta incômoda. "Acho que provavelmente rebaixaram aquele cachorro, coitadinho", diz ela. "Ou então deram um tiro nele."

Prenderam-na numa cela na Dimitroffstrasse, hoje reconstruída no museu da Stasi, ali perto. A cela tem dois metros por três e, numa das extremidades, bem no alto, uma janela minúscula de vidro fosco. Tem ainda uma bancada com um colchão, um vaso sanitário e uma pia. A porta é grossa, atravessada por trancas de metal e dotada de uma vigia, para que o guarda possa olhar para dentro. Fica tão enfiada numa parede espessa que me senti como se entrasse numa câmara de compressão.

De novo, Miriam foi privada de dar um telefonema, de ter um advogado e de qualquer forma de contato com o mundo exterior. Aos dezesseis anos, estava de volta à solitária. "Quando vinham me buscar para os interrogatórios", ela conta, sorrindo, "pelo menos era alguma coisa para fazer. Mas era aí...", ela se detém: "Era aí que a desgraça começava para valer". Em Leipzig, a Stasi pegou pesado.

Durante a guerra da Coréia, na década de 1950, circularam mitos acerca de métodos obscenos de tortura praticados contra prisioneiros de guerra norte-americanos. Depois de capturados,

42

os homens eram levados para um campo e reapareciam nem bem uma semana depois, repetindo absortos para as câmeras que tinham se convertido ao comunismo. Terminada a guerra, ficou-se sabendo que, ao contrário do que diziam os boatos, o segredo militar dos coreanos não era nem tradicional nem de alta tecnologia: estava na privação do sono. Um homem faminto ainda é capaz de vociferar, mas um zumbi é extraordinariamente dócil.

Os interrogatórios a que Miriam Weber, de dezesseis anos, foi submetida tinham lugar toda noite (foram dez noites seguidas) e duravam seis horas: das 22 às quatro da manhã. As luzes na cela se apagavam às oito da noite, e ela dormia por duas horas antes de ser levada para a sala do interrogatório. Depois, era conduzida de volta para a cela duas horas antes de as luzes se acenderem, às seis da manhã. Não deixavam que ela dormisse durante o dia. Um guarda espiava pela vigia e esmurrava a porta, caso ela cochilasse.

"Às vezes, eu olhava para aquele olho que me espiava da vigia, enquanto esmurrava a porta, e pensava comigo: 'Por que você não vai à merda, só para variar?', e continuava cochilando. Aí, ele entrava, me sacudia e me tirava o colchão, para que eu não tivesse nem onde me sentar. Faziam mesmo de tudo para que eu não dormisse. É impossível explicar como isso arrebenta com a gente."

Posteriormente, fui dar uma pesquisada no assunto. A privação do sono pode produzir sintomas semelhantes aos da inanição, sobretudo em crianças. As vítimas ficam desorientadas e sentem muito frio. Perdem a noção do tempo, presas a um presente interminável. Ficar sem dormir também causa uma série de disfunções neurológicas, que vão se tornando mais extremas à medida que a privação avança. Por fim, as horas de vigília assumem a lógica de um sonho, produzindo associações entre coisas estranhas entre si e fazendo com que a vítima sinta muita, muita raiva do mundo que não a deixa repousar.

Para a Stasi, era incompreensível que uma garota de dezesseis anos, sem nenhuma ferramenta, nenhum treino e nenhuma ajuda pudesse atravessar de gatinhas, com as mãos e os joelhos, a "Medida de Proteção Antifascista". Revelando involuntariamente sua admiração, o primeiro guarda que a conduziu à sala do interrogatório quis saber a que clube desportivo Miriam pertencia. A nenhum.

Mas o propósito principal das perguntas, noite após noite, era obter o nome da organização clandestina de fuga que a havia ajudado. Queriam os nomes dos membros e descrições físicas. De quem havia sido o plano de fazer aquilo na véspera do ano-novo, em noite de tanto barulho? Como ela sabia dos lotes de jardinzinhos da Bornholmer Strasse, se nunca tinha estado em Berlim? Quem a havia ensinado a escalar arame farpado? E, com a máxima insistência, queriam saber também quem a ensinara a passar pelos cães.

"Não podiam compreender como eu tinha conseguido passar por aquele cachorro", ela diz. "Pobrezinho."

A Stasi não estava acima do despeito. Disseram a Miriam que mesmo que ela tivesse atravessado para o outro lado seria mandada de volta, porque era menor de idade. Ela protestou. "Os ocidentais não teriam me mandado de volta para cá de jeito nenhum", replicou aos interrogadores, "porque sou uma refugiada da perseguição política de gente como vocês, que se assustou toda com meus panfletos." Miriam ergue o queixo, como uma menina insolente que ainda acha que uma rede de proteção poderá ampará-la.

Havia um interrogador principal, o major Fleischer, mas às vezes eram dois. Ambos tinham bigode, cabelos curtinhos e eriçados e trajavam uniformes cinza impecáveis. O mais jovem era tão rijo que parecia ter uma assadeira retangular enfiada por dentro do casaco. O major Fleischer tinha pêlos nas orelhas. De vez em quando fingia ser um amigo, "como um tio bondoso". Outras vezes, era ameaçador. "Existem *outras* formas de fazermos isso, você sabe." As respostas dela permaneciam as mesmas. "Peguei um trem em Leipzig, comprei um mapa na estação, usei uma escada, me arrastei de barriga no chão e corri." Dez vezes vinte e quatro horas em que mal se dormiu. Dez vezes vinte e quatro horas em que nem bem acordado se está. Dez dias é tempo suficiente para morrer, nascer, se apaixonar e enlouquecer. Dez dias é muito tempo.

Pergunta: o que o espírito humano faz, depois de dez dias sem dormir, dez dias de isolamento amenizado apenas por sessões noturnas de ameaças?

Resposta: ele sonha e inventa uma solução.

Na décima primeira noite, Miriam deu aos interrogadores o que eles queriam. "Eu pensei: 'Vocês querem uma organização clandestina de fuga? Pois então vou dar uma a vocês'."

Fleischer vencera.

"Pronto", ele disse, "não foi tão difícil assim, foi? Por que não contou logo e se poupou de toda essa encrenca?" Deixaram-na dormir duas semanas e deram a ela um livro por semana. Ela os leu em um único dia; depois, começou a memorizar cada página, andando de um lado para outro da cela com o livro junto do peito.

"Agora, quando me lembro daquilo, é engraçado", Miriam diz. "Mas naquele momento era frustração pura e simples. Bolei uma história para eles na qual nem eu teria acreditado, mesmo àquela época. Era totalmente absurda. Mas estavam tão doidos atrás de uma organização promotora de fugas para o Ocidente que engoliram tudinho. Eu só queria dormir."

O Auerbachs Keller, a cave de Auerbach, é uma célebre instituição em Leipzig. Trata-se de um bar e restaurante com mesas

de carvalho dispostas em compridas alcovas sob um teto abobadado, como uma adega. Paredes e tetos estão recobertos de cenas
escuras do *Fausto* de Goethe: o encontro de Fausto com Mefistó-
feles, Fausto traindo Margarida, Fausto em desespero. Goethe costumava beber ali. É um bom lugar para se encontrar o demônio.
Eis a história que Miriam contou à Stasi.

Tudo começou quando ela estava indo encontrar um amigo
no Auerbachs Keller, para comer uns enroladinhos de gordura de
ganso. O amigo não apareceu, e ela resolveu se sentar sozinha a
uma das mesas compridas e começar a comer. O lugar estava cheio,
era quase Natal. Quatro homens surgiram e perguntaram se podiam dividir a mesa com ela. Sentaram-se para comer. Miriam
ficou escutando a conversa deles. Um dos homens tinha um sotaque berlinense, que transforma *gut* em "yut" e *ich* em "ick".

A essa altura, Miriam estava se divertindo. Ela olha para mim,
e seu rosto brilha. Está se imaginando de volta aos dezesseis anos,
e isso a deixa feliz.

"Aí eu perguntei ao homem, ao que parecia ser o líder: 'Você
é de Berlim?'. E ele respondeu que era. 'E como estão as coisas
por lá?', continuei", os olhos de Miriam se abrem bem, e ela parece de novo o moleque de história em quadrinhos.

"Bem, obrigado."

"Onde você mora em Berlim?"

"Pankow."

"E isso é, hã... perto do muro?"

"É, sim... Você não está pensando em cair fora, está?"

"Estou."

"Bom, não dá para simplesmente ir até o muro, na esperança de encontrar um lugar para pular! Venha comigo, que eu te dou
uma dica."

Miriam concordou: "Tudo bem". Os cinco, então, saíram e
pegaram um táxi. Rumaram para o sul, mas ela não sabia dizer

direito para onde, porque já estava escuro. Foram até um apartamento no segundo andar de um prédio — ou terá sido no terceiro? Difícil lembrar com precisão. Na porta, não havia nenhuma placa com o nome do morador, de modo que ela infelizmente não podia dizer de quem era o apartamento. O sujeito e seus cúmplices apareceram com um mapa de Berlim e mostraram a ela o local onde poderia passar para o outro lado. Depois, chamaram outro táxi, levaram-na de volta ao Auerbachs Keller, e ela pegou o bonde para casa. Miriam ri. Olha para mim, como se dissesse: "Você já ouviu uma história tão ridícula assim na sua vida? Dá para acreditar que eles engoliram isso tudo?". Retribuo o olhar, confusa. Tento mudar a expressão no meu rosto. O que há de tão improvável em alguém oferecer dicas práticas de como pular um muro? Sinto que estou prestes a pedir que me expliquem alguma coisa que é básica. Tombo a cabeça para o lado, como um cachorro assistindo à TV: não consegue entender o que está acontecendo, mas com certeza parece coisa interessante.

Com gentileza, Miriam explica que na RDA era inconcebível que uma pessoa perguntasse a um estranho se ele morava perto do muro. Tão inconcebível quanto o estranho perguntar se a pessoa em questão estava pensando em fugir do país. E ainda mais impensável era que o estranho se pusesse no ato a oferecer dicas práticas de fuga. As relações entre as pessoas eram condicionadas pelo fato de que uma ou outra podia ser um *deles*. Todo mundo desconfiava de todo mundo, e a desconfiança assim gerada fornecia o alicerce da vida social. Miriam poderia ter sido denunciada pelo homem por ter feito uma pergunta relativa à fronteira com a Alemanha Ocidental e por ter admitido que pensava em fugir para lá, assim como ela própria, por sua vez, poderia tê-lo denunciado por oferecer-se para mostrar a ela como fazê-lo. Organizações clandestinas de auxílio à fuga existiam de fato na RDA, mas era necessário um intermediário para que se pudesse entrar em contato com elas. Isso jamais aconteceria de forma tão despreocupada, diante de alguns enroladinhos de gordura de ganso e de um copo de cerveja.

Fleischer queria um nome. "Isso eu não saberia dizer", Miriam respondeu-lhe. "Não ouvi nenhum deles chamar o outro pelo nome."

"E que aparência tinha o líder?"

"Bem, era mais ou menos desta altura", disse ela, erguendo a mão no ar, acima da cabeça. "E parecia um sujeito forte, bem proporcionado, sabe como é." Ela sorri, curtindo sua fantasia masculina. "Disse a ele que o sujeito era completamente careca. Ah, e que chamava a atenção que tivesse pés tão pequenos."

Agora sou eu que estou rindo à beça, divertindo-me com aquele detalhismo infantil.

"Pois é, aí está. Noves fora, um sujeito com uma careca reluzente e pés bem pequenos! E mais: disse ao Fleischer que tinha a impressão de que se tratava de algum freguês assíduo do Auerbachs Keller." Ela ri também, e puxa um cigarro enquanto se ajeita na cadeira.

Miriam tinha pensado em tudo. Pouco importava quantos carecas de pés pequenos eles localizassem para que ela fizesse o reconhecimento: não reconheceria nenhum.

Duas semanas se passaram até o interrogatório seguinte. Ela foi chamada à presença de Fleischer não às dez da noite, mas durante a tarde. Ele segurava a mesa com ambas as mãos, parecia se controlar para não arremessá-la.

"Meu pessoal", gritou, "foi para a rua queimar a pele no frio por sua causa! Como você se atreve a contar uma história da carochinha? Que tipo de possessão fez você inventar uma história dessas?"

"Eu queria dormir."

48

Fleischer disse que aquele tipo de conduta equivalia a fraudar o ministério, o que constituía crime. Agora, ela estaria sujeita a sentença ainda mais longa. E a pena seria bem rigorosa, considerando-se que ela podia ter dado início a uma guerra. Miriam achou que ele devia ter enlouquecido. Se ela tivesse pulado aquela última grade, ele continuou, os soldados da Alemanha Oriental teriam atirado nela pelas costas, e os alemães ocidentais teriam revidado. Ela poderia ter sido responsável pela eclosão de uma guerra civil. Em seguida, porém, ele amoleceu: "Mas, para o seu bem, vou excluir esse episódio da sua ficha. Depois, não venha me dizer que não demos a você tratamento justo".

Mais adiante, ficou claro para Miriam que Fleischer estava protegendo a si próprio. Se perguntassem a ela no tribunal por que ela havia inventado aquela história, ela diria apenas: "Porque não me deixavam dormir". Ao que parece, mesmo na RDA, privação de sono significava tortura, e tortura — pelo menos de menores — não era política oficial.

No fim, o juiz sentenciou-a a um ano e meio em Stauberg, a prisão feminina em Hoheneck. Ao término do julgamento de três dias, ele disse a ela: "Acusada juvenil número 725, a senhorita tem consciência de que suas atividades poderiam ter dado início à Terceira Guerra Mundial?".

Estavam todos loucos, e, no entanto, era a ela que estavam trancafiando.

4. Charlie

"Quando saí da prisão, no fundo, eu já não era mais um ser humano", diz Miriam.

No primeiro dia em Hoheneck Miriam foi solicitada a se despir, deixar a roupa que vestia e a carregar consigo o uniforme listrado de azul e amarelo. Ainda nua, foi conduzida por um corredor para uma sala contendo uma banheira azulejada e funda. Duas guardas femininas esperavam por ela. Era seu batismo de boas-vindas.

Foi a única vez em que pensou que iria morrer. Encheram a banheira de água gelada. Uma das guardas segurou Miriam pelos pés; a outra, pelos cabelos. Mergulharam sua cabeça na água por um bom tempo, puxando-a depois pelos cabelos e gritando com ela. Em seguida, novo mergulho. Ela não podia fazer nada, não podia respirar. Puxaram-na de novo: "Seu monte de merda! Sua metida! Traidora imbecil! Sua putinha!". Outro mergulho. Quando tornou a emergir, respirou apenas insultos. Achou que iriam matá-la.

Miriam está triste. Sua voz soa tensa, não consigo olhar para ela. Talvez a violência lhe tenha arrancado alguma coisa que ela nunca mais recuperou. Ela conta que as próprias prisioneiras eram brutais umas com as outras. Que aquelas condenadas por crimes comuns recebiam privilégios por abusar das prisioneiras políticas. E que por dezoito meses foi chamada pelo número, nunca pelo nome. Diz ainda que havia um verdadeiro sistema de entesouramento e permuta de absorventes — toda uma economia, na verdade. Não consigo me manter concentrada no horror que ela descreve; desobediente, minha mente vaga por seriados de TV. Lembro-me do velho seriado australiano *Prisoner*, que se passa numa prisão feminina: o retinir das grades de metal antes de cada intervalo comercial, e a lésbica simpática na lavanderia, no comando da passadeira a vapor.

Mas Miriam logo se recompõe. Conta que em Hoheneck as prisioneiras se arrebentavam de trabalhar, confeccionando lençóis. Seu cotidiano começava às quatro e meia da madrugada, ao som do alarme. Quando a chave da carcereira tinia na grade, todas as prisioneiras enfileiravam-se em posição de sentido junto da parede. Era a chamada por número. Elas eram contadas também. Seguiam então para o café-da-manhã e, depois, para o trabalho, onde eram contadas de novo. "Para ter certeza de que nenhuma tinha fugido no caminho da cela para o refeitório." Se Miriam precisasse ir ao banheiro, punha-se em posição de sentido e chamava: "Prisioneira juvenil número 725 pede permissão para ir ao toalete". Quando voltava, retomava a posição de sentido e dizia: "Prisioneira juvenil número 725 pede permissão para retomar sua posição". Antes do almoço, nova contagem. Depois, faziam exercício, marchando ao redor de um pátio, e eram recontadas. Eram contadas e recontadas desde o momento em que acordavam até irem dormir, e Miriam diz, rindo: "Sabe de uma coisa? Os números sempre batiam. Todas estavam sempre lá".

"A prisão me deu uns tiques estranhos." Em todos os apartamentos nos quais morou desde então, Miriam sempre arrancou todas as portas das dobradiças. Não é que espaços pequenos provoquem nela ataques de ansiedade, ela diz, mas começa a suar e a ficar gelada. "Este apartamento aqui é perfeito para mim", afirma, olhando o espaço aberto em torno de si.

"E quanto aos elevadores?", pergunto, lembrando-me do suador ao subir as escadas.

"Pois é", ela responde. "Também não gosto muito deles."

Um dia, anos depois, o marido dela, Charlie, estava à toa em casa, tocando violão. Miriam o provocou com algum comentário, ele se levantou de repente e ergueu o braço para livrar-se da alça do instrumento. Provavelmente, pretendia apenas protestar: "Isto é uma afronta!". Ou talvez fosse fazer cócegas nela ou agarrá-la. Mas Miriam sumiu. Num instante, já estava lá embaixo, no pátio do edifício. Ela não se lembra de ter descido as escadas — havia sido uma reação automática de fuga. Charlie desceu, com o intuito de acalmá-la e convencê-la a subir de novo. Ficou perturbado. Nos primeiros anos que passaram juntos, ela surpreendia os dois com seus tiques.

De súbito, sinto-me muito cansada, como se meus ossos tivessem amolecido. Ergo os olhos e vejo que já escureceu lá fora. Quero que alguém faça um carinho nela. Quero que alguém faça um carinho em mim. Queria que a benevolente diretora da prisão na TV tivesse existido, queria que a lésbica com seu coração de ouro tivesse protegido a menininha, e penso no que ainda está por vir.

Quando Miriam foi solta, em 1970, estava com dezessete anos e meio. Sua irmã a levou para nadar num lago. O salva-vidas convidou-a para sair, mas ela não conseguiu lhe dar uma resposta. O nome dele era Karl-Heinz Weber, mas todo mundo o chamava de Charlie. Como não obteve resposta, ele foi atrás dela por intermédio da irmã. Achou Miriam tão estranha, tão quieta. Queria saber por quê.

"Como você era?", pergunto a ela.

"Bom, aí você precisaria perguntar a ele", ela diz. "Foi ele quem me trouxe de volta." Ela atravessa a sala até uma mala surrada, que despeja fotografias dela no chão. Miriam encontra uma de Charlie. A foto mostra um homem de vinte e poucos anos, cabelos castanho-claros, um rosto limpo, olhando diretamente para a câmera. O enquadramento é estranho: ele está junto da borda esquerda da foto.

"Ah, é porque rasguei fora a minha parte", diz ela. E acrescenta: "É nossa foto de casamento". Sinto vontade de fazer perguntas, mas me contenho.

Miriam e Charlie foram morar juntos. Charlie se formara professor de ginástica, tinha estudado educação física e biologia. Na RDA, os esportes tinham íntima vinculação com a política. O governo selecionava jovens com potencial e os enviava para instituições de treinamento, para a glória da nação.

"Ele sabia da história do *doping*?" Nas instituições esportivas, davam hormônios às crianças, disfarçados de vitamina. Num escândalo que veio à tona após a queda do muro, ficou-se sabendo que os remédios aceleravam o crescimento e a força, mas transformavam as meninas quase em meninos.

"Sim, ele ficou sabendo disso por duas pessoas diferentes. Lembro-me de ele ter dito a amigos nossos para manter as filhas longe dessas instituições. Mas não foi por isso que parou de dar aulas."

Aos vinte e poucos anos, Charlie foi passear com um amigo no Báltico. Quando um barco sueco se aproximou da costa, os dois resolveram nadar até ele, só para ver até onde conseguiriam chegar. "Não acredito que quisessem embarcar ou coisa do tipo", ela diz. "Não deixava de ser uma certa provocação, mas, no fundo, era só brincadeira." As autoridades os detiveram com base na suspeita de que queriam deixar o país. Foi o início da perseguição que a Stasi promoveu contra Charlie Weber.

Charlie sentiu que não podia ser para seus estudantes o representante de um Estado que fazia aquilo com ele. Parou de dar aulas e começou a escrever. Escrevia artigos para uma publicação satírica clandestina, o *Eulenspiegel*, bem como argumentos para programas de televisão. Trabalhava na produção de filmes e tinha um ou outro trabalho no teatro também. Escreveu um "livrinho", Miriam diz, chamado *Gestern wie heute* [Ontem como hoje], "sobre como as ditaduras por aqui são todas iguais". E enviou o manuscrito para a Alemanha Ocidental, onde ele foi publicado.

"Depois que passamos a morar juntos — eu, uma ex-criminosa, ele, sob vigilância —, vinham revistar a casa de tempos em tempos", ela conta. "Quando nossa vizinha, uma mulher de idade, viu o que estava acontecendo, ela se ofereceu para guardar um baú com nossos livros e os manuscritos de Charlie, porque jamais suspeitariam dela. Mas cometemos alguns erros. Lembro-me de uma vez que estavam aqui, uns sujeitos novinhos revirando nossas gavetas, tudo que havia nas mesas e nossa coleção de discos. Um deles estava no alto de uma escada, revistando as estantes de livros, e encontrou *A revolução dos bichos*, de Orwell, que, é claro, estava na lista negra. Prendemos a respiração quando ele tirou o livro da estante. Eu me lembro muito bem da capa: eram os porcos segurando uma bandeira vermelha lá no alto.

Ficamos vendo o rapaz olhar para ela, para os porcos e a bandeira. Então, ele pôs o livro de volta no lugar. Depois, nós rimos! Só o que podíamos pensar era que ele tinha visto os porcos, o que era ruim; mas eles estavam segurando uma bandeira vermelha e pareciam estar numa fazenda coletiva, o que deve tê-lo levado a pensar que estava tudo bem!"

Miriam prossegue: "Fui proibida de estudar. E não conseguia emprego nenhum. Onde fosse que me candidatasse, a Stasi fazia com que me recusassem o emprego. Os empregadores tinham de verificar minha ficha pessoal, e a instrução era sempre: 'ela, não'. Eu costumava tirar muitas fotos. No fim, só o que podia fazer era enviá-las para as revistas em nome de amigos meus, e os amigos me repassavam o dinheiro ganho com meu trabalho".

Miriam eriça os cabelos. "Mas, de certo modo, vivíamos bem. Não tínhamos de nos submeter a nenhuma estrutura ou autoridade em que não podíamos confiar. Conseguíamos ir levando."

Em 1979, a irmã de Miriam e o marido dela tentaram fugir para a Alemanha Ocidental escondidos no porta-malas de um carro. Charlie os levou ao encontro da pessoa que contrabandearia os dois para o outro lado da fronteira. A Stasi acompanhou todos os movimentos; o casal foi condenado à prisão e Charlie foi posto numa espécie de liberdade condicional.

Em setembro de 1980, o primeiro-ministro da Alemanha Ocidental, Helmut Schmidt, tinha visita marcada à RDA. Àquela época, o Solidariedade — o movimento polonês — era fonte de tensão para os governos do bloco comunista, porque era foco da esperança de boa parte da população. Assim sendo, a visita de Schmidt foi cancelada, porque o governo da Alemanha Oriental temia que ela conduzisse a manifestações por democracia diante das câmeras ocidentais de televisão.

Não obstante, as autoridades orientais tinham se preparado para a visita. Haviam arrebanhado e trancafiado todos aqueles que podiam protestar ou, de algum modo, causar embaraço ao governo.

Por essa época, pesava sobre Charlie a suspeita formal de ter cometido um crime: "tentativa de fuga da República". Ele e Miriam haviam requerido permissão para deixar a RDA. Às vezes tais requerimentos eram atendidos, porque, ao contrário dos demais países do Leste Europeu, a RDA podia livrar-se dos descontentes jogando-os na Alemanha Ocidental, que lhes concedia cidadania automática. A Stasi investigava com extremo rigor os requerentes. As pessoas que solicitavam permissão para ir embora eram obviamente suspeitas de querer deixar o país, o que — a não ser mediante esse processo tortuoso e arbitrário — era crime. O "requerimento de emigração" era legal, mas as autoridades podiam, por um capricho, optar por entendê-lo como uma declaração de desafeto ao país. Nesse caso, o documento tornava-se um *Hetzschrift* (panfleto difamatório) ou um *Schmäschrift* (libelo) e, portanto, um crime. Em 26 de agosto de 1980, Charlie Weber foi submetido a prisão preventiva.

De início, Miriam só tinha contato com ele por carta. Visitas não eram permitidas e ele não podia telefonar. Por fim, uma visita de meia hora foi marcada para o dia 14 de outubro, uma terça-feira. Na véspera, a última carta que ela havia escrito voltara, com uma anotação escrita a mão: "Permissão para correspondência encerrada". Além disso, havia ainda um cartão da Stasi na caixa do correio: "Retirada autorização para visita em 14/10/1980".

Na quarta-feira, 15 de outubro, um policial comum, em seu uniforme verde, bateu na porta do apartamento. "É aqui que mora *Herr* Weber?"

"Sim."

"E a senhora é a senhora Weber?"

"Sou."

"Bem, a senhora precisa se apresentar no gabinete do promotor público para apanhar os pertences do seu marido, porque ele morreu."

O policial já tinha ido embora antes mesmo que Miriam encontrasse o que dizer.

A República Democrática da Alemanha defendia da boca para fora as instituições democráticas. Havia promotores públicos, cujo trabalho era fazer justiça; advogados, cujo trabalho era defender seus clientes; e juízes, cujo trabalho era julgar. Ao menos no papel, existiam outros partidos políticos além do Partido Socialista Unitário, no governo. Mas a verdade é que só existia mesmo o Partido e seu instrumento, a Stasi. Com freqüência os juízes recebiam ordens da Stasi, a qual, por sua vez, apenas repassava o que o Partido determinava — e isso incluía até mesmo o resultado de um julgamento e a extensão da sentença. O vínculo entre o Partido, a Stasi e a lei estabelecia-se já a partir da base: a Stasi, em consulta aos diretores das escolas, recrutava estudantes obedientes para o estudo do direito, ou seja, aqueles que revelassem atitude apropriada de lealdade. Uma vez vi uma lista de teses de doutorado da Escola de Direito da Stasi, em Potsdam, e ela incluía contribuições memoráveis à soma do conhecimento humano, tais como "Sobre as prováveis causas da patologia psicológica do desejo de cometer infrações fronteiriças". Não havia como uma pessoa se defender do Estado, porque todos os advogados de defesa e todos os juízes eram parte dele.

Miriam foi falar com o major Trost, o promotor público responsável por investigar a morte de Charlie. Trost disse a ela que Charlie havia se enforcado. Disse também que sentia muito, muitíssimo, e que, na verdade, estavam todos muito chocados. E informou que tinha sido chamado à cela de imediato.

Miriam perguntou o que Charlie tinha usado para se enforcar. Onde se pendurara? "Conheço aquelas celas", ela me diz, "não existem canos expostos. As paredes são lisas. Não há nem mesmo barras nas janelas, que são bem pequenas."

Trost respondeu que não sabia.

"Mas chamaram o senhor para ir até a cela. Como pode não saber? O senhor deve ter visto onde o corpo estava pendurado."

"Não."

Miriam balança a cabeça, imitando a pouca vontade dele de tocar no assunto. "Bom, se enforcou com o quê, então?" Ela se recusava a desistir. Naquele dia, Trost disse a Miriam que Charlie tinha se enforcado com o elástico da cintura da calça. Ela não acreditou. Voltou diversas vezes ao gabinete do promotor e seguiu fazendo a mesma pergunta. A gentileza que demonstravam para com ela era surpreendente. O promotor substituto, vinculado a Trost, disse-lhe que Charlie se enforcara com sua própria roupa de baixo. Em outra ocasião ainda, Trost disse a ela que ele havia usado um pedaço rasgado de lençol.

Miriam rebateu: "Afinal, foi com a roupa de baixo ou com o lençol? Com qual dos dois? O mínimo que vocês podem fazer é contar a mesma história".

O major Trost perdeu a calma. Disse que se ela não deixasse o gabinete, ele mandaria prendê-la.

Miriam descobriu que o corpo de Charlie estava sendo retido no necrotério para exames criminalísticos. Foi até lá, mas ninguém a deixou entrar. Sentia que estava sendo seguida.

Foi, então, até *Herr* X, o advogado de Charlie, representante em Leipzig do dr. Wolgang Vogel, de Berlim. Vogel era o advogado do governo responsável pelas trocas de pessoas entre as Alemanhas Oriental e Ocidental. Administrava uma lista de nomes e negociava com o governo alemão ocidental os preços a partir dos quais a liberdade daquelas pessoas poderia ser comprada — a que preços elas poderiam ser *freigekauft*, como se dizia. A tabela de preços variava, aparentemente de acordo com o grau de educação da pessoa a ser comprada. Um comerciante ou escriturário era mais barato do que alguém com um doutorado. A exceção eram os membros do clero: um pastor não custava coisa alguma, porque os pastores tinham com freqüência uma postura independente, anti-regime, e valia a pena livrar-se deles. Para a Alemanha Oriental, a troca de seres humanos era fonte de dinheiro vivo e, ao mesmo tempo, um meio de se livrar dos que se recusavam a se conformar.

Um modo de entrar para a lista de Vogel — e, portanto, de ter uma chance de sair da RDA — era tornar-se cliente de um de seus representantes regionais. Havia sido por essa razão que Charlie Weber contratara X. À época em que Miriam foi visitá-lo, o caso Weber (agora, a investigação de uma morte em prisão preventiva) já estava nas mãos de *Herr* X fazia dois meses. Miriam sentou-se no escritório dele e quis saber o que ele tinha descoberto.

Quando o advogado abriu o arquivo de Charlie sobre a mesa, a pasta continha uma única folha de papel: a autorização, delegada por Vogel, para que ele cuidasse do caso. Em vez de dizer alguma coisa a Miriam, X perguntou: "Senhora Weber, por que a senhora não me conta o que a *senhora* sabe?".

Miriam ficou furiosa. Fazia dias, ela conta, vinha experimentando aquele tipo de raiva que faz com que a gente pouco se importe, que diga coisas que, em geral, evitaríamos dizer. Ela respondeu que investigar era trabalho dele e que, portanto, era ele quem devia descobrir coisas e contar a ela. Se não tinha feito nada enquanto Charlie estava na prisão, podia ao menos descobrir como ele havia morrido, Miriam disse a ele.

"A senhora me acha com cara de louco?", o advogado perguntou com toda a frieza. "Acha? A senhora não está pensando que vou correr até lá e perguntar o que aconteceu, está? Porque, se é assim, melhor encontrar outro idiota, minha jovem senhora."

Miriam sofre nova decepção. Ali, do outro lado da mesa, estava a própria cara do regime: um arremedo de advogado, escarnecendo dela. Na terça-feira, 21 de outubro de 1980, um agente da Stasi apareceu na porta do apartamento de Miriam para dizer a ela que o corpo havia sido liberado dos exames criminalísticos e que o ministério gostaria de ajudá-la com o funeral. Miriam respondeu que podia se virar sozinha.

"Claro, senhora Weber", o homem disse. "Mas a senhora tem alguma funerária em mente, não é?"

Ela mandou o agente para o inferno e encontrou uma funerária pequena. A mulher sentada à mesa era velha e gentil. "A senhora sabe, senhora Weber", disse ela, "seria melhor a senhora se dirigir ao Südfriedhof, porque lá eles vão organizar a coisa toda do começo ao fim, preencher todos os formulários para a senhora e assim por diante." Miriam não viu nada de mais no conselho. Saiu da funerária e foi para os escritórios do cemitério recomendado. Bateu na porta, e mandaram-na entrar.

"A senhora está atrasada. Esperávamos que viesse antes", disse o homem sentado à mesa.

"O quê? Quem disse que eu viria? Nem eu própria sabia, até meia hora atrás."

"Hã... Não sei, não me lembro."

Em primeiro lugar, o funcionário sugeriu que o corpo fosse cremado, em vez de enterrado.

Miriam recusou a sugestão.

Bom, na verdade, disseram-lhe, teria de ser cremado, porque não havia nenhum caixão sobrando.

Miriam blefou: "Eu trago o caixão".

O homem deixou a sala e, momentos depois, reapareceu. "Senhora Weber", disse ele, "hoje é seu dia de sorte. Temos ainda um único caixão." Mas infelizmente, disse ele, um velório que permitisse aos enlutados despedir-se do morto não seria possível. Não disse por quê.

"Se é assim", Miriam rebateu, "vou procurar outra funerária e outro cemitério."

"Não, não, senhora Weber, a senhora não precisa fazer isso. Vamos ver o que a gente pode fazer em relação ao velório, então."

Na véspera do funeral, Miriam e um amigo levaram ao cemitério algumas das coroas de flores que ela havia recebido — eram muitas para que pudessem carregá-las todas no dia seguinte. Miriam notou um sujeito por perto, fumando, sem fazer nada, só observando.

Uma mulher com uniforme de funcionária do cemitério veio até ela: "A senhora está aqui por causa do funeral do senhor Weber?".

"Estou."

"Bom, eu só queria dizer à senhora que não se decepcione amanhã, se não houver velório, porque é bem possível que não haja."

Miriam a conduziu até um ponto onde o fumante podia vê-la e ouvi-la: "Pois eu já vou dizendo à senhora que, se não houver velório, não haverá funeral. Cancelo a coisa toda com todo mundo presente. Faço um escândalo como a senhora nunca viu. A SENHORA ENTENDEU BEM?".

No dia seguinte, o velório teve lugar. Miriam conta que o caixão foi posicionado bem distante, atrás de uma grossa lâmina de vidro, e iluminado por baixo com neon roxo. "Mesmo com a luz péssima, pude ver ferimentos na cabeça. E podia ver o pescoço também, que esqueceram de cobrir. Não havia marcas de estrangulamento, nada." Ela lança um olhar para mim. "É de se pensar que teriam feito de tudo para cobrir o pescoço, se queriam insistir naquela história de que ele tinha se enforcado, não é mesmo?" Dali, o caixão foi baixado a um nível inferior e reapareceu num carrinho, que empregados do cemitério empurraram até o túmulo. Todos esses detalhes desfilam em câmara lenta, fossilizados na memória. Nos minutos transcorridos desde o momento em que o caixão baixou e desapareceu de vista até ele reemergir, diz Miriam, teria havido tempo para a retirada do corpo.

"Havia muita gente no funeral", ela conta, "mas acho que havia ainda mais gente da própria Stasi por ali." Diante dos portões do cemitério estava estacionada uma perua com antenas de longo alcance, daquelas utilizadas para equipamentos de gravação. Nos arbustos, viam-se homens com teleobjetivas. Para onde fosse que se olhasse, agentes circulavam com *walkie-talkies*. Nos escritórios do cemitério, algum tipo de reforma estava em curso: aos pares, agentes da Stasi distribuíam-se pelos andaimes.

"Cada um de nós, sem exceção, foi fotografado. E era possível antever o caminho que o cortejo tomaria, desde a capela até a cova: homens da Stasi marcavam todo o trajeto, postados a intervalos regulares, sem fazer nada." Quando o cortejo alcançou o túmulo, dois deles já estavam sentados num cavalete, prontos a observar tudo que se passava. "Assim que a última pessoa jogou suas flores", diz Miriam, "o pessoal do cemitério começou a despejar a terra, tudo muito rápido. Rápido demais, simplesmente."

Miriam atravessa a sala descalça e vai até uma mesa, onde apanha alguns papéis de uma pasta de plástico. "Fiz uma cópia disto para você", diz, já de volta. É parte do arquivo da Stasi sobre Charlie Weber: um relatório escrito a mão e assinado por um tal major Maler. Nele estão detalhados todos os planos da Stasi de Leipzig para a organização e a vigilância do funeral de Weber: o telefone de Miriam deveria ser grampeado; ela deveria ser chamada na véspera, para "esclarecimento das circunstâncias"; aparatos de gravação de som deveriam ser empregados no local; deveria se proceder a uma "documentação fotográfica" do evento; cidadãos da República Federal da Alemanha que comparecessem ao funeral deveriam ser supervisionados, a fim de garantir que deixariam a RDA antes do toque de recolher, ao final do dia. "Lamentavelmente, o nome do pastor que oficiará a cerimônia não pôde ser confirmado por este agente. Na ocorrência de comportamento negativo ou hostil durante o funeral, será dada aos homens a ordem de usar a força para reprimi-lo, com base no fato de que atitudes de tal natureza atentam contra a dignidade das dependências do cemitério." O major Maler acrescentava ainda que o chefe do Südfriedhof, um certo *Herr* Mohre, havia garantido à Stasi total liberdade de movimentos no tocante à "operação Weber", e que se algum agente da Stasi fosse questionado pelos trabalhadores no cemitério, o funcionário em questão deveria ser encaminhado ao colega Mohre. Mohre sabe que Maler é agente da Stasi, conhece seu verdadeiro nome, e não apenas sua identidade clandestina.

Tudo isso Miriam poderia ter adivinhado com base no que viu naquele dia. Ela aponta para a linha seguinte e a lê em voz alta: "Ainda não há informação definitiva acerca da data da cremação. Essa data poderá ser fixada pelo colega Mohre em ou após 31 de outubro de 1980".

Ela me passa a cópia do arquivo. "Em 30 de outubro enterramos um caixão. Enterramos um *caixão*, e a data da *cremação* está sendo marcada para o dia seguinte. Ou não tinha ninguém dentro daquela coisa ou era outra pessoa que estava ali."

Miriam foi até o Ministério do Interior e acrescentou a solicitação de "transporte do caixão" em seu requerimento para deixar a RDA. Queria ir embora, e queria enterrar Charlie na Alemanha Ocidental.

Quase todo mês ela era chamada à Stasi para uma conversa. Assim foi durante anos. "Que história é essa de transportar o caixão", perguntaram-lhe. "O que você quer com o caixão?"

"O que o senhor acha que eu quero? Levar o caixão para um passeio dominical? Quero fazer com ele o que todo mundo faz com caixões: quero enterrá-lo."

Em 1985, disseram a ela: "A senhora provavelmente quer mandar examinar o cadáver, não é isso?".

"E se eu quiser? O que posso descobrir, além do fato de que ele se enforcou, como os senhores dizem?"

"A senhora sabe que já não vai haver nada no caixão. Não vai poder provar nada."

"Bom, e por que o senhor está tão preocupado?", ela retrucou, tomando aquilo como uma confissão de culpa. Passado algum tempo, Miriam parou de obedecer aos cartões que apareciam em sua caixa de correio, convocando-a a esclarecer certas circunstâncias. A única coisa que se tornou cada vez mais clara era que, naquelas circunstâncias, *eles* tinham o poder.

"Era besteira. Parei de pensar que algum dia eu conseguiria ir embora. Estavam brincando comigo, como se eu fosse um rato."

Numa manhã de maio de 1989, às oito horas, o telefone de Miriam tocou. Era a Stasi. Não podiam dizer por quê, mas solicitavam que ela se apresentasse sem demora, naquele mesmo dia, e que levasse seus documentos.

Miriam pensou consigo que, quando não deixavam cartões na sua caixa de correio convocando-a a esclarecer circunstâncias, ligavam para acordá-la. Ela tinha ido dormir tarde. Dormiu mais um pouco e, então, levantou-se, tomou um banho e fez uma primeira xícara de chá.

Ao meio-dia, a campainha da porta tocou. Era um agente da Stasi ligado ao Ministério do Interior. "Por que a senhora ainda está aqui?", ele perguntou.

"É minha casa."

"A senhora deve se apresentar imediatamente ao Ministério, com seus documentos de identificação."

"Ainda tem tempo. Temos um longo dia pela frente, meu amigo."

Ele montou guarda defronte à porta.

Miriam foi até os escritórios da Stasi. Um funcionário recolheu os documentos de identidade, disse a ela que fosse a um fotógrafo e que, depois disso, teria um compromisso com um tabelião. Cumpridas aquelas etapas, ela deveria voltar para apanhar sua autorização para viajar. "A senhora pegará um trem esta noite", ele disse.

"Foi aí que entendi", Miriam conta. "Estava chocada, e disse a eles: 'Faz onze anos que entramos com o requerimento para emigrar, e agora não posso nem me despedir dos amigos?'"

"Senhora Weber, a autorização para viajar expedida é válida até a meia-noite de hoje. Se, depois disso, a senhora for descoberta ainda em território da RDA, estará no país ilegalmente e será presa. Gostaria de lembrar à senhora", ele completou, erguendo os documentos que tinha na mão, "que a senhora não mais possui documentos de identificação neste país."

O trem daquela noite estava lotado de pessoas expulsas da RDA. Era como se qualquer um que pudesse pegar o vírus da *glasnost* precisasse ser levado para além do muro. Miriam carregava uma sacola com duas mudas de roupa e estava deixando toda sua vida para trás. Os amigos iriam desmontar o apartamento para ela. Até onde sabia, nunca mais ia voltar. Ninguém tinha a menor idéia de que o muro cairia em novembro.

"No fundo, a deportação chegou com doze anos de atraso", diz ela, "e seis meses adiantada."

65

* * *

A noite cai, e as luzes da cidade esparramam-se abaixo de nós. No escuro, a cidade poderia ser qualquer uma, em qualquer lugar normal.

Algumas pessoas se sentem à vontade falando sobre a própria vida, como se vissem sentido na sucessão de acontecimentos aleatórios que as tornou o que são. Isso demanda um tipo de fé na vida de quem olha para a frente, uma convicção de que causa e efeito estão ligados e de que se é mais do que a soma do passado. Para Miriam, o passado parou quando Charlie morreu. Suas lembranças dos piqueniques, de cozinhar para os dois, de férias passadas em conjunto — sua vida real, enfim, são memórias em que o "ela" é um "nós", e aquelas eram as coisas que ela e Charlie faziam juntos. É como se o tempo passado desde a morte dele não contasse: é um não-tempo, traçando uma não-história. Miriam é corajosa, forte e vencida, tudo ao mesmo tempo. Quando ela fala, é como se, em si mesma, sua existência já não fosse real para ela, mas antes um epitáfio vivo de uma vida que se foi.

"Por que você voltou para Leipzig?", pergunto.

"Porque, bem, para tratar desse assunto de que estou tratando no momento é melhor que eu esteja aqui. Levo só uma hora para chegar ao centro das investigações, em Dresden", ela sorri. "Tenho esperança", diz ela, e noto que, por trás do sorriso, ela luta contra as lágrimas, "tenho grande esperança de que aquelas mulheres dos quebra-cabeças descubram alguma coisa a respeito de Charlie no meio de todos aqueles pedacinhos de arquivos."

Miriam quer que o corpo de Charlie seja exumado, para que ela possa saber ao certo o que aconteceu com ele.

Olho para as luzes lá fora. Ela prossegue. "Não acredito que ele tenha se matado. Não acho que ele fez isso. De nós dois, foi ele quem sempre se preocupou mais que eu pudesse sucumbir àquela pressão toda."

Não saber o que aconteceu a Charlie é tão duro porque, caso ele tenha se suicidado, isso significa que ela foi abandonada. Fico imaginando o que vai acontecer com ela quando desenterrarem o caixão. Se o corpo foi cremado, não vão encontrar nada dentro dele, ou encontrarão os restos de outra pessoa. Se for Charlie, o que isso significará para ela? Vai libertá-la para começar uma nova vida? Ou sua vida presente vai perder seu propósito?

Miriam não tem dinheiro para pagar a exumação por conta própria, razão pela qual espera que ela seja feita no curso da investigação criminal acerca da morte de Charlie, que, ao que parece, está agora a cargo das autoridades da Alemanha unificada. Já por duas vezes, porém, tentaram suspendê-la, e por duas vezes ela viajou a Dresden, para "dar uns murros nas mesas deles. Você sabe, o que eles querem é parar de pensar no passado. Querem fingir que tudo aquilo não aconteceu".

Há bem pouco tempo, o promotor público escreveu para Miriam, dizendo que a investigação seria suspensa, porque um ex-funcionário do Südfriedhof havia "assegurado" a ele, "de forma crível", que nada havia acontecido de impróprio no funeral de *Herr* Weber. Miriam enviou-lhe o arquivo, sublinhando as passagens que falavam em corpo proveniente da *"Anatomie"* (eufemismo que designava o necrotério da Stasi, como se, de alguma forma, os cadáveres vindos da prisão procedessem na verdade da escola de medicina); no esquema detalhado de vigilância montado para o funeral; a passagem que indicava que *Herr* Mohre conhecia a verdadeira identidade do agente da Stasi que estava tratando do assunto com ele; e a passagem sobre a cremação, marcada para o dia seguinte. "Isso os deteve", ela diz. "Escrevi: 'O senhor ainda acha que não houve nada de impróprio no funeral de *Herr* Weber?'."

O promotor respondeu que ainda não tinha lido aquela parte do arquivo. Quando Miriam sondou a Administração dos Arquivos da Stasi, descobriu que o tal promotor não havia sequer encaminhado a requisição para examinar o arquivo.

"Você já reconheceu gente da Stasi andando pela rua?", pergunto. É, creio, o que me deixaria apavorada: o horrível disparate de topar na rua com alguém que cometeu uma injustiça comigo. "Não, graças a Deus. Mas tentei encontrar as pessoas envolvidas no caso de Charlie."

Logo em seguida à revolução, em 1989, Miriam foi até o cemitério, atrás de *Herr* Mohre, mas ele desapareceu tão logo o muro caiu. "A Stasi cremou um monte de gente no Südfriedhof", diz ela.

Encontrou, no entanto, o major Maler. Miriam telefonou para ele e disse que queria marcar um encontro para conversar sobre o caso Weber. Encontraram-se num café. Ela levou um amigo, para ter uma testemunha. O amigo sentou-se na mesa ao lado, sem que o major soubesse.

Maler disse que não sabia de nada. "Não, o nome Weber não me diz coisa nenhuma."

"Então, por que o senhor veio até aqui?", Miriam perguntou.

"Hã, só queria saber o que a senhora quer."

"Mas eu disse ao senhor, por telefone, que queria conversar sobre o caso Weber."

"Ah, eu pensei que a senhora tinha alguma coisa para *me* contar."

Ele queria saber quanto ela sabia? Se seria desmascarado ou chantageado?

"É impressionante", ela diz, "o que uma revolução é capaz de fazer com a memória das pessoas." Uma nuvem de fumaça recobre a cabeça de Miriam e o espaldar alto da cadeira. "Mas estar aqui me oferece certas compensações. Este apartamento, por exemplo", Miriam diz, e tem razão. O som de uma sirene passa e desaparece. Miriam é uma donzela em segurança na sua torre. "Fico pensando naqueles homens da Stasi. Eles nunca na vida teriam imaginado que deixariam de existir e que seus escritórios se transformariam num museu. Um museu!" Ela balança a cabeça e apaga a guimba do cigarro. "Tem uma coisa que adoro fazer. Adoro pegar o carro, ir até a Runden Ecke e estacionar bem defronte ao edifício. Fico sentada dentro do carro e sinto uma sensação de... *triunfo*!" Ela faz um gesto que principia como uma onda e termina em guilhotina. "Pois bem, sua corja: vocês já eram."

5. O palácio de linóleo

Já passa da meia-noite quando volto a Berlim. Tomei um bonde, um trem regional, o trem local e, por fim, atravessei a pé o parque, onde as coisas são apenas formas, sombra sobre sombra. A história de Miriam me tirou o fôlego. Minha cabeça, não mais concentrada em ouvir, começou a pulsar de novo, tão logo deixei o apartamento dela. Não gosto de ser obrigada a reconhecer que meu coração não passa de uma bombinha, fazendo o sangue circular. Estou mais do que cansada. Quando chego em casa, estou em câmara lenta, cruzando uma linha de chegada.

Meu prédio é revestido de cimento cinza borrifado, mas a entrada ainda ostenta portas grandiosas em arco. No fim do saguão, uma porta dupla conduz ao pátio, com seu castanheiro e o calçamento de pedras entremeadas de ervas daninhas. Moro no primeiro andar, depois das caixas de correio, subindo a escada à direita. Não olho a correspondência; em vez disso, acendo a luz do saguão e vou logo subindo. As paredes da caixa de escada estão cobertas de grafites coloridos, mas indecifráveis, podendo significar expressões de alegria ou de dor, dependendo de como se olha

70

para eles. Não olho. Apresso-me a enfiar a chave na fechadura, antes que a lâmpada do corredor se apague automaticamente. Estou em casa, livre e a salvo.

Lá dentro, as luzes estão acesas.

Uma voz guincha: "Não se assuste! Não se assuste!".

Gelo de medo.

"Me desculpe, puxa, me desculpe", diz a voz.

A bomba no meu peito bomba forte, sem parar. Deixo cair a bagagem.

Uma mulher em cima de uma escada de armar segura uma grande chave de fenda. É Julia, que me aluga o apartamento. "Eu sinto muito", ela diz, voltando-se para mim e baixando a chave de fenda.

"Tudo bem", respondo devagar e ofegante.

"Sei bem como é", ela continua. "Às vezes, a gente só quer ir para casa, ficar sozinha." Imagino que ela esteja dizendo isso porque moro sozinha. Não digo nada.

"Eu só estou desparafusando isto aqui", explica. "Vou levar estas estantes de livros, espero que você não se importe."

"Não me importo, não."

"Preciso delas lá em casa, porque não tenho nenhuma."

Moro no apartamento há seis meses e ainda não me acostumei com aquilo. Penso comigo que, uma hora, essa história precisa acabar, e espero que acabe enquanto ainda me restam umas poucas peças de mobília. Julia trabalhava na imobiliária que visitei quando procurava apartamento. Ofereceu-me sublocar o apartamento onde ela estava morando, até o final do contrato. Ela o dividia com outras pessoas, mas todos estavam se mudando. O imóvel era grande demais para mim, mas ficava na velha Berlim Oriental, onde eu queria estar, e eu podia pagá-lo.

E estava mobiliado, ainda que os móveis fossem — Julia me avisou — "escassos". Era bem mais o caso agora.

Sei que Julia está preocupada com o tempo que está levando para se mudar de vez, com o desnudamento constante e progressivo da velha casa. Já a consolei outras vezes, dizendo que tudo de que eu precisava era de uma cama, de uma mesa, de uma cadeira e de uma cafeteira. Estava dizendo a verdade, mas, dois dias atrás, ao encontrar uma pilha de papéis amassados, lenços de papel usados e embalagens de fitas cassete embaixo da mesa, onde eu os tinha jogado porque costumava haver ali um cesto de lixo, pensei comigo que precisava falar com ela. O problema é que, neste momento, estou muito cansada.

"Onde você esteve?", ela pergunta.

"Leipzig."

"Ah", ela diz, "onde tudo começou."

"Julia, me desculpe, mas estou exausta. Preciso ir para a cama. Que tal a gente tomar um café uma hora dessas? Por que você não dá um pulo até aqui?" Durante o dia, penso comigo.

Ela diz que virá, mas não combinamos hora, porque Julia considera compromissos com hora marcada um cerceamento intolerável de sua liberdade. O que pode explicar como lhe ocorreu tratar da reforma da nova casa àquela hora da noite.

Caio na cama, e ela prossegue tão quieta com sua desmontagem noturna que nem ouço quando vai embora, equilibrando tábuas, suportes em L e parafusos no cesto da bicicleta, que ela deve ter carregado escada abaixo.

De manhã, a primeira coisa que noto é que posso ver minha respiração. Um único dia sem aquecimento, e o ar daqui congela com o frio. Tenho a mente clara, mas ontem já me parece outro país. A segunda coisa que noto é que, diante da minha cama, onde costumavam ficar dois engradados azuis de leite que serviam de criado-mudo e banquinho de penteadeira, surge agora, recém-revelado, um pedaço de linóleo marrom.

Quando me mudei para cá, agradou-me a quase nudez do apartamento. Eu tinha dois quartos, uma enorme sala de estar com janelas na altura das árvores, dando para o parque, e uma cozinha do lado oposto, que dá para o pátio. À época dos comunistas, o edifício foi convertido numa fachada de cimento por fora, e num prático interior de linóleo marrom por dentro, lavado, encerado e sem nenhuma graça. Mas era verão quando me mudei, e, para mim, o apartamento era arejado e iluminado, com verde de ambos os lados. Logo descobri que tudo aqui ou estava quebrado ou estava em vias de quebrar. Cada item de mobília tinha vindo ao mundo como peça útil do mobiliário alemão oriental de mais de uma década atrás. Depois da queda do muro, os estudantes se mudaram para o prédio e, quando saíram, nada do que restava pareceu de alguma valia nem mesmo para eles. Calombos apareceram no sofá da sala de estar, revestido de um tecido escuro no qual tenho até medo de mexer; a cordinha da persiana da cozinha fica permanentemente amarrada a uma cadeira de plástico, e o propósito disso é evitar que a persiana despenque de vez; as molas do meu colchão ameaçam varar o revestimento; e o banheiro, sem janelas e pintado de um verde escuríssimo, tem um tipo de encanamento cuja mecânica seria necessário aprender.

Julia deixou um balde cheio de carvão no corredor da entrada. Na noite passada, ela deve ter descido até o porão, escuro como breu, para enchê-lo. Alimento o aquecedor de ladrilhos marrons com combustível e carvão. Embora ele ainda vá levar horas para começar a aquecer o apartamento, já me sinto aquecida pela gentileza de Julia.

Não chego a levar a mal o fato de ela retirar a tralha daqui. Sei que Julia não dispõe de nada melhor onde está morando agora — num cômodo único, nos fundos de um prédio não muito longe daqui. Sei que, no verão, o fedor dos latões de lixo no pátio

73

sobe até seu apartamento, fazendo-se quase visível. E sei também que, o ano todo, seus vizinhos não são nada amigáveis, tanto uns com os outros como dentro de suas próprias casas: Julia ouve o som das brigas ecoando através do pátio. Além disso, sei que Julia precisa da sua solidão, mas que sofre com ela também, e que seu apartamento está repleto de coisas baratas e quebradas, coisas que ela sente que pode precisar em algum momento da vida e que, se jogar fora, pode não ter dinheiro para tornar a comprar. Por fim, sei também que seu gatinho sofre de incontinência, o que faz com que, de alguma maneira, sua casa cheire a ansiedade.

Não posso portanto me ressentir de ela ainda ter as chaves e de revisitar sua velha vida de vez em quando. Vou me acostumando a cada nova partida inesperada — do tapetezinho de borracha do banheiro, da cafeteira e, agora, dos engradados de leite. Aclimato-me à atmosfera cada vez mais rarefeita. Da cozinha até minha mesa e do banheiro até a cama, traço trilhas livres de poeira pelo linóleo.

Na verdade, tudo que sinto hoje, ao passar pelo vestíbulo onde as estantes costumavam ficar, é a súbita predominância do linóleo em minha vida. Ao todo, posso contar cinco tipos de linóleo no apartamento outrora grandioso, e são todos marrons. Marrons em gradações diferentes: escuro no corredor, manchado no meu quarto, um outro tipo de marrom no outro quarto (que pode bem ter sido outra cor, antes de sucumbir às regras da casa), um marrom tendendo ao bege na cozinha e, meu preferido, a imitação de parquete na sala de estar.

Na cozinha, côo um café na garrafa térmica. O que me surpreende de morar aqui é que, não importa quanto retirem do apartamento, este palácio de linóleo segue contendo tudo que é necessário à vida, ao mesmo tempo que se recusa a admitir um único elemento — acidental ou deliberado — de beleza ou alegria. Nisso, acredito, é muito parecido com a própria Alemanha Oriental.

Levo meu copo de café para a janela da sala de estar. No parque, há neve no chão e nas árvores, luz sobre luz. Minha respiração se mistura ao vapor do café no copo. Limpo o vidro. Na distância estende-se a cidade, a torre de televisão na Alexanderplatz mais parecendo um enfeite exagerado de árvore de Natal, piscando uma luz azul.

Não posso vê-lo daqui, mas sei que bem ali perto, onde ficava o palácio dos imperadores prussianos, demolido pelos comunistas, ergue-se o edifício do Parlamento da RDA, o Palast der Republik. É marrom, parece de plástico, cheio de amianto e todo fechado. Não se sabe ao certo se a cerca em torno do edifício servia para protegê-lo das pessoas que gostariam de manifestar o que pensavam do regime ou se, ao contrário, para protegê-las do Palast, para o bem da saúde pública. A estrutura consiste num comprido retângulo de metal, composto de retângulos menores de vidro espelhado marrom. Quando se olha para o prédio, não se vê o que há lá dentro. Em vez disso, é o mundo exterior, com tudo que há nele, que se reflete nos vidros, curvado e marrom. Naquele edifício, sonhos foram transformados em palavras, decisões foram tomadas, anúncios receberam aplausos e costas, tapinhas. Ali dentro, o mundo podia ser outro, bem diferente, o tempo podia curvar-se e pessoas podiam desaparecer.

Como acontece com tanta coisa por aqui, ninguém consegue decidir-se seja pela transformação do Palast der Republik num monumento de advertência a lembrar o passado ou por sumir com ele, pura e simplesmente, e caminhar rumo ao futuro livre de todo e qualquer fardo, a não ser daquele representado pelo perigo de fazer tudo de novo. Num canteiro de obras nas proximidades, desencravaram o *bunker* de Hitler. Tampouco nesse caso uma decisão pôde ser tomada: um monumento poderia transformar-se num santuário para os neonazistas, mas apagá-lo da face da Terra poderia sinalizar esquecimento ou negação do passado. No fim, tornaram a enterrar o *bunker*. Mais cinqüenta anos, disse o prefeito, e talvez as pessoas sejam capazes de decidir o que fazer. Lembrar ou esquecer — o que é mais saudável? Demolir ou cercar e apartar? Escavar ou deixar debaixo da terra?

Entre o Palast der Republik e meu apartamento estende-se o bairro que é chamado de Mitte, o centro velho de Berlim, com seus edifícios cinza, o céu branco e as árvores nuas. As ruas estão sendo renomeadas nas redondezas — de Marx-Engels-Platz para Schlossplatz, de Leninallee para Landsberger Allee, de Wilhelm-Pieck-Strasse para Torstrasse —, num ato maciço de redecoração ideológica. Mas a maior parte dos prédios ainda não foi reformada. Em grande parte, os edifícios já perderam o reboco e tornam a exibir trechos de tijolos por baixo, como rostos remendados depois de uma cirurgia plástica. Estão agora como eram antes de o muro cair, a não ser pelas antenas parabólicas que brotam das janelas, um súbito fungo branco sintonizado com o espaço sideral. Os bondes passaram a ser os ocidentais: foram dos primeiros a cruzar para o lado de cá depois da queda do muro. São um lampejo de amarelo vivo suspenso por cordas, movendo-se através da paisagem cinza.

Um bonde pára bem diante do meu apartamento. Obedece a um semáforo logo abaixo da minha janela, embora não haja semáforo correspondente do outro lado da rua. Noto que o motorneiro abriu seu tablóide — que grita manchetes em vermelho e preto — sobre o painel de controle. Atrás dele, as pessoas sentadas têm um aspecto cansado, como se o dia tivesse amanhecido cedo demais para elas.

Não entendo por que aquelas luzes fazem o bonde parar sob a minha janela. O ponto em si fica meio quarteirão adiante, na esquina. Aqui embaixo, a porta nunca se abre para o embarque ou desembarque dos passageiros, que ficam apenas sentados ali, detidos e concordes. É estranha essa visão do bonde com uma fila de carros atrás de si, parados não por causa dos pedestres ou dos passageiros, mas por motivo nenhum, enquanto, do outro lado, os veículos sobem desimpedidos a colina rumo a Prenzlauer Berg. O farol muda, e o motorneiro, ainda lendo o jornal, aciona uma alavanca, pondo o bonde em movimento.

Saio para comprar jornal e pão e atravesso o parque. No verão, ele é adornado por grupos variegados de bêbados e punks. No inverno, para se aquecer, os punks ocupam as estações do metrô, ao passo que os bêbados se instalam nos abrigos dos pontos de bonde. Hoje, o ponto da esquina foi ocupado por um velho com uma verdadeira juba de cachos entrelaçados, enorme barba desgrenhada e um manto preto esvoaçante. Os pertences, em sacos plásticos ao seu redor, servem-lhe também de travesseiros. É uma criatura atemporal e grandiosa, como alguém surgido de outro século — um Rei do Inverno. Quando os passageiros desembarcam, ele os saúda como se fossem suplicantes em visitação a seu trono: cumprimenta-os com um leve movimento da cabeça e acena conforme tomam seu caminho.

Atravesso em direção à padaria, passando pelo cartaz que diz: "Anunciar torna você mais conhecido". Em certa medida, minha padaria mantém a tradição. O dono faz pão integral, pão de centeio e pães caseiros, empilhados na parede dos fundos feito tijolos alongados. Agora, porém, livre de constrangimentos impostos pelo Estado à sua engenhosidade, ele parece estar conduzindo seu próprio experimento no ramo de vendas. Do lado esquerdo, sob o vidro do balcão, ficam os confeitos: *donuts* gelados, *cheesecakes* e tortas crocantes de uvas-do-monte. Na outra lateral, dispostos sob o vidro com semelhante capricho, vê-se toda uma variedade de livros de bolso com títulos em relevo.

Sou atendida por uma mulher com uma permanente malfeita. Ela veste uma camiseta que exibe o rosto de um leão — lantejoulas piscam em lugar dos olhos, bem onde os mamilos dela devem estar. Compro um pão de centeio e não pergunto nada sobre os livros. Quando chego de volta a meu prédio, vejo que o Rei do Inverno veio se postar no local onde o bonde faz sua parada inútil. Ele espera, mas não há passageiros a receber. Em vez disso, conforme me aproximo, ele se volta para mim e faz uma mesura, longa e perigosamente baixa.

Durante toda a semana seguinte, penso em Miriam e nos homens da Stasi. Tenho curiosidade de saber como há de ter sido freqüentar o interior da Firma e, depois, assistir ao desaparecimento daquele mundo e do lugar que se tinha nele. Esboço um anúncio de jornal e o passo por fax para os classificados pessoais do jornal de Potsdam:

Procuro: ex-oficiais e colaboradores informais da Stasi para entrevista. Publicação em inglês, anonimato e discrição garantidos.

78

6. O quartel-general da Stasi

No dia seguinte, o telefone começa a tocar de manhã bem cedo. Eu não tinha refletido bem antes de agir — não imaginara como seria receber em casa chamadas de uma série de tipos militares que perderam seu poder e sua pátria. Estou dormindo. Atendo o telefone e digo meu nome.

"*Ja*, é sobre o anúncio no *Märkische Allgemeine*."

"*Ja...*", tateio em busca do relógio. São 7h45 da manhã.

"Quanto a senhora paga?"

"*Bitte?*"

"A senhora precisa compreender...", diz a voz. Sento-me na cama e puxo as cobertas para junto de mim.

"Com quem estou falando?"

"Isso não importa no momento." A voz fala com segurança. "A senhora precisa compreender que anda muito difícil para muitos de nós conseguir emprego nesta nova Alemanha. Somos discriminados e explorados a todo momento neste... neste *Kapitalismus*. Mas aprendemos rápido também. Portanto, eu pergunto: a senhora está disposta a pagar quanto por minha história?"

"Como posso saber se não sei de que tipo de história estamos falando?"

"Eu era um IM", ele diz.

A tentação é grande. Um IM era um "*inofizielle Mitarbeiter*", um colaborador informal. Sei que provavelmente não vou encontrar muitos que queiram falar comigo. Esses colaboradores são as pessoas mais odiadas na nova Alemanha, porque, ao contrário dos oficiais uniformizados da Stasi e do pessoal administrativo que fazia o trabalho burocrático diário, esses informantes relatavam atividades da própria família e dos amigos, sem que os envolvidos soubessem. "*Moment, bitte*", digo, e apóio o telefone no colo. Lembro-me de Miriam me dizendo que os informantes costumam argumentar que a informação que deram não prejudicou ninguém. "Mas como é que eles sabem para que ela foi usada?", Miriam me perguntou. "É como se tivessem distribuído a todos eles o mesmo manual de desculpas."

Torno a erguer o telefone e digo não. Como posso recompensar informantes uma segunda vez? Além disso, não tenho dinheiro.

O telefone continua tocando. Marco uma série de encontros secretos com homens da Stasi: em Berlim, em Potsdam, do lado de fora de uma igreja, num estacionamento, num bar e até nas casas deles.

Minha cozinha dá para o pátio. Com freqüência, vejo movimento por trás das janelas dos outros apartamentos. Hoje, há um homem de pé num deles, olhando para fora com ar absorto. Está nu. Estou ao telefone e desvio o olhar, esperando que ele não tenha se sentido observado. Quando me viro para desligar o fone, ele ainda está lá — por um momento, acredito que ele talvez não tenha me visto. Depois, noto que cobriu o pênis com a cortina e que a segura num gesto de estática modéstia: uma toga de poliéster.

Preciso sair de casa, ir para longe do telefone.

Lá fora, o frio é intenso e úmido. Não há vento; é como se todos nós tivéssemos sido congelados. Em meio à quietude, as pessoas deixam para trás rastros de hálito, como cometas. Pego o metrô para o quartel-general nacional da Stasi, na Normannenstrasse, no bairro de Lichtenberg. A brochura que apanhei na Runden Ecke mostra uma vasta área de prédios de vários andares, ocupando espaço equivalente ao de muitos quarteirões. Trata-se de uma foto aérea; como os prédios se juntam uns aos outros em ângulo reto, o complexo tem o aspecto de um gigantesco chip de computador. Era a partir dali que todo o inconsútil e deplorável aparato era comandado: o quartel-general da Stasi. E bem dentro dessa cidadela ficava o escritório de Erich Mielke, o ministro para a Segurança do Estado.

Em 7 de novembro de 1990, apenas alguns meses depois de os cidadãos de Berlim terem montado barricadas no complexo de edifícios, as salas ocupadas por Mielke — incluindo-se aí seus aposentos privados — foram abertas ao público na qualidade de museu. O Comissariado Federal para os Arquivos do Serviço Secreto Estatal da ex-RDA (a autoridade responsável pelo espólio da Stasi) apoderou-se dos arquivos. As pessoas vão até ali para ler suas biografias não autorizadas.

Através de uma janela vejo o interior de uma sala com homens e mulheres sentados cada um à sua mesinha. Examinam pastas pardas e cor-de-rosa, tomam notas. Que mistérios estão solucionando? Por que não conseguiram entrar para a universidade, por que não arranjaram emprego ou que amigo contou à Stasi sobre o Soljenítzyn proibido que tinham guardado na estante? Os nomes de terceiros mencionados nos arquivos encontram-se riscados com grossos traços de tinta preta, para que os segredos das pessoas não sejam revelados (que o tio Frank traía a esposa, por exemplo, ou que determinado vizinho era um beberrão). Mas o cidadão tem o direito de saber os nomes verdadeiros dos oficiais da Stasi e dos informantes que o espionaram. Ao menos durante o tempo que permaneço ali, em pé, não vejo ninguém chorando ou esmurrando a parede.

Sigo meu caminho rumo ao edifício principal como um rato num labirinto. Quero ter uma idéia do homem que comandava esse lugar, antes de me encontrar cara a cara com alguns de seus subordinados. Hoje, o nome Mielke transformou-se em sinônimo de Stasi. As vítimas sentem honra duvidosa ao encontrar a assinatura dele em seus arquivos, nos planos para que alguém seja observado "com todos os métodos disponíveis", nas ordens de prisão ou seqüestro, nas instruções aos juízes relativas à extensão de uma sentença de prisão ou mesmo nas ordens de "liquidação". A honra é duvidosa porque se trata de moeda comum: foram inúmeras as ordens que ele assinou. Esse aparato de Mielke, dirigido em grande parte contra seus próprios compatriotas, era uma vez e meia maior do que todo o Exército regular da RDA.

Depois da queda do muro, a mídia alemã chamou a Alemanha Oriental de "o mais perfeito sistema de vigilância de todos os tempos". No fim, a Stasi tinha mais de 97 mil funcionários, mais do que o suficiente para vigiar um país de 17 milhões de habitantes. Mas ela dispunha também de mais de 173 mil informantes entre a população. No Terceiro Reich de Hitler, estima-se que havia um agente da Gestapo para cada 2 mil cidadãos; na União Soviética de Stálin, um agente da KGB para cada 5830 pessoas. Na RDA havia um oficial da Stasi ou um informante para cada 63 pessoas. Se incluirmos aí os informantes de meio período, algumas estimativas chegam a situar essa proporção na casa de um informante para cada 6,5 cidadãos. Onde quer que encontrasse oposição, Mielke enxergava inimigos, e quanto mais inimigos encontrava, mais gente e mais informantes contratava para sufocá-los.

Ali, na Normannenstrasse, trabalhavam todo dia 15 mil burocratas, administrando as atividades da Stasi no exterior e supervisionando a vigilância doméstica por meio de catorze escritórios regionais espalhados pela RDA. As fotos de Mielke mostram um homem baixinho e sem pescoço, bochechudo e de olhos bem juntos. Tem o rosto e os lábios de um pugilista. Adorava caçar. Filmes o exibem inspecionando uma fila de carcaças de veado como se inspecionasse um desfile militar. Amava suas medalhas e as carregava espetadas no peito em fileiras de brilho gritante. Gostava de cantar também, sobretudo marchas instigantes e, claro, a Internacional. Dizem que os psicopatas, pessoas imperturbadas por suas consciências, dão generais e políticos de suprema eficiência, e talvez ele fosse um deles. Era, com certeza, o homem mais temido da Alemanha Oriental: temido pelos colegas, pelos membros do Partido, pelos trabalhadores e pela população em geral. "Não somos imunes à presença de vilões entre nós", disse ele a um conjunto de oficiais de alta patente da Stasi, em 1982. "Se soubesse de algum neste momento, ele não sobreviveria ao dia de amanhã. Execução sumária. Penso assim porque sou um humanista." E: "Toda essa conversa fiada sobre executar ou não executar, contra e a favor da pena de morte — besteira, camaradas. Executem! E, se necessário, sem julgamento".

Mielke nasceu em 1907, filho de um fabricante berlinense de carroças. Aos catorze, entrou para a organização dos jovens comunistas, aos dezoito, para o Partido. Ao longo das décadas de 1920 e 1930, a situação política na Alemanha permaneceu instável — comunistas e nazistas brigavam nas ruas, assim como os comunistas e a polícia. A morte de um comunista numa escaramuça em Berlim, em 1931, fez com que o Partido ordenasse vingança. Em 8 de agosto, num protesto na Bülowplatz, Mielke e outro homem mataram o chefe de polícia da região e seu assistente com tiros nas costas disparados à queima-roupa.

Mielke fugiu para Moscou. Lá, freqüentou a Escola Internacional Lênin, base de treinamento de elite para líderes comunistas, e trabalhou com a polícia secreta de Stálin, a NKVD. Em janeiro de 1933, o Partido Nazista chegou ao poder na Alemanha. Alguns dos comunistas responsáveis pelos assassinatos na Bülowplatz foram condenados à morte, outros, a longas sentenças de prisão. Um mandado de prisão foi expedido para Mielke.

Mas ele permaneceu longe da Alemanha. No final da década de 1930, participou ativamente da Guerra Civil Espanhola. Segundo ele próprio conta, esteve preso na França durante a Segunda Guerra. Depois, porém, Stálin condecorou-o com medalhas por serviços prestados. Parece claro que, a partir de meados da década de 1930, onde quer que tenha estado, Mielke cuidou do trabalho sujo para o serviço secreto de Stálin.

Quando a guerra acabou, ele retornou para o setor soviético de Berlim, onde estava a salvo da justiça. Trabalhou então na divisão de assuntos internos da força policial comandada pelos soviéticos. Em 1957 arquitetou um golpe contra seu comandante, e a partir daí assumiu o Ministério para a Segurança do Estado. Depois, foi adiante na consolidação de seu poder dentro do Partido e no país como um todo. Em 1971, Mielke ajudou a organizar o golpe que levou Erich Honecker ao poder, alçando-o à condição de secretário-geral. Honecker o recompensou com uma candidatura ao politburo e uma casa na luxuosa propriedade do Partido, em Wandlitz. A partir de então, os dois Erich passaram a governar o país.

Mielke era invisível, mas a foto de Honecker estava por toda parte. Nas escolas, nas instalações da Juventude Alemã Livre, nos teatros e nas piscinas públicas. Estava também nas universidades, nas delegacias de polícia, nas colônias de férias e nas guaritas dos guardas de fronteira. Vestia sempre terno e gravata, usava grandes óculos de aros pretos e penteava os cabelos — escuros no início, depois grisalhos — para trás da testa alta. Além de ser baixinho, Honecker não chamava a atenção por nenhuma outra característica física, a não ser pela boca estranha, de lábios cheios, que parecia se abrir apenas parcialmente num sorriso.

Seu histórico não era muito diferente do de Mielke. O pai era mineiro, e Honecker entrou para a Jung-Spartakus-Bund aos onze anos, ingressando na Juventude Comunista aos catorze. Concluiu o aprendizado de telhador, antes de passar os anos de 1930-1 na Escola Lênin, em Moscou, trabalhando à época na clandestinidade para os comunistas, contra o regime de Hitler. Em 1937 foi preso pela Gestapo e condenado a dez anos de prisão, por "tramar alta traição". Escapou pouco antes do fim da guerra, quando começou, decidido, a fazer carreira no Partido que governava a Alemanha Oriental.

Em essência, a Stasi deveria ser "escudo e espada" do Partido Comunista, o chamado Partido Socialista Unitário da Alemanha, ou SED (Sozialistische Einheitspartei Deutschlands). Mas sua função mais ampla era proteger do povo o Partido. A Stasi detinha, encarcerava e interrogava quem bem entendesse. Inspecionava toda a correspondência do país em salas secretas, logo acima das agências do correio, e interceptava diariamente dezenas de milhares de telefonemas. Plantava escutas em quartos de hotel e espionava diplomatas. Tinha suas próprias universidades, seus hospitais, centros esportivos de elite e programas de treinamento de terroristas para os líbios e os alemães ocidentais da Facção do Exército Vermelho. Além disso, ela salpicou o campo de *bunkers* secretos para seus membros, para a eventualidade da eclosão de uma Terceira Guerra Mundial. Ao contrário dos serviços secretos em países democráticos, a Stasi era o esteio do poder estatal. Sem ela, e sem a ameaça dos tanques soviéticos a apoiá-la, o regime do SED não teria sobrevivido.

O saguão do quartel-general da Stasi é um grande átrio. Uma luz densa penetra das janelas por trás da escadaria, que sobe em ziguezague rumo aos escritórios. Uma mulher pequena, que lembra uma atendente de hospital — cabelos asseados, sapatos brancos conscienciosos —, mostra o edifício a um grupo de turistas. Os visitantes são pessoas de mais idade, muito falantes, que acabam de descer de um ônibus com placas de Bonn. Vestem cores vibrantes, tecidos caros e vieram dar uma olhada no que teria acontecido com eles caso tivessem nascido ou se estabelecido mais para o leste.

O grupo se reúne agora em torno de uma maquete do complexo de edifícios, enquanto a guia lhes relata o que a população que protestava encontrou ali na noite de 15 de janeiro de 1990, quando enfim conseguiu entrar. Ela conta que havia um supermercado interno, com iguarias que não podiam ser obtidas em nenhuma outra parte do país. Havia também um cabeleireiro, com grandes fileiras de secadores laranja, parecidos com capacetes, para fazer "todos aqueles cortes eriçados". O prédio tinha uma sapataria e, claro, um chaveiro. A guia encrespa o nariz, a fim de empurrar os óculos para cima, numa espécie de reflexo que faz também as vezes de um gesto de desgosto. Explica ainda que o edifício vizinho — o arquivo — era invisível de fora do complexo, e que haviam planejado para ele uma sala com revestimento de cobre, com o intuito de manter informações a salvo da vigilância dos satélites. Havia ali um depósito de munições e um *bunker* subterrâneo para Mielke e alguns poucos escolhidos, caso ocorresse uma catástrofe nuclear. A guia diz ainda que os berlinenses costumavam se referir àquele lugar como a "casa dos mil olhos".

Começo a olhar em torno pelo átrio. Uma seta aponta para uma biblioteca; outra, para o alto, para a sala de exposições escada acima. O cheiro é de poeira e de ar viciado.

Então, ouço a guia dizer algo sobre uma "solução biológica". Os alemães ocidentais estão em silêncio. Ela diz que, em vez de esperar por uma revolução, ela e os amigos depositavam todas as esperanças na morte dos velhos "*Marxisten-Senilisten*" no poder. Afinal, diz ela, encrespando o nariz, a RDA tinha os líderes mais velhos do mundo. "Nisso devemos ter batido algum tipo de recorde." Mas ao contrário da China, onde os líderes eram retirados em cadeiras de rodas, virtualmente mortos, para serem expostos, os velhos da RDA se notabilizavam por mostrar pouquíssimos sinais de decadência física. "Estavam em forma", ela explica, "injetando-se células de carneiro, doses altíssimas de oxigênio e sabe-se lá mais o quê. Aqueles sujeitos queriam viver para sempre." Ela começa a falar sobre o início do fim.

Mielke e Honecker cresceram na luta contra o mal real do nazismo. E seguiram lutando contra o Ocidente, que viam como sucessor do nazismo, por outros 45 anos, depois de terminada a guerra. Tinham de fazê-lo, como Estado-satélite dos soviéticos e como bastião do bloco oriental contra o Ocidente. Na Alemanha Oriental, porém, isso foi feito de forma mais radical, com uma dose maior de entusiasmo pedante do que empregaram poloneses, húngaros, tchecos ou mesmo os próprios russos. Ali, não queriam parar.

Quando Mikhail Gorbatchev chegou ao poder na União Soviética, em 1985, ele implementou as políticas da *perestroika* (a reforma econômica) e da *glasnost* (a abertura política). Em junho de 1988, declarou o princípio da liberdade de escolha para os governos do bloco oriental e renunciou ao uso do poder militar soviético para subjugá-los. Sem o apoio soviético na repressão ao descontentamento popular — como já havia sido o caso na revolta dos trabalhadores berlinenses, em 1953; na Hungria, em 1956; e em Praga, em 1968 —, o regime da RDA não podia sobreviver. Podia apenas escolher entre a mudança e a guerra civil.

Em comparação com outros países do bloco, a Alemanha Oriental nunca teve grande cultura oposicionista. Talvez isso se devesse em parte ao melhor padrão de vida, mas talvez também à eficiência da Stasi — ou, como já se disse, à boa vontade dos alemães em se tratando de submissão a autoridade. Em essência, porém, isso se devia ao fato de, ao contrário de todos os demais países do bloco oriental, a Alemanha ter um lugar onde "desovar" aqueles que se manifestavam: a Alemanha Ocidental. Ela prendia os descontentes e os vendia para o Ocidente por dinheiro vivo. Assim sendo, o número de dissidentes não atingiu valores críticos até 1989, quando as mudanças na União Soviética deram coragem às pessoas comuns, e elas foram para as ruas.

Contudo, os homens que governavam a RDA revelavam alto grau de ossificação. Não estavam interessados em fazer reformas. Em pleno 1988 ainda se recusavam a permitir a entrada de filmes e revistas soviéticas, na tentativa de impedir que as pessoas fossem contaminadas pelas novas idéias. E recrudesceram, exilando ondas e mais ondas de "inimigos negativos" na Alemanha Ocidental. A expulsão sumária de Miriam, em maio de 1989, foi parte de um desses últimos expurgos.

O fato, porém, era que não podiam expulsar todo mundo. Isso não seria prático e, pior, corresponderia a dar às pessoas a liberdade pela qual ansiavam. "Assim", diz a guia, "os velhos tinham outro plano: conter os dissidentes internos."

Documentos encontrados após a queda do muro revelam planos meticulosos, correntes ao longo da década de 1980, prevendo vigilância, detenção e encarceramento de 85 939 alemães orientais, listados por nome. No "Dia X" (em que se declararia uma crise, qualquer crise), oficiais das 211 filiais da Stasi deveriam abrir envelopes lacrados contendo as listas de pessoas a serem presas em sua região.

As detenções deveriam ser efetuadas com rapidez — 840 pessoas a cada duas horas. Os planos continham disposições precisas acerca do uso de todas as prisões e campos de prisioneiros disponíveis, e, tão logo lotassem, para a conversão em prisão de outras edificações: antigos centros de detenção nazistas, escolas, hospitais e colônias de férias das fábricas.

Cada detalhe havia sido previsto, desde a localização da campainha da casa de cada pessoa a ser detida até o suprimento adequado de arame farpado e as regras de vestuário e etiqueta nos campos: faixas para os braços, "verdes, de dois centímetros de largura" para o mais velho no cômodo; "verdes, com três listras de dois centímetros de largura" para o mais velho no campo; amarelas, com a insígnia LT em preto, para o Líder de Turno, a serem usadas no antebraço esquerdo.

Havia também instruções escritas sobre o que o prisioneiro, no ato de sua detenção, deveria levar na mala:

2 pares de meias
2 toalhas
2 lenços
2 roupas de baixo
1 malha de lã
1 escova de dentes mais pasta
Acessórios para engraxar sapatos
Mulheres:
Adicional: absorvente higiênico

Ficariam todos presos por tempo indefinido sem motivo algum, mas teriam sapatos, dentes e roupa de baixo limpos.

Em meados de 1989, os protestos que se seguiam às orações pela paz, que aconteciam às segundas-feiras na Nikolaikirche de Leipzig, esparramavam-se por todo o país, chegando a Erfurt, Halle, Dresden e Rostock. As pessoas protestavam contra as restrições às viagens, contra a falta de produtos essenciais e contra a falsificação de resultados eleitorais. Nos protestos, dirigiam-se aos escritórios dos representantes mais óbvios do regime: não aos do Partido, mas aos da Stasi. Gritavam: "Democracia, agora ou nunca!", "Fora Stasi!" e "SED, você me faz mal!". Em agosto, os húngaros cortaram o arame farpado de sua fronteira com a Áustria, dando origem ao primeiro buraco no bloco oriental. Milhares de alemães orientais foram para lá e, aos gritos de alívio e raiva, fugiram, atravessando a fronteira. Outros milhares de pessoas viajaram até as embaixadas da Alemanha Ocidental em Praga e Varsóvia, onde montaram acampamento, dando origem a um pesadelo diplomático nas relações entre as duas Alemanhas. Por fim, o regime alemão oriental permitiu que partissem, sob a condição de que os trens que levariam aquelas pessoas à Alemanha Ocidental atravessassem a RDA. Honecker esperava humilhar os "expulsos" confiscando-lhes as carteiras de identidade. E queria também que temessem (e temeram) que ele fosse parar os trens e deter os passageiros.

O tiro de Honecker saiu pela culatra. Os passageiros dos trens rasgaram suas identidades chorando lágrimas de alegria. Milhares de pessoas dirigiram-se às estações, na esperança de poder subir a bordo ou de aplaudir os compatriotas.

No começo de outubro, Leipzig estava a ponto de explodir. Os frentistas dos postos de gasolina se recusavam a abastecer carros da polícia; os filhos de soldados estavam sendo barrados nas creches. As pessoas que trabalhavam no centro da cidade, perto da Nikolaikirche, eram dispensadas mais cedo. Os hospitais pediam mais sangue. Antes de ir às manifestações, as pessoas faziam seus testamentos e diziam aos filhos coisas de que queriam que se lembrassem. Rumores sobre tanques, helicópteros e canhões de água chegavam de toda parte, assim como os cartões-postais dos amigos que já estavam no Ocidente. O povo saiu às ruas.

Honecker ordenou que os "contra-revolucionários" em Leipzig fossem "podados na raiz". "Nada", disse ele, "pode impedir o progresso do socialismo." Em 8 de outubro, Mielke começou a pôr em marcha os planos para o "Dia X", enviando ordens aos escritórios regionais da Stasi para que abrissem seus envelopes. Mas era tarde demais. Em vez de encarcerar as pessoas, a Stasi se escondeu, trancando-se em seus próprios edifícios. Nos escritórios regionais, havia 60 mil revólveres, mais de 30 mil metralhadoras, granadas de mão, fuzis de precisão, canhões antitanque e bombas de gás lacrimogêneo. O medo de linchamento era grande. Aos policiais de Leipzig, foram exibidas fotografias de um policial chinês imolado pela multidão na praça da Paz Celestial. Disseram-lhes: "É vocês ou eles". Mas deram-lhes ordens também para que não atirassem ou fizessem uso de violência, a não ser que usassem de violência contra eles.

No dia 7 de outubro de 1989, a RDA comemorou seu quadragésimo aniversário de existência com portentosas paradas em Berlim. Havia um mar de bandeiras vermelhas, uma procissão de pessoas carregando tochas e muitos tanques. No palanque, os velhos vestiam seus ternos de um cinza claro, adornados de medalhas. Mikhail Gorbatchev estava ao lado de Honecker, mas parecia pouco à vontade em meio aos alemães, bem mais velhos. Tinha vindo para dizer a eles que era o fim, para convencer a liderança da RDA a adotar sua política reformista. Falara abertamente sobre os perigos de não "responder à realidade". Disse com todas as letras ao politburo que "a vida pune os que tardam". Honecker e Mielke o ignoraram, assim como ignoraram o clamor da multidão que cantava: "Gorby, nos ajude!".

Em Leipzig, a coragem extraordinária das pessoas não vacilava, nem tampouco degenerava em qualquer outra coisa. No dia 9 de outubro, 70 mil pessoas saíram às ruas escuras vestindo pesados casacos e carregando velas. Postaram-se à porta da Runden

Ecke com suas exigências: "Revelem os informantes da Stasi!". E: "Não somos arruaceiros — somos o povo!". Tudo isso aos gritos constantes de "Violência, não!". Daquela noite em diante, o número de manifestantes cresceu, e imagens filmadas das manifestações foram contrabandeadas para o Ocidente. Leipzig passou a ser conhecida como "a cidade dos heróis".

Agora, os protestos ocorriam diante dos escritórios da Stasi pelo país todo. Mas mesmo nas cidades menores os agentes deram continuidade a seu trabalho meticuloso e fiel, enviando a Berlim relatórios contendo as demandas da multidão lá fora: "Mandem os agentes para trabalhar nas fábricas!" (ouviu-se em Zeulenroda), "Nós pagamos vocês!" (diziam em Schmalkalden), além do premonitório "Seus dias estão contados!" (Bad Salzungen). Em Leipzig, os manifestantes haviam começado a gritar: "Ocupem a Stasi já!" e "Daqui não saímos!".

Com atraso, o Partido tentou mudar sua imagem. Em 17 de outubro, Honecker foi desalojado por seu "vice", Egon Krenz, que, embora mais jovem, era igualmente impopular. Medidas legais começaram a ser tomadas contra Honecker em 8 de novembro, por abuso de poder e corrupção.

No dia seguinte, 9 de novembro, pretendendo administrar a crise, o politburo se reuniu e decidiu relaxar as restrições vigentes no tocante às viagens. As pessoas passariam a ter liberdade para viajar e só seriam proibidas de deixar o país "sob circunstâncias especiais e excepcionais". A sessão estendeu-se noite adentro. A essa altura, o regime adotara a prática de dar entrevistas coletivas à imprensa internacional. Naquela noite, Günter Schabowski, membro do politburo, foi designado para tanto. Ele não tinha participado da reunião, mas rabiscaram-lhe às pressas uma nota acerca da decisão que lhe caberia ler na coletiva.

Terminada a leitura, os jornalistas presentes não esboçaram nenhuma reação; canetas aguardavam a postos, as girafas com os microfones pairavam no ar. Então, veio a pergunta: "Quando entra em vigor essa nova medida?". Schabowski tem grandes bolsas sob os olhos e um rosto que mais parece o de um sabujo. Sem jeito, ele olhou para o papel, virou-o, mas não encontrou a resposta. "Ela entrará em vigor... que eu saiba, imediatamente", disse. A decisão só deveria ser implementada no dia seguinte, depois que os guardas de fronteira tivessem sido instruídos sobre como proceder. Contudo, uma vez tendo Schabowski dado sua resposta, já não havia o que fazer. Poucas horas após sua gafe, 10 mil pessoas dirigiam-se a pé ou em seus carros, os Trabant, ao posto de fronteira da ponte da Bornholmer Strasse, aglomerando-se diante do muro. As luzes da faixa mortal de segurança iluminavam sua respiração e o escapamento dos carros. Houve uma verdadeira sinfonia de buzinas. Os guardas estavam prontos para atirar, mas a ordem não veio. No fim, o supervisor decidiu dar passagem à multidão, sob uma condição: os guardas deveriam carimbar o visto de saída à esquerda da fotografia dos "mais importunos" (aqueles que estavam na frente da fila), para que, mais tarde, eles pudessem ser identificados e impedidos de retornar.

As pessoas não quiseram saber, pouco se importavam. Uma torrente atravessou rumo a Berlim Ocidental. Quando uns poucos começaram a voltar para casa com latinhas de cerveja ocidental, para mostrar onde tinham estado, os guardas tentaram impedi-los de entrar, mas já era tarde: estava tudo acabado, orientais e ocidentais subiam no muro, choravam e dançavam.

7. O cheiro dos velhos

Aqui, no quartel-general da Normannenstrasse, houve pânico. Os oficiais da Stasi foram instruídos a destruir os arquivos, a começar dos mais comprometedores — aqueles que nomeavam ocidentais a serviço da organização e aqueles relativos a mortes. Rasgaram em tiras todos os documentos, até que as fragmentadoras pifaram. À escassez habitual de produtos no Leste, veio se juntar a escassez de fragmentadoras, de tal modo que agentes foram enviados a Berlim Ocidental para comprar mais desses equipamentos. Somente no edifício de número 8, integrantes do movimento popular encontraram mais de uma centena de máquinas quebradas. Quando a Stasi já não conseguia encontrar mais fragmentadoras, seus funcionários começaram a destruir os arquivos com as mãos, rasgando-os e enfiando-os em sacos. Mas fizeram isso de forma tão organizada — gavetas inteiras de documentos enfiados num único e mesmo saco — que agora, em Nuremberg, as mulheres dos quebra-cabeças podem juntar os pedacinhos.

No dia 13 de novembro, Mielke, aos 81 anos, desesperou-se com o desaparecimento daquele seu mundo. Fez seu primeiro e único discurso ao Parlamento. A fala foi transmitida ao vivo. "Prezados camaradas", começou ele, e começaram também as vaias. Gritos de "Não somos seus camaradas!" ecoaram dos partidos minoritários, recém-independentes. Então, como se simplesmente não pudesse compreender por que não gostavam dele, Mielke gaguejou ao microfone. "Eu amo...", disse ele, "eu amo todos vocês. Me empenhei por vocês todos..." Quando se lembram de Mielke, é disso que os alemães orientais gostam de se lembrar. Talvez haja algo de redentor no ridículo. É, de todo modo, um alívio do terror e da raiva.

Em 3 de dezembro, além de Mielke, Krenz foi expulso do Partido. Hans Modrow, um político de Dresden, tornou-se o líder. Modrow decidiu trocar o nome do "Ministério para a Segurança do Estado" para "Serviço de Segurança Estatal" (Amt für Nationale Sicherheit), uma reforma puramente cosmética, que ainda por cima resultou no infeliz acrônimo "Nasi". Não enganou ninguém.

O grupo de alemães ocidentais em visita ao edifício está mais tenso. Pararam as piadinhas trocadas em silêncio pelos homens, as esposas já não se entreolham. A guia pergunta se querem visitar o piso de cima, mas eles desconversam, fazem que não com a cabeça, alegando provável falta de tempo hoje.

"Bom, então", ela diz, "vamos ao final da nossa história." Com seu jeito mandão e retorcendo o nariz, não vai deixar que os ocidentais saiam até contar a eles como o povo tomou o prédio.

O que ela conta é que, em janeiro de 1990, quando os berlinenses viram a fumaça saindo das chaminés, vieram protestar. Trouxeram tijolos, pedras e construíram um muro simbólico ao redor do edifício, pretendendo fazer com que a Stasi parasse de queimar os arquivos. É extraordinário, diz ela, que, com todas aquelas pedras, nenhuma tenha sido atirada contra o prédio e que, por outro lado, nenhum tiro tenha sido disparado de dentro do edifício. "Havia um bocado de agentes da Stasi misturados aos manifestantes", ela desdenha, "e talvez não tenham atirado por isso: medo de acertar um colega." Por fim, depois de ter feito tudo que podia para sumir com os arquivos ou destruí-los, a Stasi abriu as portas para os manifestantes.

As denúncias contra Mielke tiveram início tão logo ele perdeu o poder — e como podia ser diferente, se seu povo tinha recebido treinamento de alto nível em se tratando de denunciar as pessoas? O escritório do promotor público de Berlim recebeu uma nota, na qual Mielke era acusado de utilizar dinheiro público na construção de propriedade privada para a prática da caça. Em janeiro de 1990, novos itens foram acrescentados ao indiciamento: suspeita de alta traição, participação na tentativa de burlar a Constituição, na medida em que Mielke, juntamente com Erich Honecker, instituiu um "sistema nacional de vigilância dos correios e das telecomunicações" e, além disso, "ao arrepio da lei", privou pessoas da liberdade, trancafiando-as em regime de "prisão preventiva" por ocasião do quadragésimo aniversário da RDA.

Mielke foi submetido a prisão preventiva. Ao longo de 1990 e 1991, entrou e saiu de diversas prisões berlinenses, incluindo-se aí Hohenschönhausen, para onde ele tinha mandado a maioria de seus prisioneiros políticos. Mais acusações surgiram, dentre elas a do assassinato dos policiais em 1931. O julgamento teve início em 1992, mas quando terminou as únicas acusações ainda restantes diziam respeito aos assassinatos da Bülowplatz. Por sua participação neles, Mielke foi condenado a seis anos de prisão. A guia turística diz a seu rebanho: "Foi ridículo pegá-lo por aqueles crimes antigos". Mas muitas pessoas acharam que, pelo menos, era alguma coisa. Por motivo de saúde, Mielke foi posto em liberdade em 1995 e hoje mora não muito longe do prédio da Stasi.

Honecker se saiu pior. No começo de 1990 foi preso por suspeita de corrupção e alta traição, mas acabou libertado. Em novembro do mesmo ano foi acusado de ter responsabilidade nas matanças ocorridas no muro, mas fugiu para Moscou, de onde declarou à imprensa que não se arrependia de nada e protestou contra a prisão de ex-colegas. Em julho de 1992 foi extraditado para Berlim para ser julgado, mas o julgamento foi suspenso em janeiro de 1993, em razão de um câncer terminal no fígado. Honecker e a esposa partiram para o Chile, onde ele morreu em maio de 1994.

Quando o Partido começou a perder o controle do país, passou a negociar com a Runden Tisch, a associação formada por ativistas alemães orientais dos direitos civis e por grupos da Igreja. Também ela, porém, estava coalhada de informantes da Stasi. Ainda assim, quando a Runden Tisch aprovou resolução em sua primeira reunião, em 7 de dezembro de 1989 — que exigia eleições livres e controle civil sobre a dissolução da Stasi —, a maioria dos informantes votou a favor. Ao que parece, com o intuito de se manter no anonimato, os informantes se sentiram compelidos a votar medidas que destruíam o próprio regime que os empregara.

De 1989 a outubro de 1990, um acaloradíssimo debate teve lugar na Alemanha acerca do que fazer com os arquivos da Stasi. Deveriam ser abertos ou queimados? Deveriam permanecer trancados por cinqüenta anos e, somente então, abertos, quando as pessoas de que falavam estariam mortas ou, talvez, perdoadas. Quais eram os perigos de se saber a verdade? Ou os de ignorar o passado e, com isso, acabar fazendo tudo de novo, sob bandeiras, lenços e capacetes de outra cor?

Por fim, parte dos arquivos foi destruída, parte trancafiada e parte aberta. A Runden Tisch decidiu que o Hauptverwaltung Aufklärung (o braço internacional da Stasi) podia se dissolver por

97

conta própria. No cofre, guardavam documentos demais relativos a muitos outros países, inclusive sobre o governo da Alemanha Ocidental, que abrigava, infiltrados, espiões da Stasi. Eram documentos muito perigosos.

Restaram, assim, os arquivos relativos aos cidadãos da própria RDA. Muitos alemães orientais, em particular os que haviam estado no poder ou atuado como informantes, foram contrários a sua abertura. O governo alemão ocidental foi da mesma opinião. Temeria ele constrangimentos decorrentes daquilo que os arquivos poderiam revelar — suas próprias ações, que deram suporte ao regime? Ou haveria um banho de sangue indiscriminado, com as pessoas vingando-se dos informantes?

Em agosto de 1990, o primeiro e único parlamento eleito da RDA aprovou uma lei garantindo aos cidadãos o direito de acesso à sua própria ficha na Stasi. Mas o governo da Alemanha Ocidental, no esboço que propôs do tratado de unificação dos dois países, determinou que a totalidade dos documentos seria entregue ao Arquivo Federal, em Koblenz, Alemanha Ocidental, onde, muito provavelmente, os arquivos seriam trancafiados.

Na RDA, as pessoas comuns ficaram horrorizadas. Temiam que toda aquela informação a seu respeito continuasse sendo utilizada, assim como temiam jamais saber de que maneira suas vidas tinham sido manipuladas pela Firma. Os protestos começaram. Em 4 de setembro de 1990, manifestantes ocuparam o saguão do quartel-general da Normannenstrasse e, uma semana depois, deram início a uma greve de fome. Os protestos tiveram êxito e cláusulas foram incluídas no tratado de unificação, a fim de regulamentar o acesso aos arquivos.

Em 3 de outubro de 1990, o dia da reunificação das duas Alemanhas e também o dia em que a RDA deixou de existir, o alemão oriental Joachim Gauck, um pastor, tomou posse como diretor da recém-constituída Administração dos Arquivos da Stasi. Foi por pouco, mas, por fim, a Alemanha acabou sendo o único país do bloco oriental a ter a coragem e a consciência de abrir ao povo seus arquivos sobre esse mesmo povo.

O grupo deixa o prédio, as pessoas já nem balbuciam entre si. Imagino que estejam com pressa de voltar a seu hotel de Berlim Ocidental, estilo internacional, que não irá lembrá-las de coisa alguma, e eu não as culpo por isso. A guia vem até mim e me pergunta qual meu interesse naquele lugar. Explico que, depois de ter ido à Runden Ecke, em Leipzig, quis ver o quartel-general da Stasi. Mas digo também que estou à procura tanto de gente que enfrentou o regime como daqueles que o representavam. "Nesse caso", diz ela, "você precisa conhecer *Frau* Paul." Eu a acompanho até seu escritório, uma salinha cheia de fichários, e ela me dá um número de telefone.

De volta ao saguão, tomo o caminho das escadas. No primeiro patamar, estojos de vidro exibem objetos que ocultavam gravadores e câmeras, com o intuito de documentar o "inimigo". Há mais variedade aqui do que observei em Leipzig: um vaso de flores, um regador, um recipiente para transporte de combustível e uma porta de carro, todos ocultando câmeras de tamanhos variados. Há também uma garrafa térmica com um microfone na tampa, um casaco esportivo com uma câmera costurada no bolso da lapela e um aparato semelhante a uma antena de televisão, capaz de captar conversas a cinqüenta metros de distância — em outro prédio, por exemplo, ou num carro parado no sinal fechado.

No patamar seguinte, passo por um busto negro de Marx num pedestal, quase um deus de cabelos ondulados. Um dos escritórios foi convertido numa espécie de sala dos troféus, contendo as quinquilharias da Stasi. Estão ali os emblemas de cada regimento, fitas e medalhas por serviços prestados e broches indicativos de precedência. Há miniaturas de vários tamanhos de Lênin com sua barba pontuda e uma longa fileira de punhos fechados de gesso, erguidos em prol do socialismo internacional. Troféus, vasos e canecas de cerveja com o compasso e o martelo da RDA estampados nelas também estão presentes. Um estojo contendo livros em miniatura relata vida e obra do camarada Erich Honecker, e tem também um retrato em formato de medalhão do próprio Mielke, ainda por cima em esmalte. Na parede, uma tapeçaria exibe em lã o triunvirato de perfil — Marx, Engels e Lênin —, ladeado por um lúgubre capacho feito a mão, ostentando o emblema da Stasi em acrílico vermelho, amarelo e preto. Os tapetes me fascinam. Demonstram, creio, o valor superior do trabalho sobre tudo o mais, em particular sobre a estética e a funcionalidade.

Uma sala menor se liga a essa. De início, imagino que contenha mais *kitsch* revolucionário, mas exibe apenas páginas de livros e medalhas protegidas por vidro. Na verdade, parecem ser documentos. Assim que os leio, porém, entendo por que merecem uma sala só para si. São os planos da Stasi de 1985, visando a invasão de Berlim Ocidental com o auxílio do Exército.

Os planos são metódicos. Incluem a divisão do "novo território" em escritórios regionais da Stasi, bem como números determinando a quantidade exata de agentes a serem designados para cada um deles. E há também uma medalha, confeccionada em bronze, prata e ouro por ordem de Honecker, a ser outorgada, após a bem-sucedida invasão, por "Coragem Diante do Inimigo Ocidental". Ninguém no Ocidente imaginara a dimensão das ambições da Stasi.

Os aposentos de Mielke ficam no segundo andar. Não há ninguém por perto. Meus sapatos produzem um ruído de plástico no linóleo, até eu alcançar o escritório dele, onde o chão é de parquete. É uma sala espaçosa, com um quê de pobreza bem conservada. Dá a mesma sensação de quando a gente visita um casal que comprou sua mobília quando noivos, na década de 1950, e nunca mais teve condições de renová-la. Na verdade, tudo parece exibir aquele verde-amarelado, aquela tonalidade mostarda peculiar aos anos 1950. A principal característica é a mesa de tamanho médio, com folha de madeira compensada. Ao me aproximar, passo por um retrato de Lênin. Os olhos dele me seguem pela sala. Sobre a mesa, apenas dois telefones e uma máscara mortuária de Lênin em gesso. Em tamanho real, sua cabeça parece pequena, se comparada aos exageros em lã, tinta e mármore da sala dos tesouros lá embaixo. Parece também definitivamente morta — um *memento mori* de um sistema de crenças, tanto quanto o crucifixo o é de outro. Contudo, a não ser por sua presença, aquela sala bem poderia ser o gabinete do prefeito na combalida câmara municipal de uma pequena mas orgulhosa cidadezinha rural, cuja população se recorda com carinho dos dias em que iam altos os preços da lã.

A luz agora é tão fraca que os contornos se misturam. Vou adiante, caminho pelos aposentos particulares de Mielke (um sofá-cama e uma cadeira) e pelo banheiro privativo (ladrilhos e nada mais), até uma antecâmara mais ampla, que hoje abriga mesinhas de cafeteria para turistas. Também ela está vazia. Vejo duas ou três poltronas velhas a um canto, e um vídeo que passa num aparelho de TV. Avanço em direção ao televisor, uma fonte de luz, e me sento para assistir ao vídeo.

O filme mostra cenas captadas por amadores de manifestantes tomando de assalto o prédio na gélida noite de 15 de janeiro de 1990. Eles avançaram pelos escritórios, pelo supermercado, pelos cabeleireiros, abrindo portas trancadas e fitando sacos e mais sacos de papel. Não pareciam alegres e tampouco exibiam grande ousadia. Em vez disso, seus rostos mostravam uma calma mistura de asco e tristeza. Trata-se de um sentimento que já foi descrito como não saber ao certo se se quer rir ou vomitar.

Está gelado aqui dentro e o ar parece reciclado. Ergo o colarinho do casaco até as orelhas. Acho que não há paralelo na história para essa transformação, da noite para o dia, da sede de um serviço secreto, tão temido que quase não se podia mencioná-lo, em um museu, onde a gente pode se sentar numa espreguiçadeira ao lado do mictório particular do chefão e assistir a um vídeo que mostra como o prédio foi tomado. Passos atrás de mim me assustam. Uma loira baixinha, de jeans e luvas de borracha, segura um spray de algum produto de limpeza.

"Vocês estão fechando?", pergunto. "Preciso ir?"

Ela sorri e afaga o ar com uma mão de plástico cor-de-rosa. "Tudo bem", diz. "Sobramos só nós duas aqui. Podemos sair juntas quando eu terminar."

Ela começa a borrifar uma amônia perfumada nas mesas. Eu volto a assistir ao vídeo. Surgem imagens do necrotério da Stasi em Leipzig — corpos sobre pranchas, entre eles o de um homem jovem sem nenhum ferimento aparente. Depois, uma entrevista com um trabalhador do Südfriedhof, que explica que, "umas vinte ou trinta vezes", recebeu um telefonema solicitando que deixasse aberto determinado forno, "para que a Stasi pudesse cuidar de seus assuntos". O homem parece pouco a vontade, mas, por outro lado, dá de ombros, como se dissesse: "É só o meu trabalho". O locutor comenta que cerca de trinta urnas foram encontradas nos escritórios da Stasi em Leipzig, sem etiquetas e sem que ninguém as tenha procurado. Fico imaginando se Miriam sabe disso. Acho que deveria ligar para ela.

A imagem seguinte é de uma entrevista com um homem de cabelos bem penteados e um bigode ruivo, que foi psicólogo da Stasi. Ele explica a disposição das pessoas de informar sobre as atividades de seus compatriotas, o que chama de "um impulso de se certificar de que os vizinhos estão agindo bem". Nem pestaneja. "No fundo, é um traço da mentalidade alemã", diz, "um certo anseio pela ordem, pela meticulosidade e coisas assim."

Coisas assim. Ouço um tossido às minhas costas. "É claro que *eu* vivia normalmente", a faxineira diz. Eu me volto na direção dela. O rosto tem aquelas rugas de quem fuma, o peito parece oco de tão magro. "Eu me submeti, como todo mundo. Mas não é certo dizer que a RDA era uma nação de 17 milhões de informantes. Eram só dois por cento." "É", eu digo, e me vejo perplexa. Mesmo com um informante para cada cinqüenta pessoas, a Stasi cobria a população inteira. Ela desiste da conversa comigo. "Não consigo deixar estas mesas limpas", diz, e volta ao trabalho.

Quando ela termina, atravessamos de volta os aposentos privados de Mielke, banheiro e escritório. Ela vai trancando as portas à medida que passamos. "Sabe, não existe unidade de fato neste país", ela diz, "nem mesmo depois de sete anos. Não sinto que este é o meu lugar. Você sabia que lá em Kreuzberg, em Berlim Ocidental, eles queriam o muro de volta? Para se protegerem da gente!" Ela acende um cigarro. "Dá para entender esse pensamento alemão?"

Espero que não seja uma pergunta retórica. Tudo que sei é que levou apenas quarenta anos para que se criassem dois tipos muito diferentes de alemães, e que vai levar algum tempo até que essas diferenças desapareçam.

Passamos por um banheiro com um "H", de *Herren*, na porta. "Eles só precisavam de banheiro masculino", ela comenta. "As mulheres não iam além da patente de coronel, e eram só três, de todo modo. Isto aqui era um *Männerklub*."

Ela enfia a cabeça na saleta de uma sentinela. "Venha ver isto aqui", diz. Sobre a mesa, o calendário ainda marca janeiro de 1996. "Não, ali." Ela aponta para a outra parede, atrás da mesa. Há uma mancha na pintura da parede. "Era onde o sujeito se apoiava, quando tombava a cadeira para trás e encostava a cabeça gorda e oleosa na parede." Ela sente nojo. "Não sai de jeito nenhum."

Vamos em frente, descendo a escadaria em ziguezague, passando por Marx e por seu cabelo ondulado. O único som que se ouve é o de nossos passos, e a única luz provém da entrada, lá embaixo. "Você não tem medo de fantasma por aqui, à noite, quando está sozinha?", pergunto.

"Às vezes", ela responde, "mas era muito pior na época em que o prédio tinha acabado de abrir. Naquele tempo, o prédio inteiro fedia — a gente limpava, limpava e o cheiro não saía."

Ela se detém, volta o rosto na minha direção e ergue os olhos para mim. Mesmo na penumbra, os olhos são de um belo azul. Dá um sorrisinho doído. "Você conhece?" Mas não espera pela resposta: "Era o cheiro dos velhos".

8. Telefonemas

O telefone toca. Reúno coragem para outro funcionário da Stasi. Mas a voz é de mulher.

"Anna, Anna, é você?" Alguma coisa se revira no meu peito. É Miriam.

"Oi, Miriam, estava mesmo pensando em..."

"Só estou ligando", diz ela, "para agradecer pelo outro dia. Queria dizer um muito obrigada."

Mas por que ela está agradecendo *a mim*? De repente, sei que devia ter telefonado para ela antes. "Não, por favor, eu é que agradeço", digo. Tem algo de estranho acontecendo. Nossa intimidade recua.

"Foi muito legal conhecer você", ela continua. "E desejo boa sorte com seu trabalho."

Soa como uma despedida. Quero perguntar se ela ouviu falar das urnas não reclamadas na Runden Ecke, mas sinto que seria errado fazê-lo agora. "A gente podia se encontrar de novo", digo, "uma hora dessas."

"Eu adoraria", ela responde com rapidez. "Adoraria que você viesse até aqui uma hora dessas. A gente podia ir visitar meus amigos que têm um jardim de esculturas. É muito bonito, e eu gostaria que você conhecesse eles, e..." A voz dela vai emudecendo. "Me dá uma ligada, e a gente vai."

"Ligo, sim", digo, "e obrigada. Por tudo."

Ponho o fone no gancho. Se eu fosse Miriam e tivesse contado a alguém os episódios mais dolorosos e mais determinantes da minha vida, tampouco tenho certeza de que iria querer ver essa pessoa de novo. Em especial se minha vida já tivesse sido registrada por escrito por outras pessoas, se ela já tivesse sido roubada e manipulada. O telefone é de plástico preto. Não é um modelo sem fio, mas, como solução intermediária, algum estudante inteligente conectou nele uma extensão bem comprida. Caminho pelo apartamento vazio e combalido, seguindo o fio até sua origem.

Arrastei meu colchão para a sala de estar, para ficar mais perto do aquecedor. Toda noite, vejo televisão até adormecer. O aparelho é um caixote que só pega três canais — quais, ele próprio é que decide, e embora eu não tenha antena parabólica, um deles é um canal por satélite. A imagem é sempre preto-e-branco, e o chuvisco é constante nos dois canais normais.

Tarde da noite, passa um programa chamado *Peep!*. São entrevistas com convidados, que respondem a perguntas sobre sua vida sexual, sempre formuladas a partir de hipóteses marotas ("Se sua namorada trouxesse a irmã dela para brincar com vocês, você toparia...?" Ou: "Você teve de abrir mão de alguma coisa desde que trocou de sexo?"). As imagens desafiam a censura: exposições de artigos para o sexo, experiências sexuais, shows de sexo e arte de cunho sexual.

Hoje, uma das atrações é uma *stripper* de Leipzig chamada Heidi, também conhecida como Yasmina. Seu corpo é firme e atarracado, olhos azuis e cabelos loiros. Esta noite, ela e sua turma vão fazer uma apresentação de "horror erótico", baseada na *Walpurgisnacht* — a noite em que as bruxas se encontram para festejar com o diabo. No palco, jovens bruxas vestem máscaras de látex, pele de leopardo e renda; são despidas por esqueletos, até ficarem reduzidas a rostos de borracha e um fio dental adornado de lantejoulas na penumbra de gelo seco. Em movimento vertiginoso, a câmera se aproxima e se afasta de seios e púbis. Depois, vem uma entrevista com Yasmina, que puxou sua máscara de bruxa para o topo da cabeça, de modo que o nariz avança um pouco sobre a testa, assentindo quando ela fala. O entrevistador quer saber como foi ter tido a única escola de *striptease* "nos tempos da RDA", e se "é verdade" — ele aproxima o microfone do rosto dela — "que você fez *striptease* para o politburo".

Yasmina sorri e agita a mão dotada de garras. "Sempre gosto de oferecer a meu público alguma coisa de diferente", ela diz, "tanto antes como agora." Ela pisca, o nariz assente, e o programa passa, num corte abrupto, para o próximo segmento: moldes em gesso de partes do corpo. O primeiro é de um torso feminino; no segundo, um par de dedos de unhas longas massageia ambos os lados do clitóris. Uma voz melíflua de homem anuncia: "*Peep!*-Special! Por 250 marcos, você também pode ter suas partes mais íntimas preservadas para sempre em gesso".

Para mim, já não faz sentido nenhum. A brancura do gesso me lembra apenas a cabeça morta de Lênin sobre a mesa de Mielke. Mudo de canal e deparo com meu programa preferido. É uma benção para os insones, gente como eu, que não quer ficar quieta. Uma câmera é afixada em cima de um veículo. À medida que ele avança, as imagens vão mostrando ruas, estradas e autoestradas em pleno verão do leste da Alemanha. O efeito é hipnótico: um vôo sem corpo por cidadezinhas, por sua rua principal e, de novo, rumo ao campo aberto. Vêem-se lojas fechadas ou abertas, mulheres de avental varrendo caminhos onde pessoas, sentadas, tomam café e trabalhadores da manutenção das ruas encostados aqui e ali, de macacão. É o mundo não congelado. Em preto-e-branco, e há chuviscos na minha tela, mas sei que o que de fato ladeia as ruas é o amarelo vivo da colza, o verde enevoado do trigo e o verde mais escuro dos carvalhos no verão. De vez em quando, paramos no farol, à mesma altura dos olhos. Depois, seguimos sempre em frente, atravessando como num passe de mágica cidadezinhas descongeladas, uma após a outra, lugares em que nunca estive e aonde talvez nunca vá.

Em meu sono, sigo atravessando os campos em silêncio, extasiada com o vento na minha pele. De repente, outra mulher se junta a mim, voando à mesma altura. No lugar do rosto, vejo um borrão, mas isso não me incomoda nem um pouco. Ela está nua, a não ser pelas luvas de borracha cor-de-rosa. Os mamilos arrepiados são de um rosa mais escuro, e os pêlos pubianos possuem dourado exuberante. Assusto-me ao notar que não estou sozinha no ar e que ela está nua. "As luvas são para dirigir, claro", ela diz. Concordo com um gesto de cabeça e olho para minhas mãos. Estou sem luvas. Depois, olho para meu corpo e vejo que estou nua também. Minha sensação de bem-estar evapora. Dou uma olhada para baixo, por sobre a rua principal de uma cidadezinha, e vejo pessoas abaixo de nós. O sino da igreja começa a tocar, toca e toca sem parar, e sei que logo vou cair — estou sem luvas para dirigir! — e que vão me ver, caída, nua e sem sentido.

Acordo para atender o telefone. O relógio marca 2h30 da madrugada, hora propícia aos ataques cardíacos, às más notícias vindas de casa. Ou será algum outro sujeito da Stasi? Ameaças por telefone são comuns, mas não é possível que eu esteja no topo da lista deles. Quando finalmente encontro o telefone preto, ele já deve estar lá pelo décimo quinto toque. Estou embrulhada no acolchoado da cama.

"Alô?"

"Alô, minha amiga." Uma voz lubrificada, proveniente do bar que freqüento, chega até mim mediante uma boca que na certa segura um cachimbo, produz um sotaque saxônico forte e está envolta em barba. É Klaus. A julgar pelo som da voz, é o receptor que está amparando o queixo.

"E aí, como você se saiu da última vez?", ele pergunta. "Está a fim de tomar umas?"

"Klaus, são duas e meia da madrugada."

"Vamos lá", diz ele, "da outra vez, você ainda estava começando a essa hora."

Não é meu desejo ser lembrada de noites anteriores. Na minha opinião, uma das convenções entre parceiros decentes de copo é que, na ausência de amnésia real, ela deve ser simulada. Da outra vez, enchemos o ar de palavras e fumaça, mas isso agora é passado. Minha única lembrança é a da ressaca que levei comigo para Leipzig.

"Tive um dia longo."

"Está legal aqui", ele diz. "Estão tocando a nossa música."

Não é bem uma cantada. Ele quer dizer que estão tocando a música *dele*.

Klaus Renft é o lendário "Mik Jegger" do bloco oriental. Ele mora bem perto de mim, dobrando a esquina, num apartamento de um cômodo, cheio de vídeos e pôsteres da sua banda, a Klaus Renft Combo. Por lá tem sempre uma sacola cheia de cerveja e de todo tipo de equipamento que o homem já utilizou para fumar. Nós dois somos fregueses do bar aqui perto, que utilizamos, na verdade, como uma sala de estar. O sistema de som do estabelecimento está amplificando o belo lamento chamado "Hilflos", música regravada no recente álbum de retorno da banda.

"Você ainda está aí?", ele pergunta.

"Estou. E vou ficar por aqui mesmo."

"Então durma bem, menina", ele balbucia. Quando vai desligar, erra o gancho, e o fone fica pendurado de cabeça para baixo. Levo meu telefone de volta para a cama e, deitada, fico ouvindo "Hilflos". Depois, desligo.

Acordo com novo toque do telefone. É de manhã.

"*Guten Tag*. A senhora pôs um anúncio no *Märkische Allgemeine*?"

"Sim. Obrigado por ligar. Estou tentando falar com gente que trabalhou para o Ministério, para poder dar uma idéia de como era. Estou escrevendo um livro sobre a vida na RDA."

Segue-se uma pausa. "A nota diz que a senhora é australiana."

"Sou."

"A senhora é australiana?"

"Sim."

"Então vem da Austrália?"

"Isso mesmo."

Na RDA, boa parte da geografia permaneceu coisa teórica, porque as pessoas não podiam viajar para fora do bloco oriental. Se é que os orientais pensavam na Austrália, era na condição de um lugar imaginário para onde ir em caso de catástrofe nuclear.

"E está escrevendo em inglês ou em alemão?"

"Inglês."

"Marco um encontro com a senhora", ele diz. "Para pôr os pingos nos is. Quem sabe na Austrália a mídia não tenha envenenado as pessoas contra nós, e pelo menos lá possamos dar a nossa visão das coisas. Com informação e análise objetivas. A senhora pode amanhã?"

"Posso."

"Em Potsdam, à tarde?"

"Sim."

"Então nos encontramos da seguinte maneira: vou estar diante da igreja na praça do mercado às quinze horas. Levo comigo a edição de amanhã do *Märkische Allgemeine* enrolada debaixo do braço esquerdo. Entendido?"

"Sim", respondo com obediência, embora mal possa crer que aquele homem queira brincar de espião sete anos depois da queda do muro. Em seguida, pergunto: "Qual o seu nome?".

Outra pausa. "Winz."

"Então, até amanhã, *Herr* Winz."

Chego cedo à igreja e estou sozinha diante dela. O céu fechado exibe um cinza-cobertor. Calço botas pretas e estou vestindo um casaco preto com um remate de pele falsa, roupa comum, mas visível a um quilômetro de distância. É óbvio que não estou fazendo nada, e sim à espera de alguém. No mercado ao lado da igreja, mulheres com cachecóis brilhantes e luvas de lã empurram seus carrinhos ao longo das barracas montadas em trailers, xeretando sob os toldos listrados de vermelho e branco. Compram batatas e picles nos tonéis, bem como pedaços de lingüiça rosada de fígado. Na banca de petiscos, um homem de antebraços musculosos serve uma salsicha e um pedaço de pão num prato de papel a um funcionário municipal. Os sinos tocam três vezes. Salto de uma perna para outra, ambas congeladas.

Passados dez minutos, um homem se aproxima com um jornal enrolado debaixo do braço esquerdo. Tem cerca de sessenta anos, com pança e papada de cão de caça. Veste paletó de *tweed* que parece importado. Quando tira o jornal de debaixo do braço para me cumprimentar, vejo que o paletó tem até os retalhos de couro nos cotovelos: ele está disfarçado de ocidental.

"Estacionar por aqui é terrível", diz *Herr* Winz, à guisa de desculpa pelo atraso, mas também como se a culpa fosse minha. Ele fala por meio de latidos autoritários. "Sugiro irmos para um lugar neutro", diz. "Em geral, uso o Hotel Merkur."

Neutro? Em geral? "Por mim, tudo bem, *Herr* Winz", digo eu, e partimos a pé para o hotel, a uns bons quinze minutos de onde estamos. Vem-me à cabeça que ele escondeu o carro em algum lugar para que, caso sucumba à tentação, eu não tenha como segui-lo. De todo modo, fico feliz de me mexer.

O hotel tem um saguão de pé-direito baixo, com nichos apartados de poltronas marrons e um monte de plantas de plástico. Não há mais ninguém ali. Pedimos café a um garçom com uma marca de morango de um lado do nariz, e começo a explicar a *Herr* Winz meu interesse em falar com ex-funcionários da Stasi. Ele acena para que eu me cale. Espera até que o garçom se afaste mais do que o suficiente para não poder nos ouvir. Então, inclina-se para a frente. "Todo cuidado é pouco por estes dias", diz, batendo de leve no nariz e olhando para as costas do garçom. Depois, olha bem para mim. "Em primeiro lugar, me mostre sua identidade, por favor", solicita.

"*Bitte?*"

"Quero ver sua carteira de identidade", ele diz.

"Mas eu não tenho."

"Como assim, não tem?", ele pergunta.

"Na Austrália a gente não tem carteira de identidade."

Ele perde a fala. Olha para mim como se todas as suas suspeitas houvessem se confirmado: venho de um lugar tão remoto, tão primitivo, que as pessoas lá ainda não foram etiquetadas e numeradas.

Eu, porém, concedo: "Tenho passaporte", digo, e retiro o documento da bolsa. Há uma infinidade de coisas que não podem ser feitas no anonimato por aqui, desde comprar um cartão de celular até viajar de trem. Já tive de provar minha identidade tantas vezes que agora carrego o passaporte comigo, como uma fugitiva.

Ele lê minha data de nascimento e confere minha aparência atual com a outra, mais jovem, da foto. Depois, folheia as páginas para ver onde estive nos últimos anos. "Ah, Tchecoslováquia", murmura em determinado momento. Então nota que, em 1987, estive na RDA. "Quer dizer que a senhora já visitou meu país?", diz, aprovando o fato.

"Sim, estive aqui, em Potsdam, e fui a Dresden", digo, "além de ter ido a uma festa com amigos, uma vez, em Berlim Oriental." Lembro-me de um dia cinzento em Potsdam, como o de hoje, as ruas desertas. Nosso ônibus cheio de universitários visitou apenas as partes pavimentadas e adornadas da cidade-vitrine, ruas selecionadas transformadas em fazenda de ovelhas para turistas. Em Dresden, um teleférico nos levou até o alto de uma colina, onde nos foi servida uma refeição composta apenas de enlatados, até mesmo o bife. A festa em Berlim Oriental foi dada por um jornalista judeu detentor de impecável pedigree comunista; depois da queda do muro, descobriu-se que se tratava de um informante. O par de carimbos com a foice e o compasso no meu passaporte pode me dar alguma credibilidade aos olhos daquele homem, mas não se pode dizer que conheço seu país. Eu o visitara apenas por tempo suficiente para me perguntar o que estavam escondendo de mim.

Também peço para ver a identidade de *Herr* Winz, mas ele me ignora com uma risada e um gesto displicente. Atrás dele, o garçom faz menção de vir nos atender, como se aquele gesto o houvesse convocado, mas olho para ele e faço um leve não com a cabeça. Ele devolve o bloco de papel ao bolso do avental.

Herr Winz abre sua pasta e retira dela documentos, panfletos e uma tese encadernada. Em seguida, põe um livrinho de capa dura no topo da pilha. É o *Manifesto comunista*, de Karl Marx e Friedrich Engels.

Ele me conta que trabalhou no Ministério, em Potsdam, de 1961 a 1990, exclusivamente em contra-espionagem. Depois, pega a tese e lê o título:

O trabalho do Ministério para a Segurança do Estado na defesa contra a infiltração de inteligência na RDA pelos serviços secretos dos países da OTAN. Exposição apresentada a partir do ponto de vista de um membro da Divisão de Contra-espionagem, Administração Regional de Potsdam.

"Esta é uma dissertação que escrevi baseado no meu trabalho no Ministério. Se a senhora ler, vai aprender um bocado daquilo que deseja saber."

Abro na folha de rosto e vejo que o trabalho foi escrito em 1994, para o "Grupo de Trabalho do Insiderkomitee de Potsdam para a Reavaliação da História do Ministério para a Segurança do Estado".

"Isto foi escrito para o Insiderkomitee?", pergunto.

"Sim."

"O senhor é membro?"

"Sou, mas mudamos o nome para Sociedade para a Proteção dos Direitos Civis e da Dignidade Humana."

Direitos civis e dignidade humana do Insiderkomitee? Ouvi falar nesse grupo. É uma sociedade mais ou menos secreta de ex-agentes da Stasi que escrevem sua versão da história, pressionam pelos direitos de ex-oficiais e ajudam uns aos outros quando um deles é levado a julgamento. A sociedade possui vínculos estreitos com o Partido do Socialismo Democrático, que sucedeu ao Partido Socialista Unitário, e o que se diz é que, juntos, seus membros podem ter acesso às dezenas de milhões de marcos que pertenciam ao SED, dos quais ninguém prestou contas.

Há também uma forte suspeita de que essas pessoas atormentam todos aqueles pelos quais temem ser denunciados. Um ex-guarda de fronteira que apareceu num programa televisivo de entrevistas recebeu ameaça de ser atacado com ácido e teve de ser posto sob proteção policial. Ataques em domicílio são comuns. Um sujeito encontrou na porta de casa um pacote que fazia tiquetaque. Esposas recebem revistas pornográficas que os maridos nunca encomendaram. A história mais estranha que já ouvi foi a do homem que recebeu um caminhão cheio de cachorrinhos, um festival de latidos na porta de casa enquanto o motorista exigia que ele assinasse o comprovante de entrega. Cabos de freio cortados, acidentes e mortes fabricadas. A filha de um escritor sem papas na língua foi levada da escola por um ou mais desconhecidos para tomar um chocolate quente por cerca de uma hora. Prender pessoas tem seus encantos, um hábito difícil de largar.

Olho para *Herr* Winz e, de repente, a paisagem ao redor parece repleta de vítimas: dos nazistas, de Stálin, do SED e da Stasi, e agora mais esta — candidatos a vítimas da democracia e do Estado de direito.

"O que o Insiderkomitee faz?", pergunto.

"Tentamos apresentar um quadro objetivo da história", diz ele. "Combatemos as mentiras e falsificações da mídia ocidental."

"Dizem que o Insiderkomitee é também uma frente que coordena ações contra os que trabalham para revelar o que a Stasi fez às pessoas."

"Disso, não sei de nada."

"Como não?"

"Sou peixe pequeno", ele diz. "Estou aqui apenas para contar à senhora o trabalho excelente, verdadeira obra de mestre, que a Stasi fez em matéria de contra-espionagem. Foi como passei minha vida."

Ou *Herr* Winz não sabe muita coisa ou não quer contar. Ele se recusa a responder minhas perguntas sobre o Insiderkomitee e tampouco fala sobre si mesmo. Toda vez que pergunto sobre a realidade da vida na RDA ele recorre às maravilhas da teoria socialista. Imagino que tenha esperança de, por meu intermédio, plantar as sementes do socialismo num recanto imaculado do mundo.

"Tínhamos gente em toda parte", diz ele. Seu principal interesse parece ter sido plantar jovens e dedicados alemães orientais na Alemanha Ocidental, onde eles acabariam despertando a atenção do serviço de segurança e sendo recrutados. "Essas pessoas ocupavam altos postos! Tivemos Günter Guillaume, como secretário de Willi Brandt; Klaus Kuron, na contra-inteligência da Alemanha Ocidental; e a mulher que preparava o boletim diário da inteligência para Helmut Kohl!" Tudo isso é verdade, mas todo mundo sabe. Acho difícil acreditar que *Herr* Winz estivesse pessoalmente envolvido com os altos círculos. Ele não demonstra confiança suficiente, é muito inconvincente bancando o espião para ter algum dia feito aquilo de verdade. Tento imaginar o que ele fazia de fato, já que ele não quer me contar. O melhor que posso imaginar é que redigia manuais de procedimentos.

Mas *Herr* Winz está se animando com sua história. "A CIA, sim: esses eram bandidos! Uma corja nojenta. Você sabia que eles tentaram matar Fidel Castro vinte vezes?"

"Não deviam ser grande coisa, então", sorrio. Ele parece assustado. Não achou graça.

"Bandidos!", ele grita, "uns bandidos!"

Lanço um olhar para além dele, na direção do garçom, ocupadíssimo em seu posto. Se ele tinha alguma curiosidade acerca das origens do freguês, já a satisfez plenamente.

"Como tratam o senhor hoje em dia, um ex-agente da Stasi?", pergunto. Quero saber por que ele está disfarçado de ocidental.

"O inimigo fez uma guerra de propaganda contra nós, uma campanha de calúnias e difamações. Por isso, não costumo me revelar às pessoas. Mas em Potsdam" — ele adota uma vozinha lamuriante — "elas chegam e dizem: 'Vocês tinham razão. O capitalismo é ainda pior do que vocês diziam que seria. Na RDA, uma mulher podia sair sozinha à noite. A gente podia deixar a porta de casa aberta!'."

Nem precisavam, imagino. A Stasi via tudo que se passava lá dentro.

"Esse capitalismo é, acima de tudo, exploração! É injusto. Brutal. Os ricos ficam cada vez mais ricos, e os pobres, sempre mais pobres. Além disso, o capitalismo conduz à guerra! Sobretudo o imperialismo alemão! Cada industrial é um criminoso de guerra contra seu concorrente, as empresas estão sempre em guerra umas com as outras!" Ele toma um gole de café e ergue a mão, para evitar que eu faça outra pergunta.

"E tem mais: o capitalismo devasta o planeta, com esse buraco na camada de ozônio, com a exploração das florestas, com a poluição. Precisamos nos livrar desse sistema social! Senão a raça humana não vai durar nem cinqüenta anos mais!"

É uma arte, uma arte profundamente política, tomar as circunstâncias existentes e atribuí-las ao nosso lado ou ao lado oposto, inculpando constantemente a realidade de fins dos quais ela é inocente. Fica claro, à medida que ele fala, que o socialismo, como artigo de fé, pode seguir existindo nos corações e nas mentes das pessoas, independentemente dos infortúnios da história. Aquele homem está disfarçado de ocidental para se mesclar melhor e sem ser notado ao mundo em que se encontra, mas quanto mais ele fala mais claro fica que ele está na clandestinidade, aguardando a segunda vinda do socialismo.

Herr Winz se recompõe, baixa o tom de voz e se inclina na minha direção como um conspirador. Seu hálito é quente e amargo, do café, e manchinhas de saliva amarronzada pulverizam a capa dura da tese. "Fique com isto." Ele me passa o *Manifesto comunista*, erguendo-o do topo da pilha. Parece muito bem cuidado. "A senhora deveria ler isto aqui", ele sibila. "Vai compreender muito melhor as coisas. Mesmo hoje, não existe análise melhor do capitalismo. Eu lhe dou de presente." Ele apanha uma caneta e me escreve uma dedicatória: "Uma lembrança da nossa discussão em Potsdam".

"Muito obrigado."

Herr Winz junta suas coisas e se levanta para partir. Depois, apóia na mesa os nós dos dedos e aproxima seu rosto do meu. "Pode acreditar em mim", diz. "Já passei por uma revolução, a de 1989, e conheço os sinais." A voz dele vai ficando mais alta. "Esse sistema está no fim! Seus dias estão contados! O capitalismo não vai durar! A revolução", ele ergue o punho da mesa, "está chegando."

Então, marcha pelo saguão em direção à porta, e o garçom me traz a conta.

Uma voz alegre. "Ninguém pode atender no momento, mas se você deixar uma mensagem alguém liga de volta assim que possível. Se for notícia boa, liga mais rápido ainda. Tchau."

"Miriam, é a Anna", já vou dizendo. Então, ouço o bip e começo de novo. "Miriam, é a Anna. Estou ligando só para dar um oi. Não tenho nenhuma novidade. Chamo de volta outra hora, ou você pode ligar para o meu número de Berlim. Espero que esteja tudo bem por aí." Não me ocorre outra coisa que eu possa dizer. "Tchau."

Durante alguns dias, penso sempre que é ela quando o telefone toca, mas em geral são os homens da Stasi. Uma semana depois, a despeito deles, ainda tenho esperança quando o telefone toca. Outra semana se passa, e esse sentimento coagula-se em algo mais soturno: será que eu a ofendi? Preencho o silêncio dela com possibilidades diversas. "Deve ter perdido o meu número." "Saiu de férias." E mesmo, por extenso: "Foi demais para ela reviver a história toda. Ela se enforcou em sua torre". Apesar da imagem vívida, decido esperar uns quinze dias antes de ligar de novo. Pelo menos em certa medida, tenho consciência de que estou atrás de uma pessoa que já foi perseguida o suficiente.

Contar a história da gente significa libertar-se dela? Ou será que significa avançar acorrentado em direção ao futuro?

9. Julia não tem história

Depois do trabalho, pego o metrô para Rosenthaler Platz e atravesso o parque a pé, na direção de casa. Para além da esquina, o gramado sobe em direção a uma colina, fato raro nessa cidade pantanosa. No alto há um centro comunitário, com um bar no terraço que serve café e cerveja. Aos sábados à tarde o centro se enche de casais de aposentados, que passeiam numa dança terna e atemporal.

Os aposentados só estão de visita — o parque pertence aos bêbados e aos punks. Os bêbados vestem abrigos ou ternos velhos. Toda manhã, eles emergem dos quatro cantos do parque e se embaralham como num anfiteatro em torno da estátua de Heine. Ficam ali o dia todo, discursando como se numa discussão filosófica, gesticulando devagar com a mão livre, enquanto a outra segura uma lata de cerveja. Parecem compartilhar o conhecimento de um mundo em que, um dia, cada um deles teve o seu lugar.

Mais perto da estação ficam os jovens. Ali, vêem-se tanto mulheres como homens. Dispõem de tanta cerveja e tantos cigarros quanto os bêbados, mas seu rancor é bem maior. As cabeças estão parcialmente raspadas ou cobertas de *dreadlocks* em azul e preto. Usam piercings no rosto e tatuagens nos braços e nas pernas. Sua aparência diz a um só tempo "olhe para mim" e "vá se foder". Há brigas, lágrimas, dor terrível, pública, no parque. Às vezes eles pedem dinheiro. Ao contrário dos bêbados, que tomam conta dos bancos e dos abrigos nos pontos de bonde, os jovens sentam-se e dormem no chão, aquecidos apenas por seus cachorros, que em geral parecem mais bem arrumados do que os humanos. Nessa tarde, porém, passando por um garoto, percebo que provavelmente subestimei o esforço necessário para manter ereta e verde, todo santo dia, uma crista composta de oito cones de cabelos de trinta centímetros cada um.

Minha porta está destrancada. Ao abri-la, posso ver a sala de estar. É como se um gato gigante tivesse mijado duas vezes no linóleo. Depois, ouço um som da minha infância que reconheço instintivamente: gambás no telhado. O problema é que o telhado do meu prédio está a quatro andares do chão. Eu me volto e vejo uma escada encostada na parede do vestíbulo, alcançando a altura do mezanino, cerca de um metro abaixo do teto.

"Sou eu, sou só eu", diz uma voz abafada. Um traseiro pequeno, vestido com calça do exército, vem de ré em minha direção. "Dei uma passada para regar as plantas", Julia gira e me diz. "E, já que estou aqui, pensei em levar umas velharias." Ela me passa uma bomba de bicicleta como se fosse um bastão de revezamento e desce da escada com uma caixa de sapatos embaixo do braço.

"Cartas de amor antigas", desculpa-se, e, para minha surpresa, cora. O vermelho se espraia a partir do pescoço e sobe rapidamente na direção dos cabelos loiros. Isso costumava acontecer comigo também, até que um deus misericordioso pôs fim ao tormento. Por isso, não olho: vou direto para a cozinha.

Julia começou a usar as plantas como desculpa para aparecer, como se, ao mesmo tempo, me poupasse o trabalho de regá-las e gentilmente me recriminasse por não fazê-lo. "As plantas" são duas palmeiras magricelas, tortas e peladas, dispostas em vasos na sala de estar, e é verdade: eu não apenas esqueço de regá-las, como também esqueço que elas existem. No meu subconsciente, passei a ver o apartamento como uma espécie de universo fechado, auto-sustentado, com leis naturais próprias. Ele tolera minha presença, mas exige que minha interferência seja a menor possível. Atenho-me a minhas trilhas habituais: da cama para o banho, da janela à escrivaninha.

Julia vem até a cozinha. Além da calça do exército, ela veste seu quinhão habitual de preto: botas pretas, suéter preto folgado e cachecol preto enrolado no pescoço como um pano de prato. Nesse exato momento, ela veste preto, vermelho e amarelo — as cores da bandeira alemã —, ostentando um patriotismo que não lhe é característico.

"Café?", ofereço.

"Eu adoraria. O meu acabou faz dois dias."

Olho para ela e sei que, por baixo de todas aquelas camadas de preto, há um corpo robusto e uma mente superafiada, mas alguma coisa em Julia me corta o coração. Ela demonstra uma honestidade que começo a entender como alemã oriental, um senso transparente de justiça com tudo e todos que a torna extremamente vulnerável. Mas não é isso. Ela é um caranguejo eremita, toda suave com os amigos, mas pronta a recuar para dentro de sua concha à menor menção de contato. Não é isso também. Não sei o que é.

"Nos últimos tempos, ando pensando em todos aqueles bêbados e sem-teto que freqüentam o parque", digo a ela.

"Os bêbados não existiam antes da queda do muro", Julia comenta. "No parque, quero dizer", ela corrige. "Não havia desabrigados como há agora."

Talvez não estivessem no parque, mas bêbados existiam. *Per capita*, os alemães orientais bebiam duas vezes mais do que os ocidentais. Às vezes, eram obrigados a fazer arranjos insustentáveis para ter onde morar, por causa da falta de moradias: casais divorciados seguiam vivendo juntos, ou recém-casados iam morar com parentes. Mas, quaisquer que fossem as outras deficiências, sempre se encontrava cerveja e aguardente para comprar. As pessoas iam trabalhar bêbadas, saíam bêbadas do trabalho e voltavam bêbadas para casa, tolerando-se num ambiente do qual não havia escapatória.

"Você precisa tomar cuidado com esses mendigos, sabe?", Julia acrescenta.

"Ah, os bêbados, pelo menos, me parecem inofensivos."

"É, mas não são", ela diz. "Uma vez, um deles subiu pela árvore na frente da janela da sala e entrou aqui."

"É mesmo? Para quê?" Noto que penso na rua lá fora como uma espécie de fosso entre mim e o parque.

"Roubou um gravador."

"E como é que você sabe quem foi?"

"A vizinha me disse que viu o sujeito saindo do prédio", ela diz. "Melhor você não deixar abertas essas janelas da frente."

Acho difícil imaginar um daqueles bêbados de pernas bambas atravessando a rua e tremelicando árvore acima até aqui.

"Está piorando, eu acho", Julia continua. "Quero dizer, não só esse tipo de coisa. Basta sair para a rua e a gente é vítima de assédio quase todo dia." Ela afasta um feixe de cabelos do rosto, mas ele volta a cair.

Sejam quem ou o que forem, aqueles bêbados não são agressivos. Movidos a cerveja, alcançaram um mundo em que sua potência, ainda que ilimitada, é totalmente imaginária. Nunca fizeram mais do que me cumprimentar com a cabeça quando passo. Talvez Julia sinta necessidade de identificar agressores, saber exatamente quem eles são e onde podem estar. Mas admito que já notei homens mal-encarados na rua. "Comigo, acho que esse tipo de coisa acontece mais aqui do que no meu país", digo a ela. "Mas pode ser também que eu note mais as coisas aqui do que lá."

"Isso é porque os homens percebem que você é estrangeira", ela explica.

"O que você quer dizer?" Sempre imaginei que tinha herdado o suficiente de meus antepassados dinamarqueses para passar despercebida na Alemanha.

"Bom", diz Julia, "você não parece alemã."

"Ah, é?"

"Você é branca demais." Sinto toda a cor escoando-se para fora de mim. "Sua pele é muito branca. Os olhos também são pálidos. Quando uma alemã tem olhos azuis, por exemplo, eles são bem azuis. Não têm essa tonalidade meio pálida."

Estou desaparecendo, misturando-me às paredes da cozinha, que já foram brancas, mas hoje exibem uma cor estranha, uma notável tonalidade encarnada. Olho para Julia e ela lembra a mim mesma — cabelos claros e desgrenhados para os quais ela pouco liga, olhos verdes acinzentados, dentes ligeiramente tortos que já viram muita nicotina. Ponho-me a imaginar se ela já foi genuinamente alemã, de cores mais vívidas. Não sei o que dizer, mas, de todo modo, ela está perdida em seus pensamentos.

"Acho que é porque meu primeiro namorado era um tipo machão", ela está dizendo, "deve ser por isso que reajo com tanta força a todo assédio."

Ainda estou olhando para ela, imaginando como é que podemos ter idéias tão equivocadas sobre nossa aparência, nossa cor, nossas formas e o espaço que ocupamos no mundo.

"Na verdade", Julia prossegue aos risinhos, "ele era um 'macho autêntico': era italiano."

"E como é que você foi arranjar um namorado italiano?"

Nossa conversa vai ficando cada vez mais bizarra. Julia jamais poderia ter viajado para o "mundo não socialista", como o resto do planeta era conhecido, e não houve imigração italiana na RDA. Involuntariamente, vem-me à mente um namorado italiano que eu tive: um vendedor de sorvetes com uma bela voz e um caminhão com sinos, meu doce sorveteiro.

"É uma longa história", ela murmura. "Você sabe", diz ela, olhando para sua caneca, "como eu vivi no Oeste e no Leste sem nunca ter me mudado de casa, acho que posso dizer a você que existe uma diferença entre assédio sexual e assédio, ponto."

Sua figura sentada é emoldurada pela janela que dá para o pátio. A luz do fim de tarde atravessa os tufos de cabelo, iluminando-os como seres à parte em torno da cabeça. No pátio, pardais voam ao redor do castanheiro nu, mergulhando em sua direção. O céu paira sobre os telhados, pálido e venoso.

"Ah, é?", comento.

"É, sim. Por exemplo, quando a gente era adolescente, os garotos do lugar apareciam no verão — minhas irmãs e eu na sacada, tomando sol. Ficavam para cima e para baixo com suas motos. Às vezes, tiravam a camisa para nós. Não tinha nada de assustador nisso. Mas tinha também um carro — um carro caro para a RDA, um Lada russo — que de vez em quando passava bem devagar pela rua da nossa casa. Nós morávamos numa casa afastada, meio fora da cidade, não havia outras casas por perto. Dentro do Lada, iam dois homens. Era de arrepiar."

"Sei", disse eu. Decidi não fazer perguntas. Tenho esperança de que Julia não volte para dentro de sua concha. "Mas devia ser diferente, se vocês eram quatro. A maioria numérica era uma segurança."

"Aquele carro", ela afirma, "estava atrás de mim."

"Hã? Como assim?"

"Uma longa história..." Ela bebe um gole de café e fica em silêncio por um momento. "Na verdade, tinha a ver com o namorado italiano." As leis do amor, suponho, tanto quanto a da gravidade, vigoram em toda parte. Estamos de volta aos namorados. "As coisas podem terminar tão mal", ela diz.

"Isso é verdade", concordo, embora em geral eu seja da opinião de que o coração jovem é maleável, resistente a cicatrizes.

"Foi mesmo muito engraçado, eu acho. Terminei meu namoro com o italiano nas férias que a gente passou na Hungria."

"Puxa, devem ter sido umas férias e tanto." Ela me ignora.

"Mas a coisa toda não terminou aí."

"É, nunca termina..."

"Não, não é bem isso", diz ela. "Estou falando de outra coisa. Acabei indo parar na polícia."

"O quê?"

"Ou pelo menos pensei que estava na polícia."

"Como assim?"

"Uma longa história...", Julia torna a dizer. Começo a perceber que a frase, na verdade, significa "história nenhuma". Em vez de me contar, ela pergunta sobre minha viagem a Leipzig. Conto que conheci uma mulher cuja vida era vigiada e controlada pela Stasi, e sobre a fileira de homens da Stasi que agora integravam minha vida. Digo que estou em busca de outras pessoas também, gente que sobreviveu ao comunismo, o experimento do século XX com os humanos.

Julia afasta o olhar. "Não tenho nenhuma história da Stasi nem nada parecido", ela diz.

O relógio funciona no meu apartamento, e ela espia as horas. "Obrigada pelo café. Preciso ir. Tenho aula."

De repente, estou longe, pensando em velhos namorados, outros experimentos com humanos. Lembro-me da liberdade da juventude, da possibilidade de partir em expedições exploratórias a territórios assaz impróprios: ao incompreendido, ao imprevisível, ao avassaladoramente sombrio, ao homossexual latente, ao astro de rock mirim, de voz monótona. Depois, a gente dá um jeito nesses antigos namorados — faz uma manobra *post-mortem* da memória que suga deles tudo que é viscoso, tornando-os secos e estáveis, incapazes de machucar. É a taxidermia do amor perdido. Agora, não quero ficar sozinha ali, com todas aquelas cabeças empalhadas no sótão, balançando na ventania. Antigos namorados parecem território mais seguro do que ex-agentes da Stasi. Quero que Julia fique.

Ela põe no colo a caixa de sapatos com as cartas de amor e afasta sua cadeira.

Não consigo me controlar. "Fique, por favor", peço.

Julia ergue os olhos e posso ver que se surpreendeu com aquela minha carência. "Está bem, então." Com um som surdo de papelão, ela torna a depositar a caixa de sapatos no chão.

"Ótimo", digo, e os deuses me abandonam: coro desde os ombros até as sobrancelhas, escarlate.

Levanto-me para ferver mais água numa caçarola. De pé, posso ver o canto do pátio, onde os muros altos se encontram, encerrando-nos lá dentro. Eles contêm um tanque de areia e, bem ao lado, uma mesa de madeira. Do lado contrário, antigos estábulos inclinados parecem avançar em direção ao chão de uma maneira quase audível.

Bebemos mais café, e Julia fica. Mais tarde, cozinhamos alguma coisa com o que tenho na geladeira — linguado defumado, pão, queijo, chá de erva-doce.

Julia e eu nascemos no mesmo ano, 1966, o que torna possível e imediata toda correspondência que se queira fazer entre nossos universos paralelos. Ela estava com 23 quando o muro caiu, afortunada integrante da geração mais jovem, que pôde alcançar os contemporâneos ocidentais. Pôde ter uma boa educação e uma vida nova, ao contrário de muitos dos mais velhos, que simplesmente perderam a vida que levavam. Mas Julia segue estudando línguas obscuras — como ela própria admite — na Universidade Humboldt, idiomas do velho bloco oriental que só lhe serão de alguma valia se ela for se esconder nos países obscuros onde eles são falados. Na Alemanha, os estudantes costumam permanecer na universidade até perto dos trinta anos, mas o que me parece é que Julia não pretende se formar nunca. Ela me deixa curiosa: uma mulher solteira num cômodo de solteira no último andar do seu bloco de apartamentos, incapaz de avançar rumo a seu futuro.

"Existem coisas de que não me lembro", ela diz. Não sei se quer dizer que transformou num hábito não pensar nelas ou se não se recorda. Para meu alívio, ela começou a falar por si só, e Julia possui aquele tipo de voz articulada com que a gente às vezes depara na Alemanha, uma voz capaz de transformar essa língua de latidos numa canção de dolorosa beleza e refinamento.

Julia Behrend foi a terceira de quatro meninas. Os pais dela, nascidos no começo da guerra, eram professores de colegial numa cidade da Turíngia, o pequeno estado encravado no sudoeste da Alemanha Oriental.

Como muitas outras famílias, os Behrend eram ambíguos em relação a seu país. "Não éramos dissidentes, não pertencíamos a grupos da Igreja, de ambientalistas nem nada do tipo", diz Julia. "Éramos uma família comum. Nenhum de nós jamais tinha tido qualquer conflito com o Estado." Não obstante, tinham, "desde o momento em que acordávamos", um senso apurado do que podia ser dito fora de casa (muito pouco) e do que podia ser discutido dentro dela (quase tudo).

Os pais de Julia tinham jeitos distintos de conduzir sua relação com as autoridades. A mãe, Irene, é uma mulher prática. Não esperava grande coisa do Estado nem batalhava para modificálo. Quando garota, tinha sido nadadora, praticara salto em altura e fora também trapezista. Disse às filhas que elas podiam ser o que quisessem.

O pai de Julia, Dieter, é um homem sensível. Queria melhorar o que via como um sistema deficiente, mas, na idéia que o embasava, mais justo do que o capitalismo. Ao contrário da mulher, era participativo: ingressou na Juventude Livre Alemã (a FDJ, Freie Deutsche Jugend, sucessora comunista da Juventude Hitlerista) e, mais tarde, chegou mesmo a ingressar no Partido, o que muitos professores eram incentivados a fazer.

Como recompensa por tantos esforços, seu país o transformou num pária, tornando-lhe a vida um inferno. "Toda quarta-feira, antes da reunião do Partido, o humor do meu pai ficava terrível", conta Julia, "sombrio mesmo." Dieter falava contra as coisas das quais discordava, como o recrutamento de ginasiais para o Exército ou o ensino do realismo socialista praticado por autores russos chatíssimos. Voltava para casa em frangalhos. "Ralhavam com ele como se ele fosse uma criança."

Na RDA, as pessoas eram solicitadas a reconhecer uma série de ficções como fatos reais. Algumas dessas ficções eram fundamentais, como a crença na natureza humana como obra em andamento, passível de ser aperfeiçoada, e no comunismo como forma de fazê-lo. Outras eram mais singulares, como, por exemplo, a crença de que os alemães orientais não tinham sido (nem mesmo em parte) os responsáveis pelo Holocausto, de que a RDA era uma democracia pluripartidária, de que o socialismo era pacifista, de que não havia ex-nazistas no país ou de que, no socialismo, a prostituição não existia.

129

Muitos se recolhiam ao que chamavam de "emigração interior". Protegiam sua vida pessoal e secreta na tentativa de manter algo de si fora do alcance das autoridades. Depois de 1989, Dieter se aposentou assim que pôde. Estava deprimido e necessitava de medicação. "Acho que também ele pode ser incluído entre as vítimas do regime", Julia diz. Viver por tanto tempo numa relação de tácita hostilidade — mas de aparente aquiescência — com o Estado o havia arrasado.

Em tempos recentes, um estudo indicou que pessoas deprimidas têm uma visão mais precisa da realidade, embora essa precisão de nada valha, já que ela é deprimente, e os deprimidos vivem menos. Otimistas e crentes vivem uma vida mais feliz e saudável em seus mundos irreais. Como muitos outros alemães orientais, Julia e sua família trilhavam essa linha fina entre ver as coisas como eram na RDA e ignorar a realidade que viam, a fim de manter a própria sanidade.

Até onde a memória alcança, Julia sempre teve interesse em línguas estrangeiras. Antes mesmo de aprender a ler, as letras romanas e cirílicas que encontrava pela casa já a fascinavam. Na escola ensinavam inglês ("muito mal") e russo. Julia ganhou o primeiro prêmio de uma competição estatal de língua russa: uma viagem a Moscou. Curiosa em relação ao mundo, tinha correspondentes na Argélia, na União Soviética e na Índia. Gastava seu tempo livre escrevendo cartas em francês, russo e inglês, e as enviava para o mundo exterior.

Queria ser tradutora e intérprete. "Cresci na década de 1980, no auge da Guerra Fria. As pessoas acreditavam de fato que os Estados Unidos e a Rússia poderiam começar uma guerra nuclear, e a RDA ficava bem na linha de frente. Era meio ingênuo, mas eu achava que, se fosse capaz de facilitar ao menos um pouco a comunicação entre os povos, podia contribuir para que isso não acontecesse." Ela balança a cabeça, recriminando-se, como se a extravagância de suas esperanças a envergonhasse. Mas não vejo por que uma lingüista talentosa, que acreditava em seu país, haveria de se envergonhar daquele seu objetivo. Por outro lado, porém, não vejo diante de mim uma lingüista talentosa que acreditava em seu país. Vejo uma mulher que deixa seu passado numa caixa, mas, depois, vem buscá-la; que passa parte do tempo estudando e parte do tempo trabalhando numa imobiliária, o que a conecta apenas parcialmente ao mundo. Como seu pai, Julia acreditava na Alemanha Oriental como alternativa para o Ocidente. "Eu queria explicar a RDA às pessoas no exterior, queria explicar que o comunismo não era tão ruim." Ela não queria ir embora dali. "Víamos um bocado de TV ocidental, e eu sabia do desemprego, dos sem-teto, das drogas pesadas. E da prostituição — prostituição! Quero dizer, como é que alguém consegue pensar que pode simplesmente *comprar* uma pessoa? Para mim, era inacreditável." Julia não parece amargurada pelo fato de ter acreditado na RDA. De certo modo, ela parece saudosa.

Ela está tremendo. Desço até o porão em busca de carvão para alimentar o aquecedor. Quando volto para a cozinha, vejo que ela não se moveu. Fico aliviada. Meio que esperava encontrar um daqueles bilhetes amarelos que ela às vezes deixa, com sua bela caligrafia: "Acabo de me lembrar que tenho um compromisso. Me desculpe. J.".

Mas ela quer falar mais. A borda de linóleo da mesa está se soltando e, sem se dar conta, ela a alisa. As lembranças não vêm na ordem certa. À medida que as ouço, penso que isso se deve ao fato de Julia não as ter expressado com muita freqüência no passado. Contudo, o motivo pode ser outro: alguma coisa à qual sua mente sempre retorna, mas que ela evita contar.

10. O namorado italiano

Quando tinha dezesseis anos, Julia passou as férias trabalhando como guia na Feira de Leipzig, a famosa feira internacional em razão da qual, duas vezes por ano, a Alemanha Oriental abria as portas para o mundo exterior. À feira compareciam expositores de máquinas, livros, fotocopiadoras e utensílios para cozinha, bem como a imprensa internacional. Ficavam hospedados no Hotel Merkur ou, então, eram alojados com famílias que brigavam para recebê-los, e às notícias do mundo lá fora que traziam. O trabalho de Julia — bem como de outros jovens, eleitos tanto por sua lealdade quanto pelas capacidades lingüísticas — era guiar os visitantes pela feira e pela cidade.

Foi ali que ela conheceu o namorado italiano. Ele a convidou para sair quase de imediato ("eles pensavam que a gente estava à venda"), mas ela não aceitou ("eu não estava"). Por fim, acabou aceitando: porque ele insistiu, porque podia ser divertido e porque que mal poderia haver?

O namorado italiano era um homem de trinta anos, representante de uma empresa de computadores do Norte da Itália. Ele e Julia mergulharam naquela espécie irreal de relacionamento à distância em que a saudade, sustentada por tempo suficiente de separação, termina por se transformar em amor. Ele vinha visitá-la duas vezes por ano, na Páscoa e no Natal, e os dois se encontravam na Hungria quando das férias anuais. Em termos comparativos, a Hungria era mais ou menos livre à época, "quase como o Ocidente para nós", Julia diz. No resto do tempo, telefonavamse uma vez por semana e escreviam cartas freqüentes. Ele se tornou o correspondente mais íntimo dela.

"Quanto tempo vocês ficaram juntos?", pergunto.

"Dois anos. Deus do céu, não, mais para dois anos e meio."

Sempre que ele estava com ela a vigilância era intensa e escancarada. O casal mal conseguia sair de casa sem ser abordado pela polícia, para dar explicações. Ou então topava com a polícia em algum posto de controle nos arredores da cidade. "Pouco importava a que horas saíamos de casa ou aonde íamos, alguém estaria lá para nos interrogar", ela conta. Às vezes, eles revistavam o carro. "Se dizíamos que estávamos indo ao cinema, a polícia desaparecia por um bom tempo com minha carteira de identidade e com o passaporte dele, só para que a gente perdesse o horário da sessão."

O namorado italiano ficava apavorado a cada revista. "Começava a suar, ficava branco e tremia, literalmente, de medo." Julia, acostumada a tudo aquilo, o provocava enquanto esperavam pelos documentos. "Escute, não pode ser tão terrível assim", ela dizia. "O que você acha que vão fazer com você? Não vão te matar! Afinal, isto aqui não é a América Latina."

"Para mim, aquele tipo de vigilância era a realidade", diz ela. "Eu não gostava, mas pensava comigo: eu vivo numa ditadura e, portanto, é assim mesmo. Estava claro para mim que aquilo seguia a lógica da RDA: estou com um ocidental, o que significa que estarei sob observação."

Os Behrend não tinham telefone. Julia ia à casa da avó para receber o telefonema semanal do namorado italiano. Como as chamadas precisavam ser agendadas com as autoridades, os dois supunham estar sendo ouvidos por outras pessoas também. "Toda vez que eu desligava, dizia boa noite a ele e, depois, 'boa noite a todos', para quem mais estivesse na linha", ela ri. "Era uma piada. Não ficava pensando se tinha mesmo mais alguém ouvindo." Aceitar a lógica da RDA e, ao mesmo tempo, ignorá-la era condição básica para a manutenção da sanidade mental. "Se você levasse as coisas tão a sério como as pessoas no Ocidente pensam que a gente devia levar, todos nós teríamos nos matado!" Julia ri, mas eu estou agitada. A luz fluorescente da cozinha começou a zumbir. "Quero dizer, a gente enlouqueceria", ela continua, "se pensasse nisso o tempo todo."

Depois de concluído o ginásio, Julia queria ir para uma escola conhecida pela excelência no ensino de línguas. Em vez disso, e por razões jamais esclarecidas, as autoridades a enviaram a um longínquo internato, sem reputação nenhuma. Sua mãe reclamou muito, mas a resposta que obteve foi a de que não havia nada a fazer. "Não sei se foi por causa do namorado italiano ou das pessoas com quem eu me correspondia. Talvez achassem que eu tinha muito contato com o Ocidente e, por isso, precisasse ser isolada." Julia começa a bater com uma caneta na mesa e a não olhar para mim enquanto fala. Por um momento, a caneta e o zumbido da luz são os únicos sons que ouço.

Ela solta a caneta e sorri. Encontrou alguma história mais leve para contar. "A escola era rígida", diz. "Tinha coisas lá que eram verdadeiramente traumáticas, como o que a gente costumava chamar de 'tortura da TV'."

Na década de 1980, a maioria dos alemães orientais assistia à TV ocidental, sobretudo aos noticiários. Ninguém via os da RDA, embora eles fossem exibidos diariamente nos dois canais estatais,

134

em duas versões: longa e curta. Julia sorri. "Naquela escola, toda noite, sem falta, sentavam a gente e nos faziam assistir à versão longa do *Aktuelle Kamera*. Era um inferno."

O noticiário era longo porque, a cada vez que mencionavam o nome de Erich Honecker, ele era anunciado por extenso, com a nomeação de cada uma de suas funções. Julia endireita-se na cadeira, põe as mãos na mesa e faz voz de locutora. À luz trêmula da cozinha e com seu cabelo esvoaçante, ela é uma locutora vinda do espaço sideral, captada em meio à estática: "O camarada Erich Honecker, secretário-geral do Partido Socialista Unitário da República Democrática da Alemanha, primeiro secretário do Comitê Central, presidente do Conselho de Estado e do Conselho de Defesa Nacional, líder dos blablabla...".

Nós rimos, e ela afasta a cadeira, equilibrando-a sobre as pernas traseiras. É uma imitadora descontraída e confiante. "E então, a notícia de fato que vinha depois disso tudo era nada!" Ela torna a se endireitar: "... visitou as siderúrgicas tal e tal, conversou com os trabalhadores sobre os objetivos do plano para 1984, superados em mais de tantos por cento". Ou: "... inaugurou hoje o enésimo apartamento construído no novo distrito de Marzahn". Ou: "... parabenizou esta manhã a fazenda coletiva de sei-lá-onde pela colheita extraordinária, um aumento de produtividade 'n' vezes superior ao dos anos anteriores".

Rimos sem parar sob a luz estroboscópica. "E a questão é que", ela bate na mesa com a mão fina e branca, "nunca nos diziam coisa nenhuma sobre o que se passava no mundo!" Julia balança a cabeça ante a prolixidade daquela notícia nenhuma.

Pior ainda do que notícia nenhuma era a antinotícia. Os estudantes tinham também de assistir a *Der Schwarze Kanal* [O canal negro], com Karl-Eduard von Schnitzler. Já ouvi falar desse homem, o antídoto humano à influência perniciosa da televisão ocidental. "Na minha casa", conta Julia, "a gente chamava ele de

'Karl-Eduard von Schni...', porque esse era o tempo que levava até que alguém pulasse da cadeira para trocar de canal."

O trabalho de Von Schnitzler consistia em mostrar trechos de programas ocidentais que chegavam à RDA — qualquer coisa, do noticiário às gincanas ou ao seriado *Dallas* — e acabar com eles. "O sujeito era tão asqueroso que simplesmente não tinha credibilidade nenhuma. Você se sentia emporcalhada, como se tivesse passado meia hora falando muito mal de alguém." Julia cruza os braços. "Quero dizer, a gente podia ter lá nossas dúvidas sobre o Ocidente — e eu tinha, com certeza —, mas sentíamos também que nosso próprio país estava nos contando um monte de mentiras e que nosso futuro dependia de darmos a impressão de concordar com elas."

Um dia, em 1984, o diretor do internato marcou de ir visitar os pais de Julia na casa dela.

"Naquela altura, a gente já devia ter suspeitado de alguma coisa. Aquela visita era coisa inédita." Os três ficaram sentados por duas horas, com café e bolo, uma visita bem formal. O diretor tinha ido até lá para convencer Irene e Dieter a interferir e fazer com que Julia rompesse com o namorado italiano. Quem não conhecia Julia podia supor que o namorado era a passagem dela para fora da RDA. O Estado estava fazendo todo o possível para impedir que aquilo acontecesse.

A mãe de Julia disse ao diretor: "Escute, a menina tem dezessete anos, é praticamente uma adulta, e se decidiu que ele é o homem da vida dela, que seja". Mas Irene acrescentou: "Para dizer a verdade, também não estamos lá muito felizes com essa situação. Ele é bem mais velho do que ela, e não queremos que nossa filha vá embora daqui. Só que não vamos impedi-la".

O diretor não conseguiu muita coisa. "Foi embora, insatisfeito", Julia conta. "Na verdade, era um bom homem. Talvez tivesse sido avisado das conseqüências que aquilo traria para mim e estivesse tentando ajudar."

Em 1985, Julia concluiu seu curso com notas máximas. Então, foi para Leipzig, a fim de prestar o exame de admissão na universidade para o curso de tradução e interpretação. Foi reprovada. "O exame escrito foi uma brincadeira, de tão fácil e curto que era. Mas havia também o exame político..."

"Como assim? O que quer dizer 'exame político'? Você queria estudar línguas!" A lâmpada no teto continua falhando e zumbindo, e eu estou irritada e incomodada. Àquela luz, o rosto de Julia parece de mármore, e seus lábios ganham bordas azuis.

"Bom, eram perguntas sobre nosso conhecimento político. A idéia era que trabalharíamos com altos níveis do governo, inclusive internacionalmente. Portanto, acho que, até aí, estavam corretos em aplicar o exame." Claro que estavam. É prática comum no Ocidente também. Só estou ultra-sensível.

Eu me levanto e encontro algumas velas pequenas no guarda-louça, o que me permite desligar a luz fluorescente. Acendo as velas, nesgas de luz, por toda a cozinha — em cima da pia, sobre a mesa e no parapeito da janela, atrás de Julia.

"Não tenho certeza nenhuma de que tenham arranjado para que eu fosse reprovada", ela afirma. "Eram muitos candidatos, e tenho de admitir que fiz muita besteira naquele exame." Julia conta que não sabia as respostas. "Não é que eu tenha dado um fora qualquer: cometi erros crassos mesmo, em coisas muito importantes." E começa a rir outra vez.

Julia não foi capaz, por exemplo, de dar os nomes dos partidos políticos da RDA. Havia outros além do Partido Socialista Unitário, mas eram partidos apenas no nome, e esses nomes eram muito parecidos com os dos partidos políticos reais da Alemanha Ocidental: democratas cristãos, liberais e assim por diante. "Morri de medo de errar. Se eu pusesse o nome de um partido ocidental, eles poderiam me reprovar." Ela dá um tapinha no linóleo solto da mesa. O que estavam pedindo a Julia era que ela reproduzisse seu conhecimento do catecismo comunista, sua crença em coisas difíceis de lembrar, porque não eram reais.

Divulgado o resultado, um ex-aluno de Dieter veio lhe falar. Sua esposa e seu sogro integravam a banca examinadora. "Cá entre nós", confidenciou a Dieter, "não faz sentido ela tentar de novo no ano que vem. Sugiro enfaticamente ao senhor que ela procure outra coisa para fazer. Que procure um emprego."

"Como o diretor, talvez ele estivesse me fazendo um favor", Julia conjectura. "Me poupando do trabalho de me candidatar outra vez." Ela começa a não olhar para mim, concentrando sua atenção no canto escuro da cozinha. "Mas o estranho", acrescenta vagarosamente, "foi que, depois disso, eu simplesmente não conseguia arranjar um emprego. Qualquer emprego..." Julia remexe no cachecol enrolado em torno do pescoço. "Foi aí que as coisas ficaram difíceis para mim."

Julia achou que conseguiria emprego como recepcionista num hotel de grande porte. Desse modo, poderia praticar as línguas estrangeiras. Tentou Berlim, Leipzig, Dresden. Era uma excelente aluna que falava inglês, russo, francês e um pouco de húngaro. Sempre conseguia uma entrevista. Apresentava-se bem vestida e recebia cumprimentos da gerência. Os gerentes, sem exceção, ficavam animados e impressionados com ela. Encaminhavam-na para o exame médico de rotina com um caloroso aperto de mãos, ansiosos por vê-la de volta o mais rápido possível.

Às vezes, chegava uma carta pelo correio uma semana depois. "Lamentamos informá-la de que a vaga foi preenchida. Agradecemos o interesse..." Outras vezes, ela própria ligava para o hotel, e lhe diziam que faltara muito pouco para que conseguisse o emprego. E outras vezes ainda ela não obtinha resposta nenhuma. Por fim, parou de ligar para ouvir sempre as mesmas desculpas embaraçosas. Tentou arrumar emprego como garçonete, e tampouco obteve êxito. Hoje, ela imagina que todos os hotéis e restaurantes eram obrigados a verificar os nomes dos novos empregados com a Stasi. As opções estavam se esgotando. Julia matriculou-se num curso noturno para obter um certificado de *Stadtbilderklärerin* (ou seja, "elucidadora da paisagem urbana"). "Certificado de quê?" Nunca tinha ouvido aquela palavra. Julia me explica que ela significa uma espécie de "guia de turismo", mas que na RDA a palavra "guia", ou "líder" — *Führer* —, foi proibida pós-Hitler, *der Führer*. Como a palavra *Führer* também significa "condutor", não havia mais "condutores de trem", que passaram a ser conhecidos por *Lokkapitäne*, ou "capitães de locomotiva"; também desapareceram as "carteiras de motorista ou condutor", substituídas pelas *Fahrerlaubnis*, ou "permissões para dirigir". Como "elucidadora da paisagem urbana", ela poderia ganhar uns trocados. Não dava para viver desse dinheiro.

Julia foi, então, à repartição que intermediava os empregos, pegou uma senha e entrou na fila interminável. Estava entre pessoas que talvez tivessem passado por experiências semelhantes às dela, explicáveis ou não. Voltou-se para o homem atrás dela e perguntou: "Há quanto tempo você está desempregado?".

Antes que ele pudesse responder, uma funcionária — uniformizada e retangular — saiu de trás de uma coluna.

"A senhorita não está desempregada!", a mulher vociferou.

"É claro que estou", respondeu Julia. "Por que outro motivo estaria aqui?"

"Este é um escritório de intermediação de emprego, e não de desemprego. A senhorita não está desempregada: está à procura de emprego."

Julia não se deixou intimidar. "Estou à procura de emprego", disse, "porque estou desempregada." A funcionária começou a gritar tão alto que as pessoas na fila foram se agachando. "Eu já disse que você não está desempregada! Está procurando emprego!" Depois, quase histérica, acrescentou: "*Não existe* desemprego na República Democrática da Alemanha!".

Na cabeça, vou juntando as ficções da RDA: a exclusão de *der Führer* não apenas da história, mas também da própria língua; a "realidade" do noticiário televisivo; e, ao contrário do que Julia experimentava, a inexistência de desemprego. Sem que tivesse feito nada de errado, Julia tinha caído no buraco que separava as ficções da RDA da realidade do país. Ela já não concordava com a ficção. E, leal e talentosa como era, estava sendo excluída da realidade. Das duas uma: ou Julia pensava que tinha falhado em tudo que tentara ou que a estavam perseguindo. Podia também tentar não pensar em nada. "É verdade que, depois disso, eu meio que fui me afastando das coisas." Acordava cada vez mais tarde. "Acho que estava deprimida." Matriculou-se em outro curso noturno — espanhol dessa vez —, mas, para ela, aprender uma língua estrangeira era cada vez mais como aprender um código secreto utilizado fora de sua caverna, falado em lugares que jamais visitaria. Depois da aula, ela ia "quase toda noite" ao clube noturno das redondezas. "Meus pais largaram mão. Não tinham mais o que fazer. Acho que sentiam pena de mim."

Foi nessa época que a irmã mais nova, Katrin, notou o carro. Era branco. Já o havia observado três dias seguidos diante de casa quando resolveu falar alguma coisa. Julia não tinha visto. "Como eu disse", ela olha para mim, "sabia que aquele carro estava atrás de mim."

Sabia também que seguir em frente com sua vida significava deixar aquela vida para trás. Ia ter de se casar com o namora-

140

do italiano e ir embora dali. A idéia a assustava. "Era também parte do que me atraía naquilo — o fato de que eu ficaria totalmente dependente, na casa dele, no país dele, na língua dele. À mercê dele, enfim."

Julia foi encontrá-lo nas férias na Hungria. No aeroporto, puseram-na de lado e revistaram sua bagagem. Desaparafusaram o secador de cabelos e esvaziaram os pacotes de absorventes sobre a mesa. Na Hungria, ela disse a ele que estava tudo terminado. "Ele era tão controlador, tão ciumento." Agora, Julia se afastara dele também, enfiou-se dentro de casa, afastando-se de toda e qualquer esperança. Aquilo era mais do que "emigração interior". Era exílio.

11. Major N.

Foi então que chegou um cartão pelo correio. "Parecia bem normal, um cartão impresso comum, como se eu tivesse de me apresentar à polícia para renovar minha identidade. Tinha espaços em branco para que escrevessem meu nome, e estipulava dia e hora em que eu deveria comparecer."

Ela não olha para mim. Nem é comigo que está falando. Os olhos de Julia circulam pela cozinha, embora não haja muito que ver ali: atrás de mim, sobre a pia, o tanque de água quente com sua pequena chama azul; à minha esquerda, a porta para o vestíbulo. A luz das velas ilumina o rosto dela, delineando maçãs do rosto e queixo. Eu a observo a se lembrar, convocando presenças mais reais do que a minha.

"Existem coisas...", ela pára. "Não acho que vou conseguir me lembrar. Não me lembro."

Atenho-me às pequenas coisas. "Você sabia o que era aquele cartão?"

"Pensei que tivesse ficado na Hungria por mais tempo do que meu visto permitia. Em geral, eles só carimbavam de novo o passaporte na fronteira e deixavam você voltar. Comecei a bolar desculpas em minha cabeça. Ao mesmo tempo, dizia a mim mesma: escute, não pode ser nada tão sério! O que é que eles vão fazer comigo? Quero dizer, não estava com medo de que viessem me buscar no meio da noite, para me trancafiar e torturar." Julia analisou a situação de todos os pontos de vista. Em seus últimos tempos, o regime interrompeu em grande parte toda ação direta (detenção, encarceramento, tortura) contra o povo. Em vez disso, optou por outros meios de silenciar as pessoas, valendo-se de métodos que a Anistia Internacional teria mais dificuldade em relatar. "A coisa mais comum que podia acontecer na RDA nos meus tempos — interromperem sua carreira antes mesmo de ela começar —, isso já tinham feito comigo! E agora que eu já não tinha namorado italiano, o que mais podiam querer?"

A delegacia de polícia tinha um amplo saguão. Em silêncio, as pessoas formavam duas longas filas serpenteantes, cada uma delas terminando num balcão. As filas mal andavam. "Peguei um número e, então, percebi que não sabia em que fila entrar", ela conta. "Por isso, fui até a policial que estava tomando conta de tudo aquilo. Ela olhou meu cartão e disse de imediato: 'Ah, senhorita Behrend. A senhorita não precisa entrar na fila. Pode ir diretamente à sala 118'."

Julia ri de si mesma. "De início, fiquei contente! Achei que tinha escapado da fila."

Depois, ela notou que todas aquelas pessoas eram dirigidas para duas salas atrás dos balcões, mas nenhuma delas era a 118. "Precisei me virar sozinha, subir vários lances de escada, passar por um corredor comprido, virar para a esquerda e, depois, para a esquerda de novo. Não tinha ninguém por ali. Não vi ninguém entrando ou saindo das salas pelas quais passei. A 118 era bem longe, do outro lado do prédio."

Julia bateu.

"Entre."

Um único homem sentado a uma escrivaninha. A primeira coisa que Julia notou foi que ele vestia um terno ocidental e uma bela gravata. Levantou-se de imediato, com um pequeno aceno de cabeça, os pés juntando-se num breve estalo. "Senhorita Behrend, meu nome é N., sou major", sorriu ele, estendendo a mão. Depois, com toda clareza, acrescentou: "Ministério para a Segurança do Estado".

Julia teve medo, ela diz, "um frio na barriga". O homem tinha menos de quarenta anos, rosto largo, primeiros sinais de calvície. Usava óculos pequenos e redondos e exibia um reluzente bronzeado. Era simpático — ou, para os padrões da RDA, educado até demais. "Sente-se, por favor", disse ele.

Sentaram-se. Julia tornou a pensar que talvez a história toda tivesse a ver apenas com o visto na Hungria.

Mas N. começou a falar. "Uma jovem assim, tão bonita e inteligente, talvez a senhorita possa me explicar", sorriu ele, "por que não está trabalhando."

Ali estava a confirmação. Até aquele momento, tudo poderia ter sido apenas produto da imaginação dela: o internato, a visita do diretor, as constantes revistas na rua, a reprovação no exame, o aviso "amigo", o Lada, o desemprego incomum.

Ela estava em choque. Falava devagar.

"O senhor deve saber por que não tenho emprego", disse.

A voz dele era suave. Não parava de sorrir. "E como é que eu poderia saber, senhorita Behrend?"

Os pensamentos de Julia se aceleraram. Ela podia ver aonde aquilo ia dar: ia ser expulsa do país. "Pensei que era minha última chance de ficar", ela conta. Por isso, disse ao homem sem pestanejar: "Escute, por favor, eu não quero... Não quero ir para o Ocidente. Mas acho que os senhores estão me forçando a ir embo-

144

ra". Julia percebeu que estava implorando. "Preciso trabalhar em algum lugar. Afinal, estou desempregada."

"Mas, senhorita Behrend", disse ele, "como pode ser?" Ele entrelaçou os dedos sobre a mesa. "Não existe desemprego na República Democrática da Alemanha."

Ela não conseguiu responder.

O homem esticou o braço sobre a mesa em direção a uma pilha de papéis, que puxou para junto de si. "Em primeiro lugar, tenho algumas perguntas a fazer", disse, "sobre estas cartas."

Julia olhou para a mão dele e reconheceu, embaixo dela, sua própria caligrafia. Ficou confusa. Olhou melhor.

Eram cópias das cartas para o namorado italiano.

Ela imaginara o tempo todo que sua correspondência estava sendo vigiada. Às vezes, as cartas que ela recebia do exterior haviam sido brutalmente rasgadas e fechadas de novo com fita adesiva: "Avariado em trânsito". "Era ridículo mesmo", ela conta. Mas, como fazia com tudo o mais, não pensara muito naquilo.

Major N. abriu a primeira carta sobre a escrivaninha, alisando-a com ambas as mãos. Pigarreou. E, para o horror de Julia, começou a lê-la em voz alta.

Fico pensando na vergonha que eu sentiria, sentada diante do major Fulano, na sala dele, vendo-o manusear coisas tão íntimas. A vergonha de ouvir minhas palavras transformadas pela boca dele nas banalidades universais do amor.

Julia e o namorado se escreviam em inglês. O major N. sublinhara em cada carta as palavras que não conseguira encontrar em seu dicionário alemão-inglês.

"Ele ficou sentado ali e...", Julia se interrompe para tomar um gole de chá. Deve estar gelado a essa altura. O chá desce pelo caminho errado. Ela tosse muito, mas estende a mão para que eu pare de tentar ajudá-la: "... e me perguntava", prossegue numa voz engasgada, "o significado das palavras".

145

Os pêlos do meu braço se eriçam. Parei de olhar para Julia porque, na penumbra, ela já não falava para mim havia algum tempo. Sinto-me humilhada por razões que nem sei explicar. Estou furiosa por ela, e me sinto ligeiramente culpada pela relativa sorte que tive na vida.

O major N. dedicava-se sem pressa a aperfeiçoar sua tradução. As palavras não encontradas no dicionário eram, em sua maioria, a da linguagem íntima dos amantes. Ele perguntava a Julia: "O que significa isto?". E de novo: "A senhorita se importaria de me explicar, por favor, o significado deste termo?". O comprido indicador sobre a caligrafia dela, sobre a de seu amante. "E este aqui?", perguntou ele, tocando a palavra *cocoriza*, numa carta escrita pelo namorado.

"*Cocoriza*", explica Julia, "significa 'trigo' em húngaro."

"Então, que significado tem, senhorita Behrend, o seu amigo escrever: 'Quero minha pequena *cocoriza*'?"

Ela teve de esclarecer. Nas férias, os cabelos dela tinham clareado, adquirindo a tonalidade do trigo. *Cocoriza* era o apelido amoroso que ele dera a ela.

"Muito obrigado, senhorita Behrend." Em seguida, o major N., com seu terno ocidental, os modos estrangeiros e sua exagerada delicadeza, pôs-se a vasculhar o relacionamento dos dois, uma carta de cada vez.

"Levou um bom tempo", diz Julia com uma voz distante. Os olhos dela se fixam na meia distância. O major N. foi meticuloso. Havia toda uma pilha das cartas dela ao italiano. E outra, com as respostas que ele enviou a ela. Aquele homem sabia de tudo. Sabia das vezes que ela estivera em dúvida e das palavras doces que a haviam acalmado. Sabia da saudade que o namorado italiano sentira, posta a nu, e da invenção, para seu próprio prazer, da garota distante.

N. insinuou saber — o que Julia na certa também percebera — que o italiano tinha feito dela uma imagem que não correspondia à realidade. Pôs-se a lisonjeá-la: "A senhorita é mais complexa, creio, e muito mais inteligente do que ele acreditava". Quando terminou de ler, apontar e sondar, o major N. arrumou as duas pilhas de cartas e afastou-as de volta para um canto da escrivaninha. "Agora, vamos conversar um pouco sobre esse seu amigo, está bem?"

E começou a falar a Julia sobre o namorado dela. "Não disse nada de espetacular", ela conta, "mas contou coisas que eu não tinha como saber, porque não podia ir para a Itália e ver com meus próprios olhos." Julia imagina que a Stasi tinha gente na Itália. "Foi até espirituoso, em certa medida, tentando me incluir na conversa, como se nós dois pudéssemos rir juntos de alguns aspectos da vida do meu namorado, como se estivéssemos do mesmo lado e fosse meu namorado, e não eu, o objeto da investigação."

"Como nós sabemos", disse o major, "nosso amigo trabalha no ramo de computadores."

Julia assentiu. "Nunca entendi direito que tipo de negócio ele tinha", ela diz, "e, com minha cabeça alemã oriental, menos ainda. Ele havia me contado que comercializava componentes."

N. lhe deu os detalhes. "É gerente de vendas da filial regional da empresa." Depois, descreveu a casa da família do namorado, na Umbria. Contou a ela a marca do carro que ele dirigia. Quando viu que aquilo não significava nada para Julia, interpretou os dados para ela: avaliou tratar-se de um carro de "classe média" e, "portanto, não há hipótese de ele ser rico ou coisa do tipo".

Julia se perguntava aonde ele queria chegar.

O major abriu a gaveta da escrivaninha e retirou uma pasta grossa, que depositou, fechada, sobre a mesa.

"Agora, senhorita Behrend, chegou a vez da senhorita", anunciou.

E começou a avaliar a vida dela até aquele momento. "Ele sabia tudo sobre mim", diz Julia. "Sabia as matérias que eu tinha cursado e como me saí nelas. Sabia tudo sobre minhas irmãs e meus pais. Sabia que minha irmã mais nova queria estudar piano no conservatório." O major N. sentia-se suficientemente bem informado para fazer até algumas avaliações psicológicas. Disse a Julia que havia questões que o pai dela evidentemente não entendia, que Dieter era "problemático". Irene, ao contrário, era bem mais leal ao Estado.

"Está claro para nós pelas provas coletadas, senhorita Behrend, que a senhorita puxou à sua mãe", afirmou ele. "O que, se posso me permitir o comentário, é uma coisa boa."

"Ele estava me mostrando que me tinha na palma da mão", diz Julia. Ela ergue os joelhos até a altura do peito e apóia os calcanhares no assento da cadeira. Depois, estica o blusão sobre os joelhos, transformando-se numa bolinha preta. "A única coisa...", continua, "... é irônico, mas a única coisa que eles pareciam não saber era que eu tinha terminado com meu namorado!" Desde o rompimento na Hungria, o namorado italiano escrevera diversas cartas suplicantes. Julia respondera à primeira, mas, depois, parara de escrever para ele.

"Ou pelo menos o major agia como se não soubesse que a gente tinha rompido", diz ela. "Achei estranho que ele não soubesse. Talvez estivesse de férias e tinha perdido as últimas cartas."

Ou talvez soubesse, penso eu, e julgasse que isso melhoraria suas perspectivas com ela.

N. afastou a pasta grossa para o lado, para junto das cartas de amor. Juntando as pontas dos dedos, inclinou-se na direção de Julia. "Como a senhorita com certeza já percebeu, estamos interessados no seu amigo." E foi então que ele disse: "O que propomos", prosseguiu, "se a senhorita puder nos ajudar, é que nos encontremos de vez em quando. Para uma conversinha".

Julia diz: "Achei absurdo. Pensei comigo: que diabo de interesse podiam ter nele?". Ela não podia nem imaginar que o namorado italiano fosse alguém de alguma importância. "Ele não tinha nenhum contato graúdo que tivesse mencionado alguma vez, nem qualquer treinamento ou especialização significativa." Até chegar de volta em casa, Julia nem chegou a pensar que talvez fosse ela que eles quisessem.

Estava fora de questão. Ela não coletaria nenhuma informação sobre o namorado, nem sobre qualquer outra pessoa. "Eu sinto muitíssimo", disse ao major N., "mas não tenho como ajudar, porque rompemos o namoro nessa última viagem à Hungria. Não quero ter mais nada a ver com ele. Ele queria mandar em mim. Eu sabia que, se ficasse com ele, não poderia mais decidir minha própria vida." E acrescentou: "Não quero ver essa pessoa nunca mais, nem mesmo como amigo".

N. sorriu. Depois, disse: "Se, depois de pensar um pouco mais no assunto, a senhorita vier a tomar outra decisão, não hesite em nos procurar, seja quando for". Ele deu a ela o cartão com seu número de telefone. "Ah, senhorita Behrend", prosseguiu ele, "só mais uma coisa: a senhorita não deve comentar essa nossa conversinha com ninguém — nem com seus pais, nem com suas irmãs, nem com os amigos mais íntimos. Se fizer isso, vamos ficar sabendo. Esta nossa tarde de hoje nunca aconteceu. A senhorita nunca esteve na sala 118. Se me vir na rua, a senhorita não me conhece: siga em frente. Digo isso por razões óbvias, que a senhorita na certa há de ter compreendido há muito tempo."

Julia assentiu com a cabeça.

E isso foi tudo. Ele mostrara a ela que, com um único telefonema, ela poderia estar dentro ou fora. Poderia se juntar a eles ou partir.

"Então, ele me dispensou." A rua era um outro mundo, a luz do dia brilhava de um modo nada natural. Julia observou uma classe de crianças pequenas sendo conduzida pela calçada. Sentia-se apartada da vida, súbita e irrevocavelmente. "Era como se, de repente, eu estivesse do outro lado", diz ela, "apartada de todo mundo."

Ela parece não ter mais palavras. Eu recolho os pratos e os deposito na pia atrás de mim. Procuro alguma outra coisa para comer no refrigerador, como se ele pudesse revelar alguma possibilidade não percebida à primeira vista. Encontro apenas um pacote murcho de lingüiça de fígado e uma maçã. Jogo fora a lingüiça e fatio a maçã. Ainda estou de costas para ela quando Julia recomeça. Ouvi-la é testemunhar o processo quase mecânico de recuperação do passado. Ela fala devagar. "Acho que reprimi todo esse episódio", diz. "O que veio depois, toda aquela história de 1989, talvez tenha sido tão forte que as outras coisas sumiram. Não tenho outra explicação."

Não sei o que ela quer dizer com "toda aquela história de 1989". Digo a Julia que acho que ela passou por uma experiência extrema.

"E foi mesmo", ela concorda, "quando você toma consciência do que aconteceu. O estranho é que só agora, nesta cozinha, fui sentir aquele frio na espinha. Na época, minha crítica era outra — o fato de não me permitirem estudar e ter uma carreira. Mas, olhando para trás agora, foi a vigilância absoluta que me fez mais mal. Eu *sei bem* até onde as pessoas são capazes de invadir o espaço da gente, até não sobrar nada da nossa esfera pessoal. E acho que esse é um conhecimento terrível de se adquirir." Ela afasta os cabelos, como se quisesse se livrar de alguma coisa. "Com a distância, percebo pela primeira vez como foi ruim o que aquele sujeito fez naquela sala."

Julia pega um pedaço de maçã e balança o arco carnudo entre dois dedos pousados na mesa. A geladeira vazia sacode e pára; reina um silêncio profundo na cozinha. "As pessoas falam do inconsciente", ela prossegue, "e agora, falando com você, fica claro para mim o efeito que esse conhecimento produziu na minha vida." Ela morde um pedacinho da maçã. "Acho que, definitivamente, sofri alguns danos psicológicos!" Ela ri, mas não está brincando. "Deve ser por isso que reajo de forma extrema a toda aproximação masculina, e por aí vai. Sinto isso como outra possível invasão da minha intimidade." Ela observa meu rosto. "Acho que é pior quando a gente reprime." Desenterrar ou deixar enterrado?

Quando Julia deixou a sala 118 ela estava bem, até chegar em casa. Aí, as pernas não conseguiram mais suportar seu peso. Ela foi ao banheiro e vomitou. Ao voltar, notou que sua voz tremia e que não conseguia evitar que isso acontecesse. Contou tudo aos pais e às irmãs. Naquela noite, a família se reuniu para decidir o que fazer.

"Minha mãe é uma pessoa muito pragmática", diz Julia. "Tudo bem, você terminou com o italiano. Eu não quis interferir, mas estou contente por você não ter se casado com ele. Mas agora precisa pensar com muita calma sobre o que vai fazer."

Julia mal podia acreditar no que estava acontecendo, ou seja, que estavam todos sentados na sala de estar, discutindo como ela iria viver o resto de sua vida. Tinha então vinte anos de idade. "A gente sempre discutia a história de eu ir morar com o namorado italiano, como se aquilo fosse uma opção. Mas era mais fantasia de adolescente, algo assim como: sou livre para fazer isso e ninguém vai me deter. De repente, tinha virado realidade: tenho de ir embora daqui para sempre — preciso abandonar minha família, nunca mais vou ver minhas irmãs, tenho de ir para o Ocidente. O que, como eu disse, eu nunca quis." Julia começa a falar para o blusão que embrulha seus joelhos. "E acho, também, que tinha me decepcionado com o Estado. Pela primeira vez, percebi que ele não era o 'bom pai' que a gente tem na cabeça. Vi que ele pode ser perigoso, muito perigoso, sem que eu tenha feito nada de errado."

Ela não ia se transformar numa informante. Restava, portanto, uma única saída real. "Você precisa encontrar alguém com quem se casar, para poder ir embora", disse Irene. "É o único jeito." Depois, deu voz ainda às dúvidas de todos. "Mas você quer mesmo se casar com qualquer um?", perguntou. Dieter, sentado à ponta da mesa, estava curvado de raiva e tristeza. Ninguém disse nada.

"Foi quando eu pensei comigo", Julia diz, "bom, quando não tem jeito, a gente tem de meter as caras. Existia, teoricamente, uma coisa chamada *Staatsratsbeschwerde*, que permitia às pessoas escrever diretamente para Erich Honecker caso elas precisassem de alguma coisa que não conseguiam obter ou quisessem fazer uma reclamação." Julia balança a cabeça. "Como se o cidadão tivesse de fato voz e direitos. As pessoas escreviam dizendo que queriam azulejos para o banheiro ou componentes para trator, e que não encontravam nada daquilo desde agosto, ou coisa parecida. Gente do povo às vezes dizia: 'Ora, por que você não pára de reclamar e escreve para o Erich?'. Bom, aí pensei comigo: por que a gente não escreve? Quero dizer, se a gente olhasse bem, o que tinha acontecido não era certo." Torno a ver em Julia a boa imitadora. "Eu já nem tenho esse namorado, quero estudar, quero ficar na RDA, por que não? A gente pode escrever para ele e reclamar." Ela olha para o teto. "Hoje eu vejo que tinha uma certa ingenuidade nisso, mas naquela época a gente pensava que o Partido e o Estado eram uma coisa, e que a Stasi era outra." Julia torna a balançar a cabeça e se desembrulha do blusão, pondo os pés no chão. Depois, abre bem as mãos. "Pensei, bom, o que eles podem fazer contra mim?"

O cartão do major N. estava em cima da mesa, diante de todos. "Você tem o número do telefone", Irene disse. "Ligue para ele amanhã e diga que você e seus pais vão escrever para o Honecker e fazer uma reclamação."

"Nunca vou me esquecer daquela noite", diz Julia. "Eu disse a meus pais: está bem, é o que nós vamos fazer, então. E fui me deitar. Tive pesadelos que nunca tinha tido antes nem voltei a ter depois." Sonhou que estava sendo perseguida num lugar em que tudo lhe era conhecido — a bancada da cozinha, a paisagem da janela do seu quarto, os rostos numa loja, a cabeça da irmã vista por trás. Mas ninguém a reconhecia, e ela não estava em casa. O pai dela estava morrendo, murchando como uma planta e chamando por ela, mas não a ouvia responder, não podia ver onde ela estava. Quando acordou, Julia não sabia se tinha sonhado com aquele lugar ou com o lugar para onde estava indo. "Foi uma noite horrível, horrível. Não me lembro se chorei. Acho que não. Só suei um bocado, até a cama ficar molhada. Acordei diversas vezes. Foi apavorante passar por aquilo." Ela passa a mão nos cabelos. "Como perder tudo, até eu própria desaparecer."

Na manhã seguinte, depois que todos já haviam saído, ela pegou o cartão e foi até a casa da avó, para dar o telefonema. Estava sozinha ali. Podia sentir o cheiro de desinfetante e de batatas cozidas. Olhou para os números em preto no cartão. Eles se mexiam. Viu que sua mão tremia e pôs o cartão na bancada. Naquele momento, já não era capaz de enumerar as razões pelas quais iria dar o telefonema, como chegara àquilo. Estava ali, apenas, com o cartão, o nome e os números que o fariam falar com ela de novo. Pôs os dedos no disco para fazer a chamada.

N. atendeu de imediato. Quando se deu conta do que ela estava dizendo (Você contou a mais alguém sobre a nossa conversa? Vai escrever *o quê*?), ficou furioso e exigiu que Julia se encontrasse com ele, sozinha. Ela deveria encontrá-lo num apartamento secreto, na cidade.

"Por ironia, o tal apartamento ficava em cima de uma agência de viagens...", ela diz, e junta os lábios num sorriso amargo. "Claro, eu já tinha olhado aquela vitrine muitas vezes. Sabia exatamente onde ficava." N. disse ainda que haveria graves conseqüências para ela, e provavelmente para a família também, pelo fato de ela ter quebrado o silêncio. Lembrou-a de que a irmã mais nova de Julia, Katrin, sonhava estudar piano no conservatório, não era verdade? Disse que iria contatar seu superior, o chefe regional, para ver que ação tomar a partir dali.

A família esperou uma semana até que um cartão chegasse. Receberiam uma visita em casa.

Vieram duas pessoas: N. e seu chefe. "Mas não aconteceu nada do que a gente imaginava", Julia conta. "N. me parecia completamente diferente. Suava, constrangido. O chefe dele não causava impressão melhor. Não sabíamos o que se passava."

Dieter disse aos dois que não havia razão — e que razão haveria? — que justificasse o que sua filha havia passado. Sempre haviam sido bons cidadãos. E Irene disse na cara deles que escreveriam para Honecker.

Os dois homens ergueram as mãos: não precisavam exagerar. Afinal, as coisas não haviam ido longe a ponto de não se poder resolvê-las ali mesmo, envolver Berlim era desnecessário. Aquela era uma situação — olhavam ambos para Dieter e Irene — em que a imaginação de uma jovem, uma grande qualidade, aliás, talvez tivesse desempenhado um papel. Dieter, Irene e as meninas ficaram em silêncio. Os homens pediram que lhes dessem algum tempo.

"Nós não percebemos de cara", diz Julia. "Mas quando eles saíram sabíamos que havíamos vencido. Nunca soubemos direito onde se travava a batalha", ela sorri, "mas sabíamos que havíamos vencido."

154

Julia não sabe por que a Stasi teve medo de que eles reclamassem com Honecker. Talvez porque Dieter e Irene fossem professores e parecessem de acordo com o regime, ou talvez porque a Stasi não tivesse base "legal" para ter feito o que fez a Julia. É uma daquelas raras ocasiões em que se paga para ver o blefe e alguém "ganha" da Firma.

"O mais espantoso", Julia continua, "foi que, na semana seguinte, me ligaram oferecendo um emprego." Ela foi contratada como recepcionista de hotel. Ao que tudo indicava, trabalharia lá até o fim da vida.

Foi então que veio 1989.

"Aí é outra história, completamente diferente." Julia apanha a caixa com as cartas de amor. "Já é tarde, preciso ir", diz. "Pensei em passar aqui, pegar as cartas" — ela dá um tapinha na caixa — "e dar uma olhada nelas. Tenho ido a uma psicoterapeuta, e o assunto agora são meus relacionamentos com os homens. Estou tentando me lembrar deles, parecem parte de uma outra vida." Ela sorri e a luz ilumina seus dentes. "Estas cartas do namorado italiano vão me servir de lembrete", diz. Olho para a caixa que ela tem nos braços e vejo que não se pode destruir o passado ou o que ele nos fez. Nada termina de fato.

Vou com Julia até a porta. No vestíbulo, ela encaixa a bomba de encher pneu na barra da bicicleta surrada, e eu abro a porta. Enquanto ela desce as escadas, sinto que falta alguma coisa naquele quadro. Ela não me parece uma garota que pagou para ver, trabalhou num hotel por dois anos e, então, foi libertada para o futuro pela revolução de 1989. Ninguém consegue somar os acontecimentos de uma existência e calcular as perdas; uma tabela das feridas da alma. Mas essa não é a soma total das coisas, penso comigo, enquanto Julia pedala de volta para sua torre fortificada, repleta das coisas que não consegue deixar para trás, mas que tampouco é capaz de encarar.

155

12. O lipsi

"... seus porcos, vocês pensam que esquecemos o que vocês, nazistas, fizeram, e entram na minha casa, na minha TV, com essa sua música, suas notícias. Seus merdas, melhor vocês..." Alguém bate à porta da minha sala no escritório. É Uwe. "Que tal uma carona para casa?", ele oferece.

"Seria ótimo." Movida por um impulso idiota, faço menção de esconder a carta à minha frente, para poupá-lo do insulto. Dou de cara com seu olhar, e puxo o papel de volta para a mesa. A letra é grande e desigual, como numa nota de resgate, e chama a atenção dele.

"O que diz aí?", ele pergunta.

"Ah, mais uma daquelas cartas de ódio", digo.

"Sei, sei", diz ele. Sabe de imediato o que significa: que o ódio não é dirigido a um apresentador em particular nem à estação em si, e sim à nação inteira.

"Em geral, a gente responde num tom moderado", Uwe comenta, "dizendo que a ditadura nacional-socialista foi uma coisa terrível que nos aconteceu. Que causou dor indizível, sofrimen-

156

to e por aí afora. E que nenhuma tentativa de reparação, nenhuma reconciliação jamais poderá etc. etc. etc."

"É", digo eu. Mas o que ele quer dizer com "que nos aconteceu"? Os alemães eram doidos por Hitler. É verdade que, uma vez eleito, ele mudou as estruturas do poder, implantando uma ditadura, mas é verdade também que, depois de terminada a guerra, o mesmo povo provavelmente o teria reeleito. Todo mundo está sempre alegando inocência por aqui.

"Bom, e aí?", Uwe pergunta. Os olhos dele estão vermelhos nas bordas. Ele não descansa o bastante. "Quer a carona?"

"Claro, ótimo, obrigada."

Raras vezes ando de carro em Berlim. A rede do metrô é tão densa que posso ir aonde quiser, emergindo de volta à superfície em qualquer ponto. É um emaranhado de artérias que bombeia pessoas pela cidade toda. A superfície é outro mundo.

As ruas são de paralelepípedo. Uwe corre um bocado. Está usando luvas de couro com botões de pressão nos pulsos. Seu carro atual é um Golf, brilhante e cheirando a spray de abacaxi.

"Você gosta de Elton John?", ele pergunta. Antes que eu possa responder, Uwe liga o toca-fitas no volume máximo. Depois, acende um cigarro com o acendedor do painel. Então, começa a mover a cabeça e a marcar o ritmo, batendo com sua mão de couro no couro que reveste o volante. Avança gritando pelas ruas, os pneus fazendo barulho sobre o paralelepípedo. Com uma mão, seguro na maçaneta da porta; com a outra, agarro o pacotinho no meu colo. Ponho-me a imaginar se o pacote poderia funcionar como uma espécie de airbag. Uwe segue cantarolando, fumando, batucando e jogando as cinzas pela janela, numa demonstração frenética de como ele é tranqüilo e sossegado. Grita alguma coisa através da música, da fumaça e do alarido. Tudo que consigo entender é que ele está tendo aulas de bateria, "para adquirir mais ritmo", leio nos lábios dele.

157

"É o que ando fazendo agora", ele grita. "Meu professor mora em Mitte, como você. Falando nisso, você foi atrás de alguma daquelas histórias de alemães orientais, aquelas de que você falou?" Uwe não faz a pergunta como quem acha que eu preciso me desculpar do meu estouro com Scheller. Parece curiosidade genuína. Além disso, ele abaixa o volume da música.

"Fui, sim", respondo. "São minhas aventuras na Stasilândia." Ele ri, e eu continuo. "Estive num lugar onde o que era dito não era real, o que era real não era permitido e onde as pessoas desapareciam atrás de portas, sem nunca mais dar notícias, ou eram contrabandeadas para outro mundo."

"É mesmo? E como você encontrou essas pessoas?"

"Elas estão em toda parte, Uwe. Afinal, isto aqui era o Leste. E eu resolvi olhar. Pus um anúncio à procura de gente da Stasi..."

"Você fez o quê?" Ele me olha, e eu gostaria muito que ele voltasse a olhar para a frente, para a rua.

"Pus um anúncio no jornal, nada de mais. E topei com outras pessoas também. A moça que me subloca o apartamento, por exemplo", digo, e conto rapidamente sobre a expulsão de Julia da vida, até que a Stasi se oferecesse para salvá-la, caso ela concordasse em se transformar em informante. "E isso já na década de 1980", concluo.

"Você está brincando...", diz Uwe, mostrando-me que a história de Julia soa tão estranha e terrível a ele quanto a mim. Por fim, reduz a velocidade até parar o carro. Chegamos a minha casa intactos. Uwe se volta para mim. "Duas coisas", diz, com voz de jornalista sério. "Tem um sujeito que, quando jovem oficial da Stasi, traçou a linha onde seria construído o muro, e ele está disposto a falar sobre o assunto. O nome dele é Hagen Koch — ele esteve num programa que fizemos sobre o Checkpoint Charlie. E isso que você disse, sobre transformar um mundo em outro, me fez lembrar de outra pessoa. O camarada se chama Karl-Eduard von Schnitzler, e era o chefe da propaganda pró-regime. Pode te interessar também."

"Julia mencionou esse Von Schnitzler. Então ele ainda está vivo?"

"Está, e feroz, pelo que ouvi dizer."

"Como eu encontro essa gente?"

"Vou ver se temos algum endereço de contato no escritório." Uwe se debruça sobre mim para abrir a porta, o que não deixa de ser cavalheiresco, embora desnecessário. Aproveita a oportunidade para dar uma olhada para cima, espiando meu prédio.

"Obrigada pela carona", agradeço. "E pelas dicas também." Ele cheira a cigarro e a spray de abacaxi, como um havaiano maltrapilho.

"Tudo bem." Ele continua debruçado sobre mim, de modo que sigo seu olhar. Duas coisas brancas flutuam nos galhos da árvore pelada defronte a minha sala de estar. Uma delas é um saco plástico; a outra, como descobrimos ao olhar bem naquela direção, revela-se uma cueca. Encolho os ombros. Dá para ver que Uwe jamais moraria num lugar como esse. Ele retorna a seu assento.

"Boa sorte na Stasilândia", diz ele. "Tome cuidado por lá."

Alguns dias depois, Uwe de fato encontra para mim um número de telefone de Von Schnitzler, mas o número está errado. "Minha senhora", diz a voz ao telefone, "gente desse tipo não quer ser encontrada." *Herr* Von Schnitzler não está na lista telefônica. Decido ligar para *Herr* Winz e ver se ele pode me ajudar. *Herr* Winz adorou a idéia de que eu possa precisar dele e diz que vai ver o que pode fazer. Nesse meio-tempo, decido assistir a alguns dos programas de Von Schnitzler, *O canal negro*.

Der Schwarze Kanal foi ao ar na Alemanha Oriental a partir de 1960. A intenção era que funcionasse como uma contramedida a *Das rote Optik* [A ótica vermelha], programa de TV da Alemanha Ocidental que era transmitido para a Oriental e criticava o socialismo. Nas noites de segunda-feira, a Deutsche Fernsehfunk — a única estação de TV da Alemanha Oriental à época — passava adorados filmes antigos do auge dos estúdios cinematográficos do pré-guerra, mas o partido resolveu que eles, assim como os programas ocidentais, necessitavam de alguém que os comentasse. A tarefa coube a Karl-Eduard von Schnitzler. Por um bom tempo, os trabalhadores das usinas de energia precisaram ficar de prontidão toda segunda à noite. Primeiro, porque todo mundo sintonizava de imediato nos filmes, gerando sobrecarga. Depois, com o advento de *Der Schwarze Kanal*, eles tinham de se esforçar para evitar que o fornecimento de energia entrasse em colapso pelo fenômeno inverso: todos desligavam seus aparelhos de TV a um só tempo.

Karl-Eduard von Schnitzler tornou-se uma instituição, bem como o rosto mais odiado do regime. No final de 1989, junto com "Nós somos o povo!" e "Eleições livres!", a multidão gritava também "Peça desculpa, Schnitzler!" e "Schnitzler no *Muppet Show!*". Isso traduzia precisamente o que ele era: um fantoche velho e rabugento que, das alturas, escarnecia de tudo e todos.

A estação de TV alemã oriental ficava em Adlershof, um bairro da zona leste de Berlim. O complexo de edifícios é hoje propagandeado como um novo e espetacular centro multimídia, mas permanece um grupo de prédios gélidos e cinzentos situado numa grande área coberta de cascalho, à maneira de um parque industrial. Num desses prédios estão arquivados os programas que eram transmitidos na RDA.

Na verdade, não se trata de um lugar aberto ao público: Uwe deu alguns telefonemas para que eu pudesse fazer minha visita. Entro pelo que parece ser a porta dos fundos e caminho por um corredor enegrecido e ladeado por vidros que liga o edifício a outro. Ninguém à vista. Chego a uma porta de folha dupla com um velho interfone de segurança. Falo no aparelho e a porta é aberta. Bem à frente há um balcão. À direita e à esquerda estende-se um comprido corredor de linóleo, cheio de equipamentos antiqüíssimos de edição e de rolos de filme.

Atrás do balcão, encontro os primeiros sinais de vida. Dois homens vestidos com cardigãs marrons idênticos bebem café. Lançam-me um olhar rápido e, a seguir, voltam de imediato ao que estavam fazendo.

"Bom dia", cumprimento.

"A senhora veio buscar um pacote?", pergunta Cardigã 1, olhando diretamente para Cardigã 2.

"Não", respondo. "Vim ver umas fitas."

"Não sabemos nada sobre isso", diz Cardigã 1. Ele ainda não olha para mim. Silêncio.

"*Frau* Anderson está?", pergunto.

"Ela teria de falar com *Frau* Anderson, não é?", Cardigã 1 quer saber do companheiro silente. Cardigã 2 bebe um gole de café. Cardigã 1 entende que isso significa sim.

"É", repete 1, "ela teria de falar com *Frau* Anderson sobre isso."

Olho para um lado e para outro do corredor vazio.

"Está quase na hora", ele acrescenta. "Nós saímos às quatro e vinte e cinco, sabe?"

"Tudo bem", digo.

Cardigã 2 resolve falar: "Estamos fazendo nossa pausa", ele diz a 1.

"Está certo", eu digo. Novo silêncio. O que é isso? Beckett? Lembro-me do que disse o poeta alemão do absurdo, Kurt Tucholsky, sobre seus conterrâneos e os balcões: ficam todos se humilhando diante deles, mas queriam mesmo era estar atrás. Estou tirando a sorte para ver se rastejo como um nativo ou se faço a maior cena, à maneira dos estrangeiros, quando sou salva por passos vindos do corredor. *Frau* Anderson.

161

"Aí está ela", Cardigã 1 diz a Cardigã 2, como se todo aquele episódio não tivesse passado de uma aposta entre eles, "*Frau* Anderson."

Frau Anderson é uma mulher de uns 55 anos. Difícil dizer como ela é, porque está usando maquiagem pesada, para disfarçar. Talvez já tivesse pisado com freqüência num palco ou na TV. A pele brilhava, tinha a consistência de um *cheesecake*, e os lábios estavam pintados de uma forma que, teatral e ousada, divergia em muito do natural.

"*Ach, Herr* Von Schnitzler", diz ela, conduzindo-me pelo corredor. "Aquele, sim. A gente tem de admitir. Pelo menos manteve o que dizia antes. Não é um vira-casaca como os outros que a gente vê hoje em dia." Fico chocada com a amargura e a saudade de *Frau* Anderson. São parte da nostalgia em relação ao Leste (*Ost*) que deu origem a um novo termo: *Ostalgie*. Estava claro que só trabalhavam ali os que haviam se mantido ostensivamente fiéis ao regime, e *Frau* Anderson ainda era uma dessas pessoas.

O corredor é iluminado por lâmpadas fluorescentes, sem um pingo de luz natural. O linóleo é bege, listrado ou imitando mármore. As paredes são de um terrível amarelo descascado. O cheiro é azedo. É como estar dentro de uma velha besta. Atravessamos toda a extensão do corredor e, hábito, obsessão ou nenhuma vontade de me perder, conto quinze portas de aço de cada lado antes de chegarmos à última delas. *Frau* Anderson a abre para mim e se volta na minha direção. "Saio às quatro e vinte e cinco", diz ela. "Até lá, a senhora já terá acabado?"

"Espero que sim", respondo.

"Seria terrível", ela brinca, "passar a noite trancada aqui."

Seria mesmo, sem dúvida. O lugar parece ter sido projetado no mesmo estilo arquitetônico pau-para-toda-obra que impera em toda parte: da Runden Ecke em Lepzig ao quartel-general da Stasi na Normannenstrasse. É a mesma arquitetura das prisões, dos hospitais, das escolas e dos prédios administrativos pelo país todo; provavelmente, o interior do Palast der Republik é igual, só que protegido por barras de ferro, e lá não posso entrar. Daqui até Vladivostok, este foi o presente do comunismo à paisagem urbana — linóleo e cimento cinza, amianto e concreto pré-fabricado, bem como, sempre, corredores longuíssimos, com salas projetadas para todo e qualquer propósito. Atrás das portas, pode-se encontrar de tudo: uma sala de interrogatório, uma prisão, um exame, uma sala de aula, uma repartição pública, um abrigo antiatômico ou, no presente caso, propaganda política. Dentro, a sala tem as dimensões de uma cela, mas a decoração é a de um trailer da década de 1960. Vêem-se cortinas marrons sobre as janelinhas lá em cima, e papel de parede marrom com padrões florais. A mobília consiste numa antiqüíssima moviola, numa cadeira de escritório e num cartaz turístico exibindo o deserto de Gobi, com texto em russo e em alemão. No canto, uma televisão e um videocassete.

Frau Anderson me deixa a sós com algumas fitas que encontraram. Insiro uma delas no aparelho e apago as luzes. É o programa de estréia de Von Schnitzler, de março de 1960. Aparecem os créditos iniciais: o desenho de uma águia mal-encarada, o emblema da Alemanha Ocidental, no vermelho, branco e preto do fascismo, pousa numa antena de televisão. Em seguida, surgem as palavras DER SCHWARZE KANAL. De repente, um homem de terno e pesados óculos pretos enche a tela. Ele se dirige diretamente a mim, como se estivéssemos ambos sentados naquela sala:

O *canal negro*, senhoras e senhores, carrega sujeira e esgoto. Mas em vez de transportá-los para uma estação de tratamento, como deveria, ele despeja seu conteúdo diariamente em centenas de milhares de lares da Alemanha Ocidental e de Berlim Ocidental. Esse canal transmite programas da televisão alemã ocidental: O *canal negro*. Toda segunda-feira, neste horário, vamos nos dedicar ao que poderíamos chamar de uma operação de higienização.

A fita seguinte é de 1965, posterior à morte de duas pessoas, alvejadas quando tentavam atravessar o muro:

Caros telespectadores,
Todos sabem por que estou aqui hoje, tendo interrompido minhas férias para aparecer diante dos senhores nesta noite. Como é seu dever, nossos guardas de fronteira tiveram de atirar em dois homens. Os dois estavam infringindo a lei, tentando atravessar nossas fronteiras nacionais. Não pararam quando alertados, nem depois dos tiros de advertência. Um deles foi ferido mortalmente. As pessoas deveriam nos dar ouvidos quando dizemos, repetidas vezes, que impomos a ordem em nossas fronteiras! E *temos* boas razões para garantir que ela seja mantida. Quem quer que deseje atravessar as fronteiras da RDA precisa de permissão para fazê-lo. Do contrário, melhor é que fique longe delas! Todo aquele que se arriscar vai morrer. Eu sei, senhoras e senhores, que isso soa duro. E será, talvez, interpretado por alguns até como "inumano"... Mas o que é "humano" e o que é "inumano"?
Humano é promover a paz na Terra para todos. Isso não se consegue com orações! Consegue-se com luta. Se, como nos ensina a história, as guerras não são obra de Deus, mas dos homens, também a paz é obra dos homens. E pela primeira vez em solo alemão, aqui na República Democrática da Alemanha, a paz foi elevada a princípio de governo por parte do Estado. Quem quer que busque enfraquecer ou prejudicar a RDA, consciente ou inconscientemente, enfraquece e prejudica as perspectivas de paz na Alemanha. Humano é ter criado e construído este Estado! Humano é fortalecê-lo e protegê-lo! Humano é guardar a República Demo-

crática da Alemanha dessas pessoas que adorariam devorá-la no café-da-manhã...

E ele segue nessa toada, mas eu volto a fita para fazer anotações. Quero ser capaz de ver exatamente como aquele homem transforma o inumano em humano, como ele transforma aquelas mortes em símbolos de salvação. Mais ainda, quero encontrá-lo com urgência e saber o que ele pensa, agora que a fortaleza desmoronou e o mundo dele se foi.

São quase quatro da tarde, tenho tempo suficiente. Não vou ficar trancada aqui, de jeito nenhum. Começo a juntar minhas coisas. A fita ainda está rolando. A imagem muda para um programa chamado *Gut Aufgelegt* [De bom humor], introduzido por música alegre. Uma morena de belos olhos azuis num vestido de cinturinha franzida da década de 1960 está numa loja de discos. Ela se aproxima da câmera.

"As lojas de discos têm recebido pedidos estranhos de seus clientes ultimamente", diz ela. "Todos querem música 'lipsi'. Minha pergunta é: o que é 'lipsi'? A Enciclopédia Brockhaus diria: 'Não faço idéia, mas, se não está em nenhum dos meus vinte volumes, é porque não existe'. Mas os vendedores de discos dariam outra resposta: 'Lipsi? É o que meus fregueses estão pedindo! Uma epidemia!'. Um jovem casal talvez dissesse: 'Lipsi é a coisa mais simples do mundo. A dança é em compasso seis por quatro, você pega a garota com o braço esquerdo, assim' — estende o braço — 'e, bom... é fácil, veja'." Ela finge não encontrar as palavras, até que anuncia o slogan:

Se você quer mesmo saber, é só sair dançando.
É o que toda a juventude está fazendo.

Fico curiosa e paro de arrumar minhas coisas. A imagem mostra um casal num salão de baile: ele, todo certinho num terno; ela, de vestido e salto alto fininho. Juntos, fazem a dança mais estranha que já vi. De início, homem e mulher estão voltados para o mesmo lado, como dançarinos gregos: ele, atrás dela; a mão dela na dele. Os dois se movem juntos de um lado para outro; depois, levantam os braços e se agacham, separando-se. Parecem chaleiras. A câmera corta para os pés, que, sem aviso prévio, irrompem numa complicação de passos que lembra uma dança irlandesa. A seguir, o par se junta numa espécie de valsa, antes de tornar a se separar e dar um saltinho no ar. O que vem depois é um movimento ao estilo russo, com as mãos na cintura. O tempo todo eles sorriem um enorme sorriso fixo, como se nem precisassem pensar no que os pés estão fazendo. Por fim, retornam à posição grega da chaleira. No fundo, uma voz de Doris Day canta em estilo bossa-nova:

Hoje, todos os jovens dançam
O lipsi, sempre o lipsi.
Toda a juventude quer aprender.
O lipsi é moderno!
Rumba, boogie e chachachá
São coisas do passado.
Agora, do nada, da noite para o dia,
O novo ritmo chegou para ficar!

Volto a fita. Quero identificar naqueles movimentos todos o que torna a dança tão curiosa. "Lipsi" é a forma coloquial para Leipzig, mas não era apenas uma tentativa óbvia do regime de fabricar uma moda para as massas, como se ela tivesse vindo da cidade grande. Olho mais de perto para aquele casal rijo. A mulher parece ter um incisivo a menos, uma escolha esquisita para uma modelo dançarina. Depois, concentro-me nos movimentos deles, e compreendo: em nenhum momento daquela multiplicidade de passos a cintura dos dançarinos se move. Os troncos permanecem retos: não se curvam na direção um do outro nem balançam para os lados. Os inventores daquela dança pilharam toda e qualquer tradição que conseguiram encontrar para, com o máximo cuidado, extrair daí apenas movimentos assexuados. Assim como *Der Schwarze Kanal* era o antídoto para a televisão ocidental, o lipsi era a reação do Leste a Elvis e à decadência estrangeira do *rock-'n'-roll*. Ali estava uma dança inventada por um comitê, um arremedo bizarro e sem cintura.

Junto minhas coisas rapidamente e saio correndo pelo corredor. As lâmpadas fluorescentes continuam acesas, mas não vejo luz vindo do balcão. Estou no meio do caminho quando me dou conta de que deixei a fita no videocassete. Volto à sala e retiro a fita do aparelho para devolvê-la a *Frau* Anderson, caso ela ainda esteja por ali. Caso ainda tenha alguém ali. Em disparada pelo corredor pela segunda vez, me pergunto se vou precisar de alguma senha para sair do edifício.

Meu relógio marca 4h27, e os cardigãs já foram embora. Fico parada diante do balcão, a bolsa numa mão, a fita na outra. Para um lado e outro, o infinito estende-se pelo corredor, todas as portas trancadas. Olho na direção da saída e vejo, à esquerda, o teclado do velho sistema de segurança. Serão quantas tentativas de acertar a combinação até eu ficar presa definitivamente? Ou até que o alarme dispare? Não quero provocar uma cena. Mas tampouco quero passar a noite ali dentro.

Tenho de encontrar um telefone. Ao me virar para trás, ouço um som. É uma porta que se abre. *Frau* Anderson vem saindo com uma imitação de chapéu de peles e uma pseudobolsa de crocodilo.

"Eu estava indo buscar a senhora", ela diz. "Achei que tinha lhe dado um tempinho a mais." Ela pega a fita, eu controlo minha respiração. Não sei se ela percebeu que eu estava em pânico e está zombando de mim. Talvez eu esteja começando a levar prazos, horários de trem e de final de expediente muito a sério nesse país de pontualidade implacável.

Uma semana mais tarde, um anônimo me liga. *Herr* Winz contou a ele o que eu quero, e ele me telefona apenas para fazer uma verificação, antes de ligar para *Herr* Schnitzler. Poucos minutos depois, torna a ligar para me dizer que *Frau* Von Schnitzler está aguardando um telefonema meu. Ele me dá o número. *Frau* Von Schnitzler atende e me passa o endereço.

13. Von Schni...

Na porta consta o sobrenome de solteira dela, em vez do sobrenome dele. Sou recebida por uma mulher de rosto fino, na casa dos sessenta. Ela usa bobes nos cabelos escuros, lábios vermelhos, unhas pintadas de vermelho. *Frau* Marta von Schnitzler era atriz. "Bem-vinda", diz ela, estendendo-me a mão envernizada e me conduzindo até a sala de estar. O apartamento é pequeno, mas bem iluminado. Os escombros de uma vida inteira estão alojados em estantes e prateleiras ou pendem da parede; livros, caixas de metal, pequenas estátuas e copos de plástico cheios de esferográficas.

Na sala de estar, um homem de óculos quadrados e barba delineada com todo cuidado está sentado numa poltrona. Sua mão direita, lisa para um homem de 79 anos, segura o topo de uma bengala. Ele me cumprimenta com um aceno de cabeça. Na mesinha de centro há uma garrafa térmica com água quente, um vidro de Nescafé e outro de remédio. Diante de *Herr* Von Schnitzler, uma taça grande de vinho contendo o que parece ser um licor avermelhado. Sento-me de frente para ele. A cabeça é maior e mais enrugada, as maçãs do rosto mais pronunciadas do que na TV, mas trata-se sem dúvida de *Sudel-Ede*, ou Ed Sujeira. Atrás da cabeça dele, noto uma fileira de outras cabeças na parede, todas no mesmo nível: um busto de Marx, um daguerreótipo de Lênin e, prosseguindo com o olhar, até mesmo uma miniatura de Stálin de corpo inteiro.

"*Herr* Von Schnitzler", eu começo, "gostaria de fazer algumas perguntas sobre a biografia do senhor..."

"Sim, isso é importante: a) para saber da minha história de vida e b) porque noventa e cinco por cento do que a senhora terá lido sobre mim é mentira." Da velha garganta ressequida sai uma voz que é como um grasnido.

"O senhor acha..."

"Eu não acho, eu sei. Assim é." Sua voz começa a ganhar vigor e timbre.

"... mas o que eu li foram livros escritos pelo senhor mesmo", digo a ele. "Não estariam equivocados, estariam?"

"Bom, nesse caso é diferente", ele responde, mas não abre o menor sorriso. "Muito bem, muitíssimo bem." Essa entrevista não vai ser fácil. Ele olha para mim com uma expressão de desafio. Posso ouvi-lo respirar.

Karl-Eduard von Schnitzler nasceu em 1918, no seio de uma abastada família berlinense. Seu pai, Julius Eduard Schnitzler foi cônsul-geral do imperador Guilherme em Antuérpia, além de tenente do Exército prussiano. Em 1913, o imperador promoveu Julius e os dois filhos à nobreza, concedendo-lhes o privilégio de usar o prefixo "von". A família permaneceu nas proximidades do poder inclusive durante o regime nazista. Um dos primos de Von Schnitzler foi banqueiro de Hitler, enquanto outro era diretor comercial da IG-Farben, a empresa que fornecia o gás venenoso Zyklon B para os campos de concentração.

Karl-Eduard reagiu contra as disparidades da riqueza e contra o nazismo ao seu redor. Aos catorze anos, fascinou-se com o comunismo. Estudou medicina por um breve período e, depois, foi fazer um aprendizado na área de vendas. Durante a Segunda Guerra Mundial, serviu no Exército de Hitler. Em junho de 1944 foi preso pelos britânicos e levado para o campo "antifascista" de prisioneiros de guerra em Ascot. Poucos dias depois, começava a fazer transmissões em alemão na BBC para o programa *Prisioneiros de guerra alemães falam a seu país.*

Von Schnitzler foi libertado e devolvido à Alemanha em 1945, onde continuou com as transmissões desde a Zona de Ocupação Britânica, em Colônia. Mas não demorou muito até que seu comunismo ferrenho o pusesse em conflito com os administradores britânicos e ele fosse demitido.

Em 1947, partiu para a Zona de Ocupação Soviética. Lá chegando, disse a seu futuro líder, Walter Ulbricht, que queria tirar o "von" de seu nome. Ulbricht respondeu-lhe: "Você está louco? Todos precisam saber que *todo* tipo de pessoas está vindo para o nosso lado!".

E foi assim que o homem de nome ridiculamente nobre tornou-se o rosto do regime na mídia. *Der Schwarze Kanal* foi ao ar até o finzinho de outubro de 1989.

Von Schnitzler começou a falar e está dando todos os detalhes sobre a guerra.

Eu o interrompo. "Gostaria de falar sobre *Der Schwarze Kanal*..."

"Mas isso seria pular um pedaço muito importante da minha vida: meu período como prisioneiro de guerra, quando eu fazia transmissões para a BBC..."

"Eu ficaria muito feliz em conversar sobre isso, mas depende de quanto tempo o senhor tem."

"Tenho tempo", responde ele. "Quanto tempo a senhora tem?"

"O dia todo", digo, "mas suponho que não queremos conversar o dia inteiro. Gostaria de falar com o senhor por umas duas horas."

Frau Von Schnitzler instalou-se fora do nosso campo de visão, mas ao alcance das vozes. O apartamento é menor do que pensei. Está bem longe de ser a mansão onde Karl-Eduard nasceu. Acredito que *Frau* Von Schnitzler esteja costurando. Ela balbucia alguma coisa sobre o tempo que não consigo captar.

"*Nein?*", ele diz, creio que para ela.

"Bom, talvez uma hora, então", eu digo.

Mas ele continua a contar sua história na íntegra. Von Schnitzler fez carreira selecionando trechos e criticando a televisão ocidental, mas se recusa a me deixar selecionar trechos da vida dele. Mergulhou num ritmo autoritário de discurso no qual ele tem prática, com ênfases ocasionais que assustam — qualquer uma delas podendo transformar-se numa reprimenda ao interlocutor que deixou de prestar atenção.

Ergo a mão, a palma para cima, e torno a interrompê-lo. "Se só temos uma hora, eu gostaria muito de falar sobre *Der Schwarze Kanal*."

Ele agora ficou bravo. "Mas é mais importante falar sobre a história!" A bengala escapa da mão e cai na poltrona. Ele a apanha. "A senhora pode ler quanto quiser sobre *Der Schwarze Kanal*!" Ele sacode a bengala de um lado para outro. "O programa era parte da Guerra Fria, e eu era uma das principais figuras da RDA durante a Guerra Fria..." Ele perde o fôlego, ou o fio da meada.

"Exato", digo eu, "e é na RDA que estou mais interessada."

"Ã-hã, ã-hã", ele murmura, recuperando a calma de repente. Reconheço o padrão dos gritos imprevisíveis seguidos de acessos de calma racionalidade: já vi em outros valentões que conheci. "Está bem", ele diz com perfeita gentileza. "O que a senhora quer saber sobre o *Kanal*?"

"Como começou? Foi idéia do senhor ou lhe atribuíram a tarefa?"

"Foi idéia minha", responde. "Uma vez, vi políticos ocidentais vomitando mentiras nojentas sobre a RDA num noticiário da TV, e antes mesmo de o programa acabar eu já tinha preparado um texto para pôr no ar! Devolvi o petardo na cara deles. A questão então era a periodicidade. Insisti no programa semanal. Hoje" — ele se inclina, furioso, na minha direção —, "hoje eu poderia fazer um programa por... um por dia!" Aquilo era uma explosão programada para me assustar. "Isso dá uma idéia de como é nojenta essa, essa merda de televisão!" Ele aponta com a bengala para o televisor na sala.

Está bem, então, penso comigo. Vamos continuar nessa direção. "O que deixa o senhor com mais raiva na televisão de hoje?"

"Nada me deixa com 'raiva'!", ele protesta, incandescente de tanta fúria. Com o rabo do olho, vejo *Frau* Von Schnitzler erguer a cabeça. "É por isso que sou um comunista! Para que nada me deixe com raiva!" Então, de súbito, ele torna a se acalmar. "Eu tenho pena", diz, em tom de desprezo, "é do que mostram às pessoas hoje em dia nesse monte de lixo que é a televisão. Por exemplo, aquele programa idiota, como se chama?" A pergunta é dirigida a ninguém em particular, mas um murmúrio provém do cômodo ao lado.

Ele o ignora. "Bom, são todos idiotas, não são?", ele me pergunta. "Marta, você precisa ficar fazendo careta?" Então, como se perguntasse a si próprio: "Qual era o nome daquele programa? Big Ben?".

"Big Ben?"

"Aquele em que trancam dez pessoas..."

"Ah, sei", diz a esposa em voz alta, "agora eu sei do que você está falando. *Big Brozer*."

"Isso", diz ele, "*Big Brozer*."

Imensamente popular, o *reality show* que tranca pessoas numa casa e as filma 24 horas por dia passou aqui recentemente. Batizado em homenagem ao chefe do regime de vigilância descrito por Orwell no romance *1984*, o programa oferece um prêmio em dinheiro à pessoa que sobreviver mais tempo ao convívio com as demais sob circunstâncias tão claustrofóbicas e vigiadas. Orwell era proibido na RDA. Fico imaginando se *Herr* Von Schnitzler se ofendeu com os ecos orwellianos do programa ou apenas com a imbecilidade generalizada que nele impera. Está olhando para mim. "Acho que aquele grande tirano das comunicações lá do seu país teve alguma coisa a ver com isso..." "Ela é australiana", corrige *Frau* Von Schnitzler, "não é americana."

"Eu sei o que estou dizendo", ele confirma.

"Murdoch", digo eu. "Sim, ele era australiano, mas agora é americano."

"Que diferença faz?", ele pergunta, zombeteiro. "É um imperialista global."

Abro meu caderno de notas. Quero citar para ele algumas de suas próprias palavras. Estou apreensiva. "Posso ler uma coisa para o senhor?", peço. "Em novembro de 1965, dois alemães orientais tentaram atravessar a fronteira, e um deles foi morto a tiros. Então, na época do Natal daquele ano, o senhor fez um programa..."

"As tentativas de fuga eram sempre na época do Natal", ele diz. Usa a forma verbal *insziniert*, que significa "encenadas", sugerindo que as fugas eram arquitetadas com o propósito deliberado de prejudicar a imagem do regime.

Sente-se tão à vontade com o assunto que minha apreensão dá lugar a um sentimento mais prático. "Quero ler esse texto daquele seu programa e perguntar se o senhor ainda concorda com ele." Leio minha própria transcrição:

174

A política de "libertar o bloco comunista" é só pretexto para liquidar a RDA, e isso significa guerra civil, guerra mundial, guerra nuclear, ou seja, separar famílias, apocalipse atômico. Isso é inumano! Foi contra isso que fundamos um Estado! Contra isso erigimos uma fronteira rigorosamente controlada, com o intuito de deter o que vinha acontecendo durante os treze anos em que ela permaneceu aberta e alvo de abuso. Isso é humano! É um serviço prestado à humanidade!

Quando termino, os olhos dele estão cravados em mim, o queixo erguido. "E qual é sua pergunta, mocinha?"

"Minha pergunta é se hoje o senhor é da mesma opinião sobre o muro como feito humano e sobre as mortes na fronteira como ato de paz."

Ele ergue o braço livre, respira fundo e grita, descendo o punho: "Mais! Que! Nunca!".

Eu me assusto por um momento. Depois, me preocupa que *Frau* Von Schnitzler possa querer pôr fim à entrevista. "O senhor achava aquilo necessário?", apresso-me em perguntar.

"Eu não 'achava' necessário. *Era* absolutamente necessário! Uma necessidade histórica. Foi a construção mais útil de toda a história alemã! Da história européia!"

"Por quê?"

"Porque impediu que o imperialismo contaminasse o Leste. O muro emparedou o imperialismo."

Tudo que ele emparedou foi seu próprio povo, penso comigo. E é como se ele tivesse lido meu pensamento.

"Além do mais, os alemães orientais não foram 'emparedados'! Podiam ir para a Hungria, podiam ir para a Polônia. Só não podiam ir para os países da OTAN. Porque, claro, não se viaja por território inimigo. É simples, não há nada de complicado nisso."

A loucura é tamanha que não consigo pensar de imediato em outra pergunta. Mas, logo a seguir, ele se contradiz sozinho. Uma no cravo e outra na ferradura parece ser seu *modus operandi*. "De fato, acredito que deviam ter aberto antes a fronteira, nos últimos anos", diz ele. E, a seguir, quase em tom de arrependimento: "As pessoas teriam voltado". Eu me pergunto se ele acredita mesmo nisso. Passados sete anos, os Estados do Leste seguem perdendo população. "A maioria, a maioria teria voltado."

Von Schnitzler é um daqueles quadros cujas idéias foram moldadas nos anos 1920 pela batalha contra as grosseiras injustiças do mercado livre durante a República de Weimar e, depois, pela violência fascista. Viveu para assistir ao nascimento e à morte da nação construída em torno das idéias que o formaram. É um crente de verdade, para quem minhas perguntas demonstram apenas uma lamentável ausência de fé.

"O senhor viveu todo o período da RDA, do começo ao fim..."

"Vivi, sim, isso mesmo."

"Na sua opinião, há alguma coisa que poderia ter sido feita de outra maneira, melhor?"

"Ah, tenho certeza de que existem coisas que poderiam ter sido feitas de modo diferente ou melhor. Mas essa já não é a questão que importa."

"Eu acho que é", digo, embora algum pensamento ainda nem formulado esteja me incomodando. "Houve uma tentativa séria de construir um Estado socialista, e deveríamos examinar por que, no fim das contas, esse Estado não existe mais. É importante." O tal pensamento incômodo se revela: é a lembrança do pouco interesse que também Scheller e Uwe, ocidentais, demonstram pela RDA.

"Eu percebi relativamente cedo", diz ele, "que, em termos econômicos, não teríamos como sobreviver. E quando começamos a nos enredar naquela propaganda ridícula do sucesso da

RDA — exagerando resultados de colheitas, dos níveis de produção, e assim por diante —, eu me afastei disso tudo, atendo-me apenas a minha especialidade: o trabalho contra o imperialismo. Exclusivamente. E é por essa razão que hoje eu sou tão 'a-mado'", diz ele, sarcástico.

"'Amado'? Como assim? Por quem?", pergunto.

"Amado por todos aqueles que têm o pensamento imperialista, que agem de forma imperialista e criam seus filhos de modo imperialista!" Cada vez que pronuncia a palavra "imperialista", ele empurra o punho sobre a bengala na minha direção. Esse homem, capaz de transformar o inumano em humano, enfrenta agora aquele que talvez seja seu maior desafio: transformar o fato de que é odiado no fato de que, a julgar por todos os indícios disponíveis, ele tem razão.

"Seu programa de TV tinha por base expor as mentiras da mídia ocidental. Quando o senhor percebeu a propaganda enganosa dentro da RDA, o senhor não se sentiu na obrigação de fazer o mesmo?"

"Não. O foco do meu programa era deliberada e exclusivamente o antiimperialismo, não a propaganda da RDA."

"Mas o senhor compreende a minha pergunta, *Herr* Von Schnitzler. A propaganda do sucesso na mídia da RDA também era uma mentira..."

"Ela de fato distanciava a população de nós, porque estava em contraste mais do que evidente com a realidade." Sua facilidade de alternar pontos de vista é assustadora. Acredito que seja um sinal de alguém acostumado a tanto poder que a verdade já não importa, porque, afinal, não se pode ser contestado.

"E por que o senhor não comentou aquelas mentiras à época?"

"Nem teria passado pela minha cabeça!" Ele franze as sobrancelhas e encolhe o pescoço, como uma tartaruga contrariada. "Não vou criticar minha própria República!"

"Por que não?"

"A crítica ao imperialismo já é bastante coisa!"

"Eu critico meu país...", digo.

Ele não perde a oportunidade: "A senhora tem muito mais razões para fazê-lo".

Só posso rir. "É possível", respondo.

Mudamos o assunto para o presente. Ele começa a falar de "meu grande amigo Erich Mielke".

"Ele mantinha um arquivo sobre o senhor?"

"Não sei."

"O senhor não pediu para ver?"

"E por que faria isso?"

"Por curiosidade."

"Minha curiosidade está toda voltada para as maquinações do imperialismo e para como elas podem ser combatidas."

Xeque-mate. Passo a outra pergunta. "A vigilância interna, voltada contra a população da RDA, com o auxílio de colaboradores oficiais e extra-oficiais..."

Ele me interrompe. "Pode jogar fora noventa por cento do que a senhora sabe a esse respeito." Está bravo de novo. "É tudo mentira. Veja bem, na minha opinião, mesmo dez por cento do que estão dizendo já seria exagero."

"O senhor está dizendo que o número de funcionários da Stasi designados para vigiar a população alemã oriental era só dez por cento do que alegam que era?"

"Estou. O exagero aí é incomensurável. Seja como for, sou extremamente cético no que se refere a números."

Ele muda de assunto e volta a falar do amigo Mielke. "O muro era necessário para defender uma nação ameaçada. E, no comando, estava Erich Mielke, um exemplo vivo do mais humano dos seres."

178

Jamais ouvi alguém se referir a Mielke nesses termos. Ele era demasiado feroz e temido para ser mencionado com algum resquício que fosse de afeição. Desvio meu olhar para as estantes na parede, logo atrás de *Herr* Von Schnitzler. Elas estão cheias de livros e suvenires, além de uma fileira de vidros com comprimidos e de um toca-fitas barato. As palavras "o mais humano dos seres" pairam no ar. Ele começa a tossir seco e pesado diante de um lenço. Depois, ergue a bebida avermelhada até os lábios.

"E como o senhor tem visto os acontecimentos depois de 1989, agora que está vivendo em pleno capitalismo, ou, como o senhor diz, imperialismo? É o que o senhor esperava que fosse", mantenho-me firme, olhando para ele, "ou não é tão ruim como o senhor pensava?"

"Eu vivo", diz ele, agressivo, "no meio do inimigo. E não pela primeira vez em minha vida. Vivi entre inimigos durante o nazismo também." Está a caminho de outro pequeno ataque de fúria. Noto que Marta o observa, e me pergunto se ele toma remédio para controlar a fúria ou seus efeitos. "O que posso dizer", ele continua, "é que, enquanto a RDA existia, nenhum porco em Bonn teria ousado começar uma guerra!" Resfolegante, ele forma um punho com a mão, mas o mantém no colo. "A RDA impediria, com sua própria existência, uma coisa dessas!" O que ele quer dizer é que, enquanto a Cortina de Ferro estava de pé, os países da OTAN não teriam bombardeado a ex-Iugoslávia, por temer uma retaliação russa em defesa dos sérvios.

Herr Von Schnitzler está ofegante, irritado e, creio, sem palavras, finalmente. Ele olha para mim, e posso ver as veiazinhas vermelhas emaranhando-se em seu globo ocular. "Ponto final!", ele grita. "Esta... conversa... termina... aqui!"

Segue-se uma breve pausa.

"Muito obrigada", digo a ele.

"O quê?", ele pergunta, ainda aos gritos.

"Eu disse 'muito obrigada'."

"Ah, de nada."

Começo a juntar minhas coisas e me lembro de que trouxe um presentinho para ele da Austrália. É um alfinete esmaltado, contendo as bandeiras cruzadas da Alemanha e da Austrália.

"O que é isto?", ele pergunta, tirando-o da minha mão e segurando-o a grande distância dos olhos.

"É a nossa bandeira, da Austrália", respondo. "Me desculpe não ter encontrado..."

"Espere aí. Espere um pouco", ele me interrompe, olhando bem para o alfinete. "Esta aqui não é a minha bandeira. Esta é a da República Federal."

Imagino que ele vá gritar comigo de novo. "Eu sei", digo rapidinho, "mas, lá na Austrália, não consegui encontrar um que tivesse a bandeira da RDA."

"Tudo bem", ele diz, num súbito contentamento. "Acho que tenho lugar para este aqui bem ali", e aponta para a estante atrás de si, para Marx, Lênin e até Stálin.

14. Quanto pior...

Ligo para Julia e a convido para o almoço. O cardápio é macarrão com salmão, mascarpone, gemas de ovo e creme de leite. Estou enfiando o máximo de calorias de que sou capaz num único prato. Ela liga mais ou menos na hora marcada e pergunta se pode se atrasar.

"Claro", digo a ela. "Quanto tempo?"

"Meia hora."

"Até daqui a pouco, então."

Estou à janela da cozinha. Um homem vestindo luvas entra no pátio, vindo de uma das alas laterais. Ele carrega um balde de metal cheio de pó alaranjado de carvão. Abre o latão do lixo e despeja o conteúdo lá dentro — partículas da consistência do talco ou de algo que foi cremado. O latão se fecha num estalo, levantando uma nuvem de poeira alaranjada. Essa poeira está por toda parte. Mesmo quando não se sente o cheiro, ela continua ali, no ar alaranjado do inverno.

Ao chegar, Julia exibe uma polidez estranha, como quando se vai à casa dos outros. Acho que ela está acostumada a aparecer quando não estou aqui. Nós nos sentamos na cozinha, e eu abro uma cerveja.

"Você se importa se eu fumar?", ela pergunta.

"Nem um pouco. Não sabia que você fumava."

"Acabo de voltar a fumar", ela diz. Acende um cigarro e fuma metade dele, antes de apagá-lo.

Nós comemos e, em seguida, ela acende outro, que segura com destreza entre os dedos indicador e médio, girando-o enquanto fala. Julia está sentada na mesma cadeira de antes: a que segura a persiana da cozinha. Dá as costas para a janela, o rosto na sombra, os olhos brilhantes e escuros. Atrás dela, o céu exibe uma tonalidade de lã molhada. Convidei-a para almoçar, mas nós duas sabemos que ela ainda não contou toda a sua história.

Começo perguntando se ela percebeu sua vida se desenrolando de forma diferente depois da queda do muro. Imagino como seria ver desaparecer uma barreira que me manteve presa a vida toda, ver o mundo se abrir como num sonho novo e estranho.

"Bom, é complicado", ela diz, passando a mão nos cabelos. A estática da manga eriça alguns fios isolados. "Acho que, talvez..." Pausa. "Percebo que eu ainda..." Julia respira fundo. "Tem coisas, como, por exemplo..." Nova pausa. "A coisa toda realmente me deixou confusa", diz ela, soltando o ar. "Não só a coisa em si, mas depois também. Um monte de coisas, pessoais. Acho que toda essa história da *Wende* em 1989, e tudo que veio junto com ela... acho que experimentei isso tudo com mais intensidade do que os outros."

Ela reencontrou o lugar em que o linóleo está se soltando da mesa e começa a cutucá-lo com a unha. "Eu tenho conversado sobre isso com minha terapeuta, e ela vive voltando a um mesmo tema, uma coisa que me incomoda. Tem a ver com o fato de eu não conseguir me submeter a nenhum tipo de autoridade. Agora, chegou a um ponto em que não sou capaz de me comprometer a cumprir um horário", ela sorri, "como você bem viu. Não suporto que me imponham nenhuma estrutura."

Sirvo mais cerveja. É a segunda ou terceira, e está contribuindo para descontrair a tarde. Por um instante, sou um olho no canto do teto. Vejo duas mulheres, como um reflexo uma da outra; vejo uma mesa velha numa cozinha velha de Berlim Oriental. Uma das mulheres arregaça as mangas; a outra cobre os punhos com o blusão, só os retirando dali para fumar. A cozinha parece oferecer refúgio modesto em relação ao mundo exterior, porque as cores do pátio vazaram para dentro dela, cinza e marrom — fora o azul da minúscula chama-piloto sobre a pia e os restos de um molho rosé na panela.

"É difícil viver em sociedade se você não consegue se subordinar à autoridade", Julia afirma, "ainda mais na sociedade alemã. Imagino que minha incapacidade se deva a uma série de coisas. No começo, ter ficado presa pelo muro, depois, ter tido empregos bem abaixo da minha capacidade, sem poder escolher — no hotel e assim por diante. Eu simplesmente não suporto esse tipo de estrutura que me prende, acho." A voz dela é agora bem suave. "E, além disso tudo", ela completa, "fui estuprada. Isso me aconteceu logo depois da queda do muro. Foi em Berlim Oriental, e foi o fim."

Sóbria, sinto frio e medo do que estou para ouvir. Eu não sabia à época quanto custava a Julia me contar o que havia acontecido com ela, e talvez nem ela própria soubesse. Uma semana depois, ela me ligou para dizer que tinha passado mal durante os três dias que se seguiram.

Logo depois da queda do muro, os prisioneiros detidos na RDA — na maioria prisioneiros políticos — foram anistiados. Julia retornou à Turíngia para ir a um casamento. Ela ia passar a noite no apartamento da noiva, um único cômodo no topo de um edifício alto, enquanto a amiga dormiria na casa do noivo.

Julia a acompanhou até o táxi, lá embaixo. "Você nunca sabe o que pode acontecer naqueles prédios cheios de apartamentos", diz ela. "Em geral, não se vê ninguém, e é meio assustador."

Quando voltou para dentro do prédio, havia um homem esperando pelo elevador. O elevador chegou e os dois entraram, voltando-se para a porta que fechava. Julia conta: "Eu percebi — houve um momento em que pensei comigo que tinha alguma coisa de errado e que o melhor era sair correndo por aquela porta. Mas a gente aprende a dizer a si mesmo: 'Ora, não seja ridícula!'. E eu fiquei onde estava".

O homem olhou para o botão do andar que ela havia apertado. Não apertou botão nenhum. O elevador começou a subir. Então, ele apertou o botão da emergência.

Algum tempo depois, o zelador notou que um dos elevadores estava parado. Subiu até o telhado e chamou pelo poço, para ver se tinha alguém preso ou precisando de ajuda. Não houve resposta.

O homem era gigantesco. Ele atacou Julia e manteve as mãos sobre o rosto dela. Ela teve a impressão de que ele estava usando uma peruca preta. Ele ameaçou matá-la se ela gritasse ou chamasse a polícia. Quando terminou, ela rastejou do elevador até a porta do apartamento. Ele desceu correndo as escadas, em direção à escuridão.

Julia passou a noite sozinha ali, apavorada. Não havia telefone. O homem estava solto e sabia onde encontrá-la. No dia seguinte, ela conseguiu ir até a delegacia de polícia. Lá, não recebeu assistência psicológica, cuidados médicos nem apoio nenhum. "Estupro era tabu na RDA", ela diz. A policial feminina que estava de serviço recusou-se a examiná-la: preferiu sair para fumar um cigarrinho. O exame físico completo ficou a cargo de um colega do sexo masculino — com Julia deitada nua sobre uma mesa. Depois, levaram-na de volta para o prédio e fizeram-na passar por tudo de novo, passo a passo, ela própria sendo solicitada a pressionar o botão da emergência e a reviver o ataque. "Era como se não acreditassem em mim", conta. O homem estava solto, e não ofereceram a ela nenhuma proteção.

Julia foi ao casamento. "Não podia contar para ninguém. Teria estragado o dia de todo mundo", diz ela. "Pus um monte de maquiagem e, sei lá como, agüentei firme." Ficamos sentadas na cozinha a tarde toda. Num determinado momento, começou a chover pedra, pedaços de um céu estilhaçado batendo na janela. Julia fuma seus cigarros pela metade e conta sua história. Não derrama uma lágrima. É como se ela fosse desprovida de autocompaixão. Conta que os pais não sabiam como ajudá-la. As autoridades logo capturaram o sujeito, responsável por uma série de estupros e com uma fileira de condenações anteriores. Julia tornou-se incapaz de dar continuidade aos estudos, porque sentia medo de tudo. De novo, sentia-se apartada de todos. Certo dia, antes do julgamento, aceitou uma proposta para ser professora assistente por um semestre em San Francisco, onde encontrou gente com quem pôde conversar sobre estupro de uma forma que a ajudou. Ao retornar, teve de encarar novamente o estuprador.

"Chego a pensar que o julgamento foi o pior de tudo. Se acontecesse comigo de novo, eu jamais daria queixa", afirma solenemente. "Mataria o sujeito." Julia teve problemas para encontrar representação legal e, depois, para pagar a conta. Enquanto ela estava nos Estados Unidos, o homem foi condenado por outro estupro, praticado na mesma noitada — "e pior ainda: a garota foi parar no hospital". No julgamento, o advogado dele postulou uma diminuição da responsabilidade em razão de seu cliente estar bêbado, e atacou a credibilidade dela como testemunha. "Se as mãos deste homem estavam sobre o seu rosto", argumentou, "como a senhorita não viu de que cor eram os pêlos dele?" Julia disse que não sabia. A esposa testemunhou que ele estivera em casa a noite toda. Mas a mãe dele também morava na mesma casa. E disse que o filho tingira os cabelos de preto naquele dia, antes de sair, e que não voltara até tarde da noite, quando queimou as roupas no incinerador atrás da casa. Ela olhou para Julia no tribunal e disse: "Me desculpe". O estuprador foi condenado, mas Julia se sentiu violentada uma segunda vez.

Depois do julgamento, ela foi morar sozinha em Lichtenberg, em Berlim Oriental. Era-lhe difícil sair à rua. "Quando precisava sair para comprar alguma coisa", ela diz, "eu me levantava de manhã e punha as roupas mais largas que tinha, camadas e camadas de roupas, para cobrir meu corpo. Depois, tomava cerveja — logo de manhã! — até me anestesiar o suficiente para ter coragem de sair pela porta." A mãe de Julia, Irene, não entendia por que a filha não seguia em frente com sua vida. Julia estava angustiada, deprimida e com tendências suicidas, mas, uma vez por semana, ela se vestia, bebia e ia até a estação para ligar para Irene de um telefone público e dizer que estava tudo bem.

Um cigarro jaz esquecido no cinzeiro. O pálido fio de fumaça responde a correntes invisíveis na cozinha.

"Eu queria morrer", diz Julia. "Não via nem como seguir vivendo neste mundo, quanto mais como ter uma vida normal." Pensou em se atirar embaixo de um trem na estação de Lichtenberg, mas pensar nas irmãs lendo sobre aquilo no jornal a horrorizava. Em vez disso, parou de comer. "Estava muito perturbada, no fim da minha capacidade de lidar com as coisas." A irmã veio visitá-la e observava o que Julia comia. "Devo minha vida a ela, de verdade", Julia diz. "Eu dizia a ela que estava satisfeita, mas ela contava quantas garfadas eu tinha comido e não me deixava parar."

Aos trancos e barrancos, Julia tem conseguido estudar nos últimos seis anos. Trabalhou aqui e ali, para pagar as contas, "no que consegui encontrar ou no que apareceu" — algumas traduções, um emprego num brechó, aulas particulares, o trabalho na imobiliária.

Ela está convencida de que erros foram cometidos na anistia de 1989 e de que o estuprador em série foi libertado. "Foi terrível ter acontecido isso comigo justo naquela época", diz. "Significa que, antes de as boas coisas do Ocidente chegarem aqui, eu fui afetada por esta coisa ruim: a libertação de criminosos." Julia viu um documentário que afirmava que, na confusão da libertação dos prisioneiros políticos, criminosos contumazes tinham sido soltos. Se o homem que a estuprou estava entre eles ou se simplesmente já tinha cumprido a pena (como terá cumprido nova pena em breve), isso não muda o que ela experimentou: o fim da segurança do Estado significou também o fim de sua segurança pessoal. O sistema que a encarcerava era, de certo modo, o sistema que a protegia. "No Leste, eles eram bem mais rápidos na hora de encontrar, julgar e condenar as pessoas", ela diz. No fundo, e por razões ainda indeléveis, ela associa a queda do muro ao fim do que restara de sua esfera pessoal, depois de a Stasi ter acabado com ela.

Julia diz que precisa ir embora. Vai se encontrar com a irmã.

"Claro", digo eu, e não consigo pensar em mais nada para dizer. Ela nota que estou sem palavras.

"Acho que é importante o que você está fazendo", ela me diz, como se para me consolar, e eu fico envergonhada. "Para que alguém consiga entender um regime como o da RDA é necessário contar as histórias das pessoas comuns. Não só as dos ativistas ou escritores famosos." Os olhos dela, verde-acinzentados, exibem uma forma mais escura. Quando essa forma se move, noto que sou eu. "É preciso ver como as pessoas normais lidam com essas coisas no seu passado."

"Acho que estou perdendo a noção do 'normal'."

187

"Pois é", ela diz, sorrindo, "eu sei que é relativo. Nós, aqui do Leste, temos uma vantagem, talvez, porque podemos nos lembrar e comparar os dois sistemas." A boca de Julia se retorce num sorriso enquanto ela apanha o cigarro, o isqueiro e os enfia no bolso. "Só não sei se é mesmo uma vantagem. Quero dizer, você vê os erros de um sistema — a vigilância — e os do outro — a desigualdade —, mas não pôde fazer nada no primeiro, e não há nada que você possa fazer agora, no segundo." Ela ri, irônica. "E quanto maior a clareza com que você vê isso, pior se sente."

Julia se vai, e eu me desloco para as janelas da frente, para vê-la sair do prédio. Vejo o topo de sua cabeça, os cabelos loiros e desgrenhados, vulnerável como uma criança enquanto ela se agacha para enfiar uma perna da calça jeans na meia. Depois, apóia o outro pé no pedal e vai-se embora, Tirésias de bicicleta.

Ligo para Klaus. "Quer tomar um porre?"

"Claro. Tudo bem com você?"

"Tudo." Ele não acredita, mas é uma alma solidária, e nos encontramos lá embaixo, no bar.

Quando acordo, se mexo a cabeça, ela dói. Quero água. Olho para as palmeiras secas na sala de estar (despenquei no sofá). Elas refletem meu estado interior. Pior ainda do que a cabeça, a boca e meus pobres pulmões arruinados é uma vaga sensação de arrependimento. O que foi que eu disse? Tento me lembrar quem mais estava no bar, além de Klaus, e se estavam suficientemente bêbados. Não consigo. Numa espécie de penitência cósmica, passo o dia na cama.

No fim da tarde, decido ir nadar. Na piscina do bairro paga-se de acordo com o tempo que se pretende ficar ali, começando pelo mínimo de uma hora e meia. Aquilo não fazia sentido para mim (quem nada tanto tempo assim?), até que notei que as pessoas usavam a piscina para tomar banho.

Quero nadar de uma ponta a outra. Há corpos por toda parte, nadando, brincando ou, ao que parece, se lavando de fato. Não há raias. Nem direção estabelecida para se nadar. As pessoas nadam de peito na diagonal, as cabeças para fora d'água, feito patos. Um homem nem sequer tirou os óculos. Crianças pulam na água pelas laterais da piscina, e, a um canto, um velho remexe nos pêlos de uma pinta debaixo do braço. Preciso mexer braços e pernas, levar algum ar para meus pulmões. Tem de ser possível nadar de uma ponta a outra pelo menos umas duas vezes. Talvez exista algum sistema para passar pelos outros que eu ainda não conheço, como as regras de navegação a que os barcos obedecem. Escolho uma faixa menos povoada da piscina e arrisco um nado livre. Mas não é o tipo de braçada a que estou acostumada, porque tenho de olhar para a frente o tempo todo, à cata de obstáculos. E não só para a frente: um adolescente que cruza a piscina na lateral vem em minha direção. Quando me volto para o lado oposto para respirar, uma criança com uma bóia debaixo dos braços salta para dentro da água e não me acerta por pouco. Ergo os olhos. Uma mulher num biquíni amarelo vem nadando em minha direção — nado cachorrinho, para não molhar a maquiagem. Não tem escapatória.

Eu paro, pedalo na água e calculo o que fazer a seguir. Enquanto tento traçar um curso, uma pergunta óbvia me toma de assalto: o que estou fazendo nesse caos, afinal? Nessa cidade caótica?

A mulher no biquíni amarelo finge que não me vê. O que é isso? Uma galinha nadando? Para mim, chega. Decido abrir caminho. Calculo que, me valendo da força bruta, vou conseguir atravessar a piscina e começo a bater os braços com rapidez. Não sou grande nadadora e estou na Alemanha Oriental, terra do doping e dos grandes, das mulheres-homens e dos prodígios mirins, mas, por um instante, transformo-me na nossa Dawnie, sou Shane Gould, sou Susie O'Neill, sou a batedeira humana espirrando água para todo lado. O biquíni amarelo? Nem sinal dela. *O que há comigo?*

Soa um apito. O quê? A mulher-galinha exibe um ar presunçoso. Terminou o assalto, e ela foi declarada vencedora. Um funcionário de calção de banho curto demais vem até a beira da piscina para falar comigo e garantir a diversão dos demais. "Aqui não é permitido nadar", ele diz. "É só para o banho."

Ah, meu Deus, "e quando é que se pode nadar nesta piscina?".

"Deixe-me ver...", ele diz, "banhos quentes às terças, mulheres às quartas de manhã, mulheres com crianças às quartas à tarde, hidroterapia às sextas de manhã e, ah, aqui está: raias para natação entre quatro e seis da tarde às segundas, quintas e sextas. Fins de semana são só para o banho, como hoje."

Entendo. Vou-me embora. Então isso é o caos ordenado. "Banhos" entre tal hora e tal hora, ou seja, agora. Permitimos equipamentos incomuns, bombas, verificação de pintas, lavagem geral e bebês, mas nadar é proibido. Há ordem em tudo o mais na vida alemã — até os deficientes recebem braçadeiras amarelas (amarelas!). (Servem para avisar aos outros que eles podem precisar de ajuda, mas chocam os estrangeiros: três pontos amarelos afixados na roupa.) Essa piscina deve ser o subconsciente do país: a zorra que dá origem à ordem.

O que estou fazendo aqui? As pessoas ficam olhando para mim. Afasto-me e vejo que a piscina para mergulhos está completamente vazia. Vou obedecer. Não vou nadar fora do horário. Entro na piscina de mergulho e me sento a um canto. Ninguém pode me ver, e não posso estar infringindo alguma regra. O que estou fazendo aqui?

Meu corpo perdeu todo peso, minhas pernas estão fora de proporção. Em perspectiva, elas estão mais curtas e distantes. Então, me vem à cabeça: estou retratando pessoas, alemães orientais, das quais não vai sobrar mais nenhuma em uma geração. E pinto um retrato de uma cidade na velha linha divisória entre Oriente e Ocidente. Isso é trabalhar contra o esquecimento, contra o tempo.

Soa outro apito, bem alto. Olho para cima, e o funcionário está de pé bem acima de mim, tão próximo que poderia ter sussurrado para chamar minha atenção. "Esta piscina é para mergulho", ele avisa, "só para mergulho." Perco a fala, e ele ainda acrescenta: "A senhora não está mergulhando".

Nisso ele tem razão. Por outro lado, não tem ninguém mergulhando. Mas não posso discutir com um homem armado de um apito e pronto a fazer uso dele. Portanto, me retiro mais uma vez.

No vestiário, uma senhora rotunda numa espécie de uniforme me avisa que meu maiô está pingando água no chão.

"É porque está molhado", respondo. Ela vem em minha direção, prestes a me dizer algo, mas apanho minha sacola e saio. É regra demais para o meu gosto.

15. *Herr* Christian

Passam-se vários dias nos quais minhas atividades princi-pais parecem ser alimentar e esvaziar o aquecedor. Agora, bem agasalhada, estou a caminho da estação. Na entrada, tem um es-túdio fotográfico. Sempre dou uma olhada nas fotos à mostra na vitrine, para ver os nativos do jeito que eles querem ser vistos. Há bebês carecas com fitas em torno da cabeça; uma foto de casa-mento com a noiva na motocicleta, parecendo parte do pacote; um rapaz, com o cabelo cortado curto na frente e dos lados, mas comprido atrás, segura a namorada com orgulho, como se tives-se acabado de consegui-la. As fotos mudam de tempos em tem-pos, mas hoje, como sempre, tem uma de uma mulher de beleza deslumbrante, tão linda que fico olhando para ela como se fosse um enigma, ou uma resposta.

No trem, outra mulher muito bonita está sentada bem à minha frente. Junto do peito, ela carrega uma criança num por-ta-bebê. Eu me pergunto se mais alguém nota como são bonitas as mulheres aqui, ou se todos já se acostumaram com isso. O tur-co a meu lado está absorto em coisa diferente. Ao ver a própria imagem na janela ao lado da mulher, ele tira um pente do bolso e põe-se a pentear suavemente o bigode. A jovem mãe olha para baixo, para o bebê, e não consigo tirar os olhos deles. Quando ela levanta a cabeça, vejo que tem um piercing no nariz e que os olhos azuis são um pouco vesgos, só um pouquinho, atraídos pelo piercing como se por um ímã.

Estou na borda do estacionamento da estação Potsdam. Todos os outros passageiros passam por mim, em direção aos carros, bondes e a lugares que conhecem. Depois que todos se vão permaneço sozinha, a não ser por um homem de jeans inclinado sobre o capô do maior e mais negro BMW que já vi. Ele acena para mim. É minha carona. Meu mais recente agente da Stasi.

Herr Christian aperta minha mão com cordialidade. Tem um enorme sorriso torto. "Pensei que um passeio seria uma boa idéia", ele diz, com voz informal e enfumaçada, "para que eu possa mostrar à senhora alguns dos lugares onde operei."

"Ótimo."

Ele abre a porta do carro para mim, corre em direção ao outro lado e embarca.

Olho para ele. É um longo caminho. *Herr* Christian deve ter seus 45 anos, o rosto é jovem e plano, o nariz já foi quebrado várias vezes. Os cabelos formam cachos loiros próximos à cabeça, os olhos são pequenos, azuis e faiscantes. Ele me olha bem nos olhos, sorrindo seu sorriso torto, como um gângster, ou um anjo. "Vamos lá", ele diz, e noto que ele tem a língua presa. Depois de pôr os óculos escuros, ele dá a partida.

O carro desliza pelas ruas como um iate. *Herr* Christian o conduz com leveza. Mais parece um menino com um brinquedo do que um homem com uma vasta propriedade negra. Atravessamos as ruas de Potsdam, passando por paralelepípedos que nem sentimos e por grandiosas edificações em variados graus de má conservação. Os vidros do carro são escuros, ninguém pode nos ver ali dentro.

Estacionamos diante de um bem conservado casarão com dintéis brancos e um jardim de sebes. "Esta", diz ele, "era a 'Mansão dos Códigos.'" *Herr* Christian costumava trabalhar ali, codificando transcrições de conversas interceptadas de telefones de carros e dos *walkie-talkies* da polícia ocidental. "Elas chegavam por telex, nós as transformávamos em código e as repassávamos para Berlim." Ele ri. "Codificávamos absolutamente tudo que era dito, até mesmo os *Ja*, os *Guten Tag* e o que as pessoas tinham comido no almoço. Berlim tinha de saber *de tudo*. E note que captamos também um bocado de políticos ocidentais conversando entre si."

Vamos em frente. Os plátanos ao longo da rua estão nus, com seus troncos malhados e galhos terminando em tocos. Formam fantasmas de luz e sombra sobre o capô do carro. *Herr* Christian está muito falante e à vontade. Vê algo de divertido no trabalho que realizou para a Stasi. Fala comigo como se eu fosse sua cúmplice numa conspiração. "Eu nunca fui muito de ideologia", ele diz. Deixamos a cidade de Potsdam para trás e avançamos por uma auto-estrada. Estamos ultrapassando um Trabi verde-sapo, com janelas pintadas de preto e um escapamento fumegante. No porta-malas, em letras onduladas de um rosa neon, lê-se: "Sou seu pior pesadelo". Nós dois rimos ao passar por ele.

Aos dezenove anos, quando prestava o serviço militar, *Herr* Christian foi chamado a uma sala especial para uma entrevista. "Fiquei imaginando o que tinha feito de errado", diz. O homem dentro da sala vestia terno e fumava cigarros ocidentais. Perguntou a *Herr* Christian o que ele pretendia fazer da vida.

"Lutar boxe no Dynamo", foi a resposta. Dynamo era o clube esportivo das Forças Armadas, e da Stasi também. O homem o fez assinar um compromisso, afirmando que trabalharia para a

Stasi. "Para mim, não era problema nenhum", ele conta. "Achei que podia render um pouco de aventura." Mais tarde, um acidente de carro acabou com a carreira de boxeador, mas ele permaneceu na Firma. "Sempre tive um acentuado senso do dever, de obediência à lei", diz, "e acreditei que era a coisa certa a fazer." Deixamos a auto-estrada por uma vicinal sem uso. De ambos os lados, uma floresta de pinheiros escuros, plantados em fileiras e todos da mesma altura. O carro arremete adiante como um barco, até alcançarmos uma cerca com uma placa que diz: "Entrada proibida". *Herr* Christian avança de pronto. Chegamos ao que parece ser apenas um monte de terra. Ao redor, esparramam-se anexos.

Ele se volta para mim e sua jaqueta de couro chia em contato com o couro dos bancos. "Este aqui era o abrigo para o alto escalão da Stasi de Potsdam, caso houvesse uma catástrofe nuclear", informa. "Fiquei de guarda aqui por um tempo. A entrada era num daqueles prédios ali", ele aponta para uma cabana cinza de fibrocimento, "e a gente descia para um complexo imenso de concreto embaixo da terra. Quando construíram isto aqui tiveram de remover toneladas e mais toneladas de terra em falsos caminhões de transporte de animais e despejar tudo bem longe daqui. No interior do abrigo tinha tudo que se possa imaginar: comida, remédios, quartos de dormir, equipamento de comunicação, mesas de pingue-pongue, tudo." Havia muitos desses abrigos na RDA, para que a Stasi se salvasse e repovoasse a Terra — caso se lembrassem de levar alguma mulher lá para dentro.

Um policial de uniforme verde vem em nossa direção. Ele é jovem, barba feita, traz um pastor alemão na coleira. "O que os senhores fazem aqui?", pergunta.

Herr Christian conta a ele que costumava guardar o lugar, quando era um abrigo da Stasi.

"Não sei do que o senhor está falando", diz o jovem. "Isto aqui é propriedade federal, e peço aos senhores que se retirem." No carro, *Herr* Christian se pergunta: "Para que será que estão usando isso aí hoje em dia?".

Em vez de voltarmos pelo caminho que viemos, em direção à auto-estrada, ele conduz o carro por uma série de trilhas enlameadas por entre os pinheiros. Em diversos pontos, há interrupções nas fileiras de árvores, e posso ver por onde passava o muro — uma faixa de areia que corta a floresta e abriga equipamentos para remoção da terra, bem como velhas guaritas cobertas de pichações. Pergunto a ele o que faz da vida hoje em dia.

"Sou, bom... detetive particular", diz, com certo acanhamento. "Isso mesmo, continuo fazendo mais ou menos o mesmo trabalho que fazia antes. Nesta minha segunda vida."

"E como vão os negócios?"

"Na verdade, não vão lá muito bem", lamenta-se. "Os trabalhos não surgem com a regularidade que eu desejaria, e muitos são de um tipo", ele tosse um pouquinho, "que eu não pego." Ele dá uma olhada para mim.

"E que tipo é esse?"

"Adultério", diz, tornando a olhar para a trilha. "Nisso, nem ponho a mão. Aquela história: um dos cônjuges suspeita que o outro está tendo um caso e quer que a gente investigue." Ele acende um cigarro de um maço de Stuyvesants e dá uma longa tragada. "Quando entrei para a Stasi eu era casado, mas não éramos felizes, e eu me apaixonei por uma das professoras do meu filho. Começamos a ter um caso. Confidenciei a novidade a meu melhor amigo, mas ele se revelou possuidor do que se pode chamar de um senso de lealdade superdesenvolvido e contou tudo aos colegas de trabalho. Me trancaram numa solitária por três dias. Depois, me rebaixaram e me puseram para trabalhar num canteiro

196

de obras durante um ano. Meu supervisor me disse: 'Todo mundo pode ter um caso, mas isso precisa ser informado.'" A Stasi não poderia admitir que um dos seus tivesse alguma coisa na vida de que ela não soubesse. Mas *Herr* Christian, ao que parece, sempre soube que certas coisas são pessoais. Ele exala das narinas duas colunas de fumaça rumo ao pretume do carro. "Eu tive medo, sabe? Quero dizer, quando trabalhei naquele canteiro de obras. Por ter trabalhado no centro de codificação, sabia tanta coisa que achei que viriam atrás de mim. Tinha medo de sofrer algum acidente de carro, alguma fatalidade no trabalho ou mesmo de que arranjassem algum outro meio de executar a sentença." Ele balança a cabeça. "Adultério não investigo. Está abaixo da minha dignidade."

Depois da temporada no canteiro de obras, e depois de se casar com seu novo amor, *Herr* Christian foi aceito de volta no rebanho e designado para trabalhar como agente de segurança disfarçado em edifícios da Stasi. "Agora, acho que já estamos perto de onde eu trabalhei a maior parte do tempo", ele diz, "o posto Michendorf." Emergimos da floresta asseada e triste e atravessamos a auto-estrada rumo a um posto comum de parada de caminhões. O prédio principal compõe-se de dois pavimentos de concreto cinza, com uma lanchonete no piso térreo. Era a última parada antes de se chegar a Berlim Ocidental. O posto ainda está em funcionamento, as velhas bombas de gasolina seguem postadas lado a lado na frente, além das duas novas cabines telefônicas rosa da Deutsche Telekom.

Saímos do carro e caminhamos pelo cascalho. *Herr* Christian afasta os óculos até o topo da cabeça e acende outro cigarro. "Nos meus tempos, este lugar era submetido a vigilância completa. Naquela sala ali em cima", diz ele, apontando para uma protuberante janela escura no telhado, "tinha gente dia e noite. E dali tinha-se uma visão de tudo que acontecia por aqui, de todos os veículos indo do leste para o oeste. Era segredo absoluto. Os frentistas do posto de gasolina eram informantes, mas nem eles sabiam o que se passava ali em cima."

"Sempre mantínhamos umas duas pessoas em trajes civis circulando, para trabalho de campo. Esse era o meu trabalho. Eu levava um gravador no bolso ou, se ficava dentro do carro, ele tinha câmeras instaladas nos faróis. Tínhamos equipamento de escuta capaz de captar o que as pessoas conversavam dentro dos veículos. Havia uma câmera naquela bomba ali", ele aponta para a bomba de gasolina, "que eu operava por controle remoto e que me dava uma imagem em close das pessoas, mesmo estando longe delas. Nossa vigilância cobria tudo mesmo."

O trabalho de *Herr* Christian era caçar carros que estivessem levando passageiros clandestinos, alemães orientais em fuga para o Ocidente. Caminhamos para o outro lado do posto. O céu exibe a mesma cor do concreto; somos ensanduichados por aquele cinza. A ponta do meu nariz e os lobos das orelhas começam a pulsar de frio. "Contrabandear pessoas para o Ocidente era um negócio tocado por criminosos, de verdade. Depois de atravessá-los para o outro lado, eles tomavam grandes quantias de dinheiro dos pobres coitados, coisa de vinte mil marcos ocidentais. Ou faziam com que pagassem adiantado, com alguma herança de família ou com coleções de selos. O carro ocidental parava em algum ponto ao longo da rota de trânsito, os orientais os encontravam lá, pagavam e embarcavam. Vi algumas coisas terríveis. Pessoas que dopavam as crianças e punham elas no porta-malas. Uma vez, abri um porta-malas e encontrei uma mulher lá dentro, com uma criança. Como eu vestia roupas civis, acharam que eu pertencia à organização dos contrabandistas. Eu me lembro da alegria no rosto deles, durante aquele instante no qual pensaram que estavam livres." *Herr* Christian apaga o cigarro e põe as mãos nos bolsos da jaqueta, curvando os ombros no ar cinza. "Confesso que foi triste, porque sou um homem sensível. Mas sou também um cumpridor da lei, e achava errado o que estavam fazendo. Desde muito pequeno, desde os primeiros tempos do jardim-de-infância, fui criado para pensar assim."

"O que aconteceu com eles?"

"Foram levados para a detenção em Potsdam e, na certa, condenados. Em geral, a pena era de um ano e meio a dois anos. Era a lei."

"Mas havia coisas divertidas também no trabalho", ele diz, a respiração como que lançando mais fumaça naquele frio gélido. "Acho que eu tinha o único emprego no mundo em que eu ia a um depósito toda manhã para escolher: 'O que vou ser hoje?'" Ele ri. "Escolhia um disfarce. Às vezes, era guarda de parque, de uniforme verde, ou então lixeiro, de macacão, ou ainda um funcionário enviado para consertar alguma coisa na rede elétrica. Gostava mesmo era de me fingir de turista ocidental, porque as roupas eram de qualidade muito superior, com luvas de couro de verdade, e eu podia dirigir uma Mercedes ou, no mínimo, um Golf."

Retornamos ao BMW, e ele clica no seu controle remoto para abrir o carro. "Agora, sabe o que era o melhor de tudo?", ele pergunta, voltando-se para mim. "O melhor de tudo" — ele soca meu ombro, de brincadeira — "era me disfarçar de cego. Usava bengala, óculos escuros e a braçadeira com os três pontos. Às vezes, uma garota segurava meu braço, me servindo de guia. Mas precisava me lembrar sempre de tirar o relógio de pulso!" *Herr* Christian olha em torno daquela aridez, desfrutando da lembrança do trabalho bem-feito. Um carro passa; somos apenas duas figuras pequenas embarcando num automóvel enorme num posto de gasolina. "Pois é", ele diz, "disfarçar-se de cego é a melhor maneira de observar as pessoas." Ele dá uma risada, desce os óculos para diante dos olhos e dá a partida em seu bólido negro gigantesco.

16. O homem socialista

Em agosto de 1961, um novo recruta da Stasi chamado Hagen Koch percorria as ruas de Berlim carregando uma lata de tinta e um pincel. Pintava a linha por onde passaria o muro. Tinha 21 anos e era o cartógrafo particular do secretário-geral Honecker. Ao contrário da maioria dos chefes de Estado, Honecker precisava de um cartógrafo particular, porque estava redesenhando as fronteiras do mundo livre.

O apartamento de Koch é uma cela numa colméia de altos edifícios onde moravam oficiais da Stasi e suas famílias antes da queda do muro. Ainda moram ali. As sacadas foram todas pintadas num tom de rosa. Em algumas delas, hibernam guarda-sóis fechados.

O homem que abre a porta parece envolvido em certo brilho — rosto radiante, entradas nos cabelos e suaves olhos castanhos. Koch abre um grande sorriso e me aperta a mão. Gesticula com exuberância, como um mestre de cerimônias. "Bem-vinda ao Arquivo do Muro", diz.

Das paredes do corredor pendem cópias coloridas e emolduradas do que, no passado, eram mapas ultra-secretos da Stasi. Exibem vistas aéreas de várias partes do muro, codificadas com cores diferentes para as guaritas, as minas, os cães e as armadilhas com fios ocultos. Flâmulas orientais, contendo o preto, o amarelo e o vermelho da RDA, foram pregadas nas paredes, e ganchos prendem o colete, murcho como um espantalho, de um uniforme da guarda de elite, o Regimento Felix Dzerzhinski. Lembranças mais obscuras do regime estão expostas em armários com portas de vidro. À medida que avançamos pelo corredor, vejo o que acredito ser um pequeno guardanapo decorativo em crochê, ostentando as cores nacionais.

Koch fala enquanto caminhamos e, quando chegamos a seu escritório, ele está listando nos dedos as importantes personalidades que já vieram visitá-lo, e a seu arquivo. Atrás da mesa, rebrilha uma grande placa de ouro contendo o martelo e o compasso, emblemas da RDA, posicionados um pouco acima da altura da cabeça. A sala está cheia de artigos de jornais emoldurados. As fotos mostram Koch e seus visitantes. Ele olha diretamente para a câmera, traços claros, rosto em forma de lua, radiante. Koch e a rainha da Suécia, Koch e um ator de *Star Trek*, Koch e o artista plástico Christo.

Ele se sente inteiramente à vontade diante do microfone minúsculo do meu gravador. Quando pergunto se ele poderia afixá-lo na camisa, ele pega o microfone e o maneja como um astro de rock. Seus braços exibem penugem leve e uma tonalidade entre o castanho e o mel.

Pergunto a ele como se candidatou a entrar para a Stasi.

"Não, não, não. Não era assim que funcionava. A gente tinha de ser escolhido." Ao que parece, essa era uma das bases do sistema: não ligue para nós, nós ligamos para você.

"E quem escolheu o senhor?"

"Só um momento", ele pede. "Será difícil de entender. Sem conhecer minha infância, a senhora não vai compreender por que eu iria querer entrar para a Stasi."

Não é bem assim. Refleti muito sobre por que as pessoas entravam para a Stasi. Numa sociedade dividida entre "nós" e "eles", um jovem ambicioso poderia perfeitamente desejar estar entre os iniciados, entre os que não eram incomodados. Se não haveria fim para aquele país, se não se podia sair dele, por que não optar por uma vida tranqüila e uma carreira satisfatória? O que me interessa é como as pessoas lidam com a decisão tomada, agora que tudo acabou. É possível reescrever o passado, a areia que raspa dentro de nós, até torná-la brilhante e macia como uma pérola?

"Minha criação foi tão...", ele procura pela palavra, "tão... RDA." As sobrancelhas se movem para cima e para baixo. "Sou uma espécie de RDA-positivo." Koch se volta para uma grande caixa de papelão ao lado da mesa, no chão. "Foi meu pai quem me pôs nesse caminho." Ele estende a mão e retira da caixa uma fotografia amarronzada do pai em uniforme do Exército, com aquela expressão que os homens normalmente exibem nessas fotos de serviço militar, como se já estivessem em alguma outra parte. Depois, torna a alcançar a caixa, retirando dali um boletim escolar. É o que ele me mostra por um instante, e eu vejo as antigas letras góticas. Koch começa a ler: "Hagen foi um aluno estudioso e ordeiro...". E segue lendo o boletim. Estamos de volta ao começo de sua vida. Olho para a caixa, e ela é funda. Ao que tudo indica, vamos passar a tarde revendo todos aqueles itens embrulhados em plástico, um por um.

"É preciso compreender tudo isso", diz ele, "no contexto do meu pai e da propaganda política da Guerra Fria. A RDA era uma religião. Era algo no qual fui criado para acreditar..."

Koch fala alto e com veemência, embora eu esteja sentada perto dele e a sala seja pequena. Eu o observo chacoalhando os braços e meu microfone. Depois de tirar mais fotos e documentos da caixa, ele diz: "A senhora pode ver aqui que não tínhamos colchões depois da guerra, havia furos em nossas meias...". Eu, porém, estou remoendo a idéia de a RDA ser um artigo de fé. O comunismo, pelo menos em sua vertente alemã oriental, era uma crença fechada. Ou seja, era um universo num vácuo, completo, com seus próprios céus e infernos, com suas punições e redenções distribuídas aqui mesmo na Terra. Muitas das punições eram aplicadas em razão da simples falta de fé, ou mesmo com base na suspeita dessa descrença. A deslealdade era determinada pelos sinais mais ínfimos: a antena virada para captar a televisão ocidental, a bandeira vermelha não desfraldada no 1º de maio, a piada imprópria sobre Honecker contada apenas para a manutenção da própria sanidade.

Lembro-me da irmã Eugenia na minha escola, explicando com seus dedos de salsicha o "salto de fé" necessário para que o universo fechado do catolicismo passasse a fazer algum sentido. Ela mostrava o salto com os dedos, rosado e improvável, enquanto nós, crianças, desenhávamos os "frutos do Espírito Santo" — a redenção, se bem me lembro, era representada pela banana —, e tudo que eu conseguia imaginar era uma pessoa-salsicha caindo de um penhasco e acreditando o tempo todo que Deus a apanharia. A idéia de ter alguém examinando nosso valor interior, a violência da crença de que esse valor pode ser medido, era a mesma. Deus podia ver dentro da gente e resolver se tínhamos ou não fé suficiente para a salvação. A Stasi também podia ver a vida das pessoas por dentro, só que tinha muito mais filhos na Terra para ajudá-la.

Durante quarenta anos, a RDA empenhou-se arduamente tanto em criar o Homem Socialista Alemão como em fazer o povo acreditar nele. O Socialista Alemão seria diferente do Nazista Alemão, e também do alemão ocidental (capitalista, imperialista). A história era ensinada como uma série de saltos evolucionários inevitáveis em direção ao comunismo: de um Estado feudal, passando pelo capitalismo e, por fim, no maior salto adiante jamais realizado, o socialismo. O nirvana comunista era o mundo do porvir. Esquemas darwinistas vêem-me à mente, mostrando o homem em sua progressão rumo à posição ereta e a progressiva diminuição do número de pêlos no corpo: do macaco ao homem de Neandertal, ao Cro-magnon, ao homem moderno. Bem à minha frente, agora, está o Homem Socialista, suave, entusiasmado e muito, muito falante.

Enquanto Koch remexe outra vez em sua caixa, eu me pergunto se ele já desejou ter sido um aluno indisciplinado e desordeiro, em vez de estudioso e ordeiro; se isso o teria salvado de carregar aquela caixa explanatória pela vida toda.

"Minha história é conseqüência direta da história de meu pai." De novo, Hagen Koch me passa a foto do pai dele, e Heinz Koch nos lança seu olhar do início do século XX. Tinha os mesmos olhos castanhos do filho, mas num rosto mais estreito e cético.

Heinz Koch nasceu numa cidadezinha da Saxônia em 5 de agosto de 1912 e foi criado como filho do alfaiate local. Um dia, aos dezesseis anos, ele chegou correndo da escola, perturbado, com o boletim na mão. No espaço destinado ao "nome" estava escrito: "Koch, Heinz, neto do mestre-alfaiate". Koch puxa um boletim amarelado da caixa. "Isso aconteceu em 23 de março de 1929", anuncia, chacoalhando o documento. "Naquele dia, meu pai ficou sabendo que era filho ilegítimo. Sua mãe era sua irmã mais velha!" Heinz ficou atônito ao perceber que todos haviam mentido para ele: vocês todos esconderam isso de mim por todo esse tempo?

"Quem era o pai verdadeiro?", pergunto.

"Eu chego lá", diz Hagen.

"Para a moralidade alemã da época, ser filho ilegítimo era terrível, uma vergonha." Heinz foi marginalizado de imediato pelos amigos e deixou a escola. Decidiu entrar para o Exército, na esperança de que o uniforme fosse ocultar o estigma do seu nascimento. Em setembro de 1929 assinou um termo comprometendo-se a servir por doze anos. Obteve mais do que pretendia. Quando seu tempo de serviço estava para expirar, em outubro de 1941, ele se encontrava estacionado na França, como integrante da força nazista de ocupação, e não podia ser dispensado. Em maio de 1945, depois da rendição de Berlim, o sargento Koch acabou conseguindo, de algum modo, retornar a Dessau, para junto da mulher e de dois filhos pequenos. Viajara por uma paisagem marcada por crateras, atravessando cidades inteiras destroçadas, com seus tubos e canos expostos nas ruas. As pessoas enlouqueciam de dor e de segredos. Nos bosques e estradas, havia refugiados, criminosos de guerra, grupos de bombardeadores trapaceiros e soldados das Forças Aliadas, que já tinham dado início à Guerra Fria antes mesmo de a guerra ainda quente e em curso terminar. Em Dresden, Heinz Koch acreditou ter sentido o cheiro de carne apodrecendo. Mas, uma semana após o término da guerra, estava em casa. Na Conferência de Potsdam, Dessau ficou para os russos. Eles o dispensaram do serviço ativo.

Koch segue falando, mergulhando em sua caixa de documentos e falando mais ainda. Então, inclina-se para a frente, como se fosse me revelar informação da maior importância. Sinto o cheiro de sua loção pós-barba. "Em 1º de setembro de 1945", diz ele, "o comando soviético deu a Heinz permissão para andar de bicicleta."

"E por que era necessário permissão para isso?"

"Porque a bicicleta significava a possibilidade de levar e trazer mensagens! De repassar notícias!", exclama Koch. "Não havia outro meio de transporte. Quem tivesse bicicleta podia fugir dos postos de controle, podia freqüentar reuniões secretas." Era evidente que a atmosfera de controle paranóico começara cedo com os russos. Ainda assim, me preocupa o nível de detalhamento em que nossa conversa está mergulhando. Lanço um rápido olhar para a caixa sem fim e me pergunto se estamos afundando à toa naquele pântano ou se a história da bicicleta tinha algo de relevante. Então, ao se voltar para guardar o documento, ele diz: "Só que, antes de conceder a autorização, a senhora sabe, tinham de investigar a ficha dele, para ver se não se tratava de uma má pessoa."

Era aí que ele queria chegar? Koch estava se valendo dos indícios disponíveis — nesse caso, a permissão para andar de bicicleta — para construir ou confirmar uma história da inocência do pai durante a guerra? Havia ali, claramente, uma parte do passado que não podia ser estabelecida com fatos ou documentos. Tudo que ele tinha na mão era uma permissão para andar de bicicleta.

Assim que a guerra acabou, os Aliados dividiram o território conquistado. Ingleses, americanos e franceses ficaram com partes do oeste da Alemanha; os russos assumiram o controle dos estados do Leste, como a Turíngia, a Saxônia, a Saxônia-Anhalt, Mecklenburg-Pomerânia Ocidental e Brandemburgo. Berlim foi dividida entre os vitoriosos da mesma forma: os bairros a oeste para ingleses, franceses e americanos, os do leste para a União Soviética. Mas como a cidade está encravada na zona oriental, os bairros a oeste transformaram-se numa estranha ilha de administração democrática e economia de mercado em meio a uma paisagem comunista.

Nas zonas que lhes pertenciam, os poderes ocidentais puseram-se a caçar nazistas proeminentes e a estabelecer instrumentos democráticos de governança: um sistema confederado de estados, divisão dos poderes político, administrativo e judiciário, e garantias à propriedade privada. Em 1948 repassaram essas instituições à recém-criada República Federal da Alemanha (a Alemanha Ocidental), juntamente com investimentos maciços provenientes do Plano Marshall.

Os russos governaram o Leste da Alemanha até a criação da República Democrática da Alemanha como Estado-satélite da União Soviética, em 1949. A produção foi nacionalizada, fábricas e propriedades foram entregues ao Estado, o sistema de saúde, os aluguéis e os alimentos eram subsidiados. Estabeleceu-se o governo de um único partido, com um onipotente serviço secreto a apoiá-lo. E, tendo recusado a oferta de capital americano, os russos puseram-se a saquear a produção alemã oriental.

Roubaram maquinaria e equipamentos, enviaram-nos à União Soviética. Ao mesmo tempo, exigiam uma retórica de "irmandade comunista" dos alemães orientais, aos quais tinham "libertado" do fascismo. Quaisquer que fossem suas histórias ou alianças pessoais, os habitantes dessa zona precisaram transformar-se, de um dia para o outro, de nazistas (no mínimo, na retórica) em comunistas e irmãos.

Também quase da noite para o dia, os alemães do Leste foram absolvidos — ou absolveram-se — do nazismo. Era como se de fato acreditassem que os nazistas tinham vindo do Oeste da Alemanha e retornado para lá, inteiramente separados deles, o que não era verdade. A história foi reescrita com tal rapidez e sucesso que se pode afirmar que os alemães orientais não se consideravam, nem se consideram até hoje, os mesmos alemães responsáveis pelo regime de Hitler. Esse ato de prestidigitação histórica só

207

pode figurar como a mais extraordinária manobra absolutória do século.

Em Dresden, certa vez, numa ponte azul sobre o rio Elba, vi uma placa comemorativa da libertação dos alemães orientais pelos irmãos russos, que os livraram dos opressores nazistas. Fiquei olhando para ela por um bom tempo, uma coisinha enegrecida pela fuligem no ar. Perguntei-me se ela havia sido colocada ali assim que os russos chegaram à Alemanha conquistada ou se haviam deixado passar algum tempo antes de começar a reescrever os fatos.

Para dar início a um novo país, com novos valores e cidadãos socialistas novinhos em folha, é necessário começar do começo, isto é, pelas crianças. Os professores do Leste foram prontamente demitidos, porque seu trabalho até então havia sido educar as crianças nos valores do nazismo. Era preciso criar professores socialistas. As autoridades estabeleceram programas de treinamento com seis meses de duração para formar "professores do Povo", que foram, depois, destinados às escolas. Por volta de fevereiro de 1946, o próprio Heinz Koch, que nem sequer terminara a escola, estava plenamente qualificado para lecionar em Lindau, a trinta quilômetros de Dessau.

Em outubro do mesmo ano, aconteceram as primeiras eleições "livres e democráticas" da Alemanha Oriental. Na verdade, a RDA teve eleições durante toda a sua vida. Das cédulas constavam representantes de todos os principais partidos — réplicas espelhadas dos partidos existentes na Alemanha Ocidental. Havia os democratas cristãos de centro-direita (CDU), os democratas liberais (depois FDP) e os comunistas (SED). Ao longo de quarenta anos, os resultados de cada eleição foram apresentados na TV. E sempre os comunistas receberam uma avalanche de vo-

208

tos. As maiorias eram um desafio à credulidade: 98,1%; 95,4%; 97,6%.

Nada disso, no entanto, estava evidente em 1946. Naquela época, era possível — apenas possível — que, de algum modo, surgisse ali um Estado socialista capaz de honrar o "democrático" que trazia no nome. Todos tinham passado por um verdadeiro inferno na Terra; não mereciam o Paraíso? Os sonhos das pessoas haviam sido moldados no sofrimento e modelados em formas agudas e definidas.

Heinz Koch fundou o diretório dos democratas liberais em Lindau e concorreu à prefeitura da cidade. Ali, setembro é um mês de longos crepúsculos, a luz tardia ilumina as folhas ainda nas árvores. Mesmo naquela terra de escombros e poeira havia lugar para a esperança. Afinal, havia eleições, partidos, candidatos, campanhas locais e seções de votação.

Mas havia também uma cédula eleitoral em que os nomes dos candidatos do SED encabeçavam a lista. Podia ser uma coincidência, a não ser pelo fato de que, ao lado do nome do candidato "Paul Enke", não estava escrito "SED", e sim "prefeito".

Não obstante, depositados os votos, estava claro que Heinz Koch tinha ganhado a eleição. Lindau era uma cidade minúscula. Os democratas liberais receberam 363 votos; o SED, 289; e a CDU, 131. As pessoas já não queriam esquerda ou direita: queriam um meio-termo. "Mas Enke, o comunista", conta Koch, "era o presidente do comitê eleitoral." De imediato, ele convocou uma reunião na câmara municipal, "para avaliar a votação".

Koch relata que a câmara estava cheia de mulheres, algumas com os filhos. Havia também muitos velhos, mas quase nenhum jovem ou homem de meia-idade. Enke saudou a todos e, então, começou a falar aos presentes. "Mas onde estão os maridos de vocês?"

Ouviu-se um silêncio e o som das pessoas se mexendo.

"Morreu na guerra", veio uma resposta.

"Desapareceu em combate", disse outra voz.

Uma mulher respondeu baixinho: "Eu não sei".

Então, ouviu-se uma voz do fundo do salão: "Meu marido é prisioneiro de guerra na Rússia".

Enke agarrou a oportunidade. "Quantos estão em campos de prisioneiros de guerra?", perguntou. As mãos começaram a se levantar; devagar, de início, mas logo eram muitas. "Quanto tempo seu marido serviu nas forças alemãs?", Enke perguntou a uma mulher sentada bem à frente.

"Um ano", ela disse. As respostas começaram a soar por toda a sala: cinco anos, três anos, sete anos.

"E por essa razão são hoje prisioneiros de guerra?"

"Foi o que aconteceu", as mulheres responderam.

"Bem, então eu pergunto às senhoras", prosseguiu Enke, "é justo que seus maridos, que serviram três, cinco, sete anos nas Forças Armadas, estejam na prisão, ao passo que o sargento Koch, aqui à minha direita, que serviu o Exército fascista e imperialista por dezesseis anos, saiu livre como um pássaro? Sem precisar cumprir nem mesmo um único dia de pena?"

"E foi assim que meu pai", conclui Hagen Koch, "foi condenado a sete anos num campo de prisioneiros de guerra."

"O quê? Assim, sem mais?", eu pergunto.

Koch está agitado. "Os russos vieram e o prenderam. Foi como aconteceu. E as pessoas disseram que era justo que fosse assim. Se meu marido está lá, ele também tem de estar."

Entre 1945 e 1950, a polícia secreta russa deteve prisioneiros de guerra, nazistas e outros, como o sargento de infantaria Heinz Koch, que pudessem atravessar-lhe o caminho. Ela reutilizou os campos de concentração de Sachsenhausen e Buchenwald, bem como outras instalações; uma vez lotadas, construíam novas prisões ou mandavam as pessoas para a Rússia. Estima-se que, depois

210

da guerra, 43 mil dessas pessoas morreram de doença, inanição ou maus-tratos. Em Lindau, a população ajudou os vitoriosos a punir seus concidadãos, entendendo ser justo que o fizessem.

Depois de quase um mês de prisão, em 22 de outubro de 1946, Enke foi visitar seu prisioneiro. Heinz achou que seria o seu fim. Mas Enke iniciou a conversa de um modo incomum.

"Se entendi bem, é aniversário da sua esposa hoje, não é?"

"Sim."

"Não seria um belo presente de aniversário se você voltasse para casa? O que me diz?"

Heinz ficou confuso. Estava se preparando psicologicamente para ser transportado para um campo. "Mas isso é... possível?", perguntou.

"Claro que é. Afinal, sou o prefeito, e o que digo, vale."

Houve uma pausa, e então ficou claro. "Sob que condições?", Heinz perguntou.

"Calma, camarada, calma. É muito simples. Tudo que você precisa fazer é deixar os liberais democratas e juntar-se a nós. Tornar-se membro do Partido Socialista Unitário. Assim que isso acontecer, levo você para casa. Na verdade, eu poderia fazer isso hoje mesmo."

Koch olha bem para mim. "O que a senhora faria?", pergunta. "Que decisão meu pai deveria tomar?"

"Pela esposa e pela vida, claro", eu digo.

Koch está satisfeito. Ele sorri e aprova com a cabeça, balançando o microfone. "Pois no aniversário da esposa, ele trocou de partido e foi para casa."

Desse modo, o Partido Comunista de Lindau não só aniquilou a oposição, como instalou na escola primária municipal um professor saído de suas fileiras, sob ameaça de deportá-lo para um campo de prisioneiros de guerra. Puseram Heinz Koch onde

211

podiam ficar de olho nele: só havia uma escola na cidade, e os filhos de todos os camaradas do partido estudavam lá.

Mais tarde, naquele mesmo ano, Hagen entrou na escola. Heinz ensinava a todos os alunos a doutrina do comunismo, inclusive a seu filho pequeno. Viu-se educando bons socialistas para um regime que havia tentado arruinar sua família e sua vida.

No final de 1946, os comunistas fundaram a *Pioniere*, uma organização juvenil destinada a instilar nas crianças o amor por Marx e pelo país. Para os mais velhos, já existia a Juventude Livre Alemã. Esse arranjo espelhava com exatidão as *Pimpfe* nazistas, no caso das crianças pequenas, e a Juventude Hitlerista, no tocante aos adolescentes. As pessoas brincavam, dizendo que a Juventude Livre Alemã e a Juventude Hitlerista eram tão parecidas que só a cor do lenço no pescoço as distinguia. Em ambas, havia reuniões, tochas, juramentos e, para os jovens de treze anos, uma cerimônia completa de "crisma", com velas e fórmulas que mais pareciam orações.

Todas as crianças pequenas deviam entrar para a *Pioniere*. Em Lindau, porém, era cedo demais para implantar essa determinação. A população hesitava em ver de novo seus filhos em formação, marchando, e recusava-se a vestir-lhes uniforme para o novo poder constituído. Heinz Koch foi detido e levado para a prisão.

Enke lhe perguntou: "Por que as outras crianças haveriam de aderir, se o próprio filho do professor não cumpre as regras?". Era necessário que Heinz Koch desse o exemplo por intermédio do filho. Libertaram-no, então, dando a ele outra oportunidade de provar que não deveria ser deportado.

Koch vira-se para sua caixa de papelão e retira dela um pequeno cachecol azul. "Como resultado disso, fui a primeira criança a usar este cachecol em torno do pescoço, em 13 de dezembro de 1946."

Foi assim que Hagen Koch se tornou um *Musterknabe*, um garoto-modelo para o novo regime.

Meu olhar vaga agora pela parede atrás dele. Ao lado da placa dourada, há um calendário com garotas nuas, exibindo o tronco de uma jovem mulher na floresta. O fotógrafo cortou a cabeça e as pernas da modelo, dos joelhos para baixo. A legenda diz: "Área florestal". Hagen Koch recorre mais uma vez a sua caixa, à coleção de estranhos talismãs de um mundo passado. "Deixe-me mostrar este besouro à senhora", ele diz, puxando um cartaz. Ele o desenrola: "DETENHAM O BESOURO AMERICANO!", diziam as letras garrafais, no topo do cartaz. Abaixo, vê-se o desenho de uma criança examinando o solo com uma lente de aumento. Sob a lente, um besouro com rosto e grandes dentes humanos. O besouro veste uma jaqueta com as cores da bandeira americana, e seu rosto é o do presidente Truman. "Estes cartazes espalhavam-se por toda parte em nossa escola", conta ele, e explica por quê.

Em 1948, os russos decidiram que já estavam cheios daquela ilhota de imperialismo capitalista chamada Berlim Ocidental. A cidade fervilhava de espiões provenientes de países inimigos. Era uma base para os Aliados em território socialista. Numa espécie de cerco moderno, as tropas de Stálin interromperam as linhas de abastecimento que seguiam até Berlim Ocidental através da Alemanha Oriental. Na noite de 24 de junho de 1948, desligaram a usina oriental de energia elétrica que abastecia a cidade. Os berlinenses ocidentais deveriam morrer à míngua, e no escuro.

Mas os Aliados não desistiriam de 2 milhões de berlinenses. Durante mais de um ano, de junho de 1948 a outubro de 1949, mantiveram a cidade viva por meio de uma ponte aérea. Ao longo desse período, aviões americanos e britânicos fizeram cerca de

277 728 vôos, atravessando espaço aéreo soviético, para lançar sobre Berlim Ocidental sacos de alimentos, roupas, cigarros, remédios, combustível e equipamentos — incluindo-se aí os componentes necessários para a construção de uma nova usina. No Ocidente, esses aviões ficaram conhecidos como *Rosinenbomber* (bombardeiros de uvas passas), porque levavam comida. No Leste, porém, disseram a Koch e a seus coleguinhas de classe que os aviões inimigos jogavam besouros sobre as plantações da Alemanha Oriental, com o intuito de arruinar a colheita. "Lindau ficava virtualmente sob a rota de vôo: aviões passavam por ali dia e noite", diz Koch. "Foi por isso que nos deram essa imagem do inimigo. Num lugar onde as pessoas não recebem notícias de fora, elas não têm outra coisa em que acreditar."

"Mas era crível que os americanos estivessem fazendo aquilo?", eu pergunto. Parecia improvável que uma superpotência nuclear estivesse enchendo aviões de besouros vivos e transportando-os para o outro lado do Atlântico.

"Era crível porque eles tinham acabado de arrasar Dresden com seus bombardeios!", exclamou ele. "Um belíssimo centro da cultura alemã bombardeado sem nenhum propósito! E, ainda por cima, tinham jogado duas bombas atômicas no Japão! Estava claro que os americanos representavam o mal! Que outra prova era necessária?"

Bombas, armas atômicas e, agora, uma praga bíblica.

"Estou mostrando à senhora como a propaganda política funciona!", prossegue ele. "E foi assim que eu cresci."

Àquela época ainda havia racionamento. O açúcar era escasso, e doces eram um luxo. Mas havia um programa de incentivo para as crianças. "Para cada besouro capturado, ganhávamos dez centavos. Por uma larva, o prêmio era de cinco centavos. E cem besouros valiam dez cupons de açúcar! Ou seja, nós, crianças, passávamos cada minuto livre pelos campos, catando besouros e larvas, e mais besouros e larvas. Depois, trocávamos tudo, e ganhávamos mais doces do que éramos capazes de comer!" Na cabeça de Hagen Koch, o gosto doce da recompensa está ligado ao empenho para frustrar o plano americano de arruinar a colheita de batatas e matar de fome seus conterrâneos. Essa história — de insetos, doces e da construção de um inimigo — é a história da construção de um patriota.

17. Traçando a linha

"Foi assim que, em 5 de abril de 1960, eu cheguei ao Ministério para a Segurança do Estado." Hagen Koch quase engole as palavras. "Esta foto foi tirada quatro dias depois", diz ele. A fotografia mostra um jovem vestindo o uniforme cinza da Stasi, empertigado e tenso atrás de um atril gigantesco. Koch fazia seu primeiro discurso: por que quero proteger e defender meu país. Prestou juramento: "Por ordem do Estado dos trabalhadores e dos camponeses, prometo dar a vida, se necessário... para protegê-lo do inimigo... com obediência e em qualquer parte...". Os figurões estavam todos lá. Mielke estava lá.

Mais tarde, Koch estava no meio de um grupo informal com seu comandante. Os outros recrutas fingiam relaxar, embora fazer-se notar fosse o que na verdade pretendiam. De repente, Koch sentiu os olhos de todos sobre ele, e uma mão no ombro. Ele se voltou. Era Mielke.

"O que você estudou, meu jovem?"

"Desenho técnico."

216

Mielke dirigiu-se ao comandante de Koch. "Quero que você cuide deste rapaz. Ele é do tipo que nós precisamos." "Eis aí", diz Koch, "como fui alçado da grande massa cinza." De imediato, ele foi designado diretor do Escritório de Desenho Cartográfico e Topográfico. "Eu não fazia idéia do que era aquilo", ele me conta. "Tinha me formado em desenho mecânico. Não sabia nada de mapas."

No verão de 1960, logo depois de entrar para a Stasi, Koch se apaixonou por uma garota de Berlim. Ela não estivera na *Pioniere* ou na Juventude Livre Alemã, e muito menos no Partido, tampouco era radical. Koch sorri e dá uma meia piscadela. "Escolhi minha esposa pela aparência, não por suas convicções políticas." Eu me pego vagando com os olhos, e o calendário com as garotas prende minha atenção. A garota em questão não pode retribuir meu olhar, porque não tem cabeça. O que vejo é um mapa da Tasmânia na floresta.

A Stasi sabia de tudo. O chefe de Koch o chamou e advertiu: "Aquela garota não é uma pessoa adequada. Temos grandes planos para você, e ela é do tipo RDA-negativo".

Os pais da menina, por sua vez, estavam horrorizados: Koch era um *deles*. Assim que a garota fez dezoito anos, os dois fugiram. Era 21 de julho de 1961.

Koch se volta e dá um tapinha no calendário. "A senhora notou, não é?", ele ri.

"Ã-hã."

"Sabe o que é isto?"

"Como assim?", pergunto.

"Este é o calendário feito para os guardas de fronteira da RDA", ele explica. "Sabe o que há de especial nele?"

"Não."

"Este calendário foi impresso em meados de 1990. Ou seja, *depois* da queda do muro. E foi impresso porque, mesmo àquela altura, as pessoas não podiam acreditar que o país simplesmente deixaria de existir. Ao contrário do que tudo indicava, elas achavam que a RDA seguiria adiante como país independente, com seu Exército e seus guardas de fronteira. E os guardas de fronteira iriam precisar de seu calendário cheio de garotas."

"Quando construíram o muro, em 1961, achei que era uma coisa que a gente tinha de fazer, porque estavam nos roubando descaradamente", diz Koch. "A RDA foi forçada a se proteger do Ocidente, de seus trapaceiros, parasitas e do mercado negro."

Por causa dos subsídios, os preços eram mais baixos na Alemanha Oriental, assim como os salários. "Antes do muro", conta Koch, "as pessoas pensavam: por que trabalhar no Leste, se posso ganhar mais no Oeste? Vai daí que atravessavam para o Ocidente todo santo dia, para oferecer seu trabalho, algo de que nós, aqui, precisávamos muito para reconstruir o país."

"Depois, nos postos de fronteira, voltando para casa, trocavam seus marcos ocidentais pelos orientais, a uma taxa de cinco para um! Dá para imaginar?" Ele diz isso como se as taxas de câmbio fossem uma espécie de vodu monetário. "Ou seja, voltavam com dinheiro suficiente para comprar tudo que tínhamos. E não só isso: faziam compras para seus amigos ocidentais também. De manhã, a gente costumava ver essa gente indo para o trabalho com mochilas cheias do nosso pão, da nossa manteiga, do nosso leite, de ovos e de carne. Alguma coisa precisava ser feita para impedir que as pessoas continuassem com aquilo."

À parte os que saíam todo dia para trabalhar no setor ocidental, centenas e, depois, milhares de refugiados começaram a abandonar de vez o setor oriental. Em 1961, cerca de 2 mil pessoas deixavam o país por dia, via Berlim Ocidental. Segundo Koch, seu pensamento é representativo da ortodoxia do período. "Essas pessoas estavam se esquivando do trabalho pesado necessário à construção de um futuro melhor. Queriam gozar a vida aqui e agora." Era como se aquilo fosse uma falha moral, um pecado religioso: quem são essas pessoas que querem colher sem ter plantado? A RDA estava sofrendo uma grave hemorragia. "E não eram só os trabalhadores comuns que estavam indo embora! Eram doutores, engenheiros, pessoas de nível superior. A RDA havia pago sua educação, e elas agora se deixavam seduzir pelos encantos do Ocidente."

Portanto, segundo Koch, Ulbricht, o chefe de Estado, decidiu que precisava de uma "medida de proteção antifascista". Sempre tive certo carinho por essa expressão, que parece ter algo de profilático: proteger os orientais da doença ocidental do materialismo raso. Ela segue a mesma lógica existente em se prender pessoas livres para pô-las a salvo dos criminosos.

Na noite de 12 de agosto de 1961, um domingo, o Exército da Alemanha Oriental estendeu uma cerca de arame farpado ao longo das ruas que faziam fronteira com o setor ocidental e nelas posicionou sentinelas a intervalos regulares. Quando o dia amanheceu, a população descobriu-se apartada de parentes, do trabalho e da escola. Alguns investiram contra a cerca. Outros, moradores dos apartamentos que davam para a fronteira, começaram a pular das janelas rumo a cobertores estendidos por ocidentais na calçada abaixo. Então, as tropas obrigaram os moradores a vedar com tijolos suas próprias janelas. Começaram pelos andares mais baixos, forçando as pessoas a saltar de janelas cada vez mais altas.

* * *

Koch foi chamado a sua guarnição em 13 de agosto, o dia em que levantaram o muro. Em pleno estado de emergência, todos deveriam ficar em alerta. "Dois dias depois, fui convocado pelo comandante. Ele olhou para minhas botas e declarou que eram muito ruins para a missão. Ordenou que eu acompanhasse um grupo, que incluía Honecker, ao longo de todo o perímetro pelo qual haviam estendido arame farpado e onde o muro começava a nascer. E ordenou também que eu comprasse botas novas."

"Era um dia comum de verão. Quando chegamos ao que viria a ser o Checkpoint Charlie, havia uma multidão do lado ocidental, protestando e gritando. Com a perna esquerda do lado oriental e a direita do lado ocidental, tracei minha linha branca pela rua. Concentrei-me na linha, e não no que acontecia a meu redor. Disse a mim mesmo que aqueles do lado ocidental eram os inimigos, os saqueadores e aproveitadores." A seguir, Koch acompanhou Honecker e os outros numa caminhada por toda a extensão da fronteira, quase cinqüenta quilômetros. Fico surpresa que ele não tenha mais nada a dizer sobre esse dia, que poderia ser considerado o marco inicial de sua obsessão. "Eu tinha só 21 anos", ele diz, "e me concentrei no trabalho de traçar a linha." Depois, acrescenta: "No dia seguinte, mal conseguia ficar de pé. Botas novas, a senhora sabe como é".

Ele se inclina para a frente. "As pessoas me perguntam por que não atravessei a linha que estava traçando pelas ruas. Por que não passei para o lado ocidental e continuei andando? É porque eu estava apaixonado! Tinha me casado fazia três semanas. Portanto, claro, voltei para minha jovem esposa, é natural. Como meu pai. Ele voltou para a esposa dele, e eu voltei para a minha."

Mas o pai dele havia voltado para a família sob ameaça de deportação para um campo de prisioneiros. Koch não precisou ser ameaçado: educado pelo pai, tinha se transformado no Homem Socialista. Ele afirma ser a única pessoa viva capaz de representar o muro pelo lado oriental — por meio de seus documentos, das fotocópias e das fotografias. Talvez isso se deva ao fato de a maior parte das pessoas daquele lado preferir esquecer o assunto. Hoje, de fato, parece que, de ambos os lados, a maioria prefere fingir que o muro nunca esteve ali. Apagaram-no com tal rapidez que praticamente não restou traço dele nas ruas. Só um pequeno segmento da porção mais colorida continua de pé, como uma vistosa lápide.

Em 1966, Heinz Koch localizou seu pai biológico, que morava na Holanda. O avô de Hagen veio à RDA com um visto de um dia, para conhecer o filho. Veio como um turista comum. "E, como eu trabalhava para a Stasi", diz Hagen, "meu pai, aos 54 anos, foi demitido do trabalho."

"Porque ele era parente próximo do senhor e, portanto, não podia ter *Westkontakte*?"

"Não, porque eu não avisei a Stasi da visita." A Stasi tinha de saber tudo sobre a família de todo mundo, mas, em particular, sobre sua própria família. "Foi aí que meu pai me contou sobre ser filho ilegítimo, sobre a candidatura a prefeito e sobre as ameaças que fizeram a ele, caso ele não me transformasse num bom socialista."

Fiquei imaginando como seria descobrir ter sido criada por meus pais como um exemplo de um regime no qual eles não acreditavam.

Koch disse ao pai dele: "Se é assim, para mim chega. Estou fora". Pensou consigo: se meu trabalho aqui impede meu pai de ver o pai dele, não quero mais ficar aqui. "Entreguei meu pedido de exoneração", ele conta. No mesmo dia, foi preso e trancafiado numa cela. Acusaram-no de crimes. Os crimes eram: "Preparação e reprodução de material pornográfico".

"O quê?"

Koch aprecia minha surpresa e torna a mergulhar em sua caixa de papelão. De lá, retira um panfleto artesanal. O papel contém texto manuscrito, mimeografado, e quadrinhos. Koch fez uma dúzia de cópias para comemorar o casamento de um amigo. No estilo alemão tradicional, o panfleto zombava do noivo, da noiva e dos parentes. Exibia caricaturas deles (inteiramente vestidos), dotadas de balões, e estava muito longe de ser pornográfico. Era, porém, ilegal. Na RDA, todo e qualquer material impresso era proibido, a não ser que tivesse sido autorizado. A Stasi chegara mesmo a desenvolver uma técnica capaz de identificar cada máquina de escrever pelo tipo que ela produzia, como se quisessse tirar a impressão digital do pensamento. Koch tinha usado as máquinas de seu próprio escritório.

Mantiveram-no preso na cela por duas noites, e não avisaram a esposa onde ele estava. Não lhe permitiram nenhum contato externo, nenhum advogado, nenhum telefonema. Procedimento-padrão. No terceiro dia, a Stasi e o promotor vasculharam o apartamento de Koch, em busca de mais material "pornográfico" a ser utilizado como prova. Não encontraram nada. Interrogaram a sra. Koch, que experimentou uma estranha mistura de alívio e terror: então era lá que ele estava.

"Perguntaram a ela", a voz de Koch vacila de nojo, "perguntaram a ela sobre nossa vida sexual. Disseram que, se alguma coisa não estivesse bem nessa área, eles compreenderiam e 'isso poderia explicar por que seu marido se tornou um pornógrafo'."

"Não, não", ela começou a chorar. Disse que não havia nada de errado.

"Bom, nesse caso, *Frau* Koch", disse o promotor, "digo à senhora que seu marido só teria feito essa pornografia..."

"Que pornografia?", perguntou ela, desesperada.

"... essa pornografia", prosseguiu ele, ignorando-a, "instigado pela senhora." O único som que se ouvia era o dos outros homens remexendo no apartamento. "Ao que parece, a senhora não tem nada a dizer", ele continuou. "Deixe-me perguntar uma coisa: a senhora teria alguém para cuidar do seu filho pequeno pelos próximos, digamos, cinco anos?"

"O quê? Mas por que isso?"

"Porque eu lamento dizer, senhora Koch, mas, como instigadora de um esquema de pornografia, as penas que aguardam a senhora serão severas."

Ela começou a chorar. "Eu não entendo! O que o senhor quer de mim? O que o senhor quer? Não tire o menino de mim, por favor!"

"*Frau* Koch", disse o promotor, "eu só vejo uma chance para a senhora. A senhora precisa distanciar-se de seu marido e de tudo que ele fez, mas precisa fazer isso de maneira crível, isto é, de um modo convincente. Só aí eu poderia recomendar que o juiz seja indulgente no seu caso."

"O que o senhor quer dizer? O que quer que eu faça?"

"É muito simples", disse ele, abrindo a maleta. "Basta que a senhora assine este papel, pedindo o divórcio."

Sinto um leve choque físico.

Koch relata que um pedido de divórcio foi posto sobre a mesa, já preenchido com nome completo, data de nascimento, número da identidade e endereço dos dois. "Ela assinou", ele diz calmamente. "Ela assinou de medo que fossem levar o menino embora. Aí, vieram até mim, na prisão, com aquela... aquela coisa." Ele se enoja outra vez, só de contar a história. "Disseram: 'Dê uma olhada nisto aqui. Ao que parece, sua mulher não quer mais nada com você.'" Koch baixa o tom de voz. "Naquele momento, meu mundo veio abaixo."

"Três dias depois, o secretário do meu partido veio me ver na prisão. Era um homem de uns cinqüenta anos, cabelos loiros e um rosto vermelho. Disse: 'Koch, meu amigo, faz três noites que não consigo dormir! Pelo amor de Deus, o que está acontecendo aqui? Você sempre foi tão pontual e confiável'. Tão trabalhador e ordeiro. Precisamos tirar você desta confusão'. Ele caminhava de um lado para outro da cela. 'A questão é: se você se for, o conhecimento vai embora com você. Todo o conhecimento operacional se vai junto com você! E esse conhecimento não pode sair daqui! Ou você compreende que cometeu um erro ao pedir exoneração ou vai ficar preso por quatro anos e meio, para que todo esse conhecimento não saia daqui de jeito nenhum'. E abriu os braços, num gesto de solidariedade. 'Você sabe, Koch, que só tem uma saída: retirar seu pedido de exoneração e, como prova de que compreendeu o erro cometido ao solicitá-la, você deve renovar sua promessa de prestar serviços vitalícios'. O secretário pôs dois documentos sobre a mesa, ambos já preenchidos: a retratação e a promessa. 'Ah, e que história é essa da sua esposa deixar você? Que coisa terrível. Você sabe, é em momentos como esses que nós, do Partido, vamos estar sempre a seu lado, camarada'."

"O senhor acreditou que sua esposa iria deixá-lo?", perguntei a Koch.

"Eu tinha essa confirmação por escrito!", ele grita. "Estava tudo lá, por escrito!"

"Sim, mas o senhor acreditou?"

"Estava escrito!" Eis aí um homem que acredita em documentos. "Ah, e tem mais", ele acrescenta, "me disseram o seguinte: 'Quando você se livrar da sua mulher, uma influência negativa, provavelmente vai ser promovido." "Eu estava lá, preso. Não tinha ninguém com quem discutir o assunto. Então, eu pedi: 'Posso pelo menos ir para o Departamento Cultural?'. E ele disse que sim."

Eu me pergunto como a coisa funcionava dentro da Stasi, quem arquitetava aquelas chantagens? Será que submetiam-nas a aprovação superior? Será que recebiam de volta documentos rubricados com iniciais e exibindo o carimbo "Aprovado"? Aprovados a destruição de um casamento, de uma carreira, o aprisionamento da esposa, o abandono do filho? Talvez atualizações circulassem internamente: "Cinco maneiras novas e diferentes de arruinar uma vida"?

Quando Koch saiu da prisão estava surdo para tudo que não fosse seu próprio infortúnio. É visível como o incomoda me contar essa história. "Não queria mais nada com aquela mulher", ele diz. "Ela pensa que pode simplesmente me abandonar num momento de dificuldade e, depois, voltar a ser minha esposa?", pergunta. "Estávamos divorciados. Nosso menino, Frank, tinha cinco anos e foi morar com ela."

Tento me pôr no lugar de Hagen Koch. Acho que o que mais iria querer ouvir seria uma explicação do meu amado de que tudo não passara de um terrível engano. Pergunto a ele por que ele próprio não perguntou a ela...

"Porque não queria nem saber! Não queria ouvir coisa nenhuma!" Ele grita, demonstrando como cortou relações com a esposa. "Como você ousa me pedir para ouvir, depois de tudo que fez?"

Mas Koch teve de ouvir o filho. Meses depois, quando levou Frank para tomar um sorvete, a história veio à tona. Frank estivera no apartamento e ouvira os homens ameaçando tirá-lo dela. Koch foi conversar com a ex-esposa. Um ano depois da prisão, e seis meses após o divórcio, o senhor e a senhora Koch tornaram a se casar.

A Stasi o submeteu a penas disciplinares por "inconstância". Nos arquivos, atribuíram o novo casamento à "continuada influência negativa de *Frau* Koch".

18. A placa

Heinz Koch morreu em 1985. Sua irmã, que morava em Hamburgo, na Alemanha Ocidental, recebeu permissão para ir ao funeral. Devido à presença dela, proibiram Hagen de ir ao enterro do pai. Foi a gota d'água.

Ele solicitou dispensa de seu regimento. Queria tornar aquilo um pequeno enfrentamento final, um pequeno gesto de "vão tomar no...", num momento em que nada mais podia acontecer a seu pai e em que ele próprio já não tinha muito a perder. Mas era apenas uma transferência, da Stasi para o Exército normal, sob a condição de que os segredos da Stasi seriam mantidos. Iam deixá-lo sair, e isso fez com que ele sentisse um vazio por dentro.

Sentou-se em seu escritório. Há momentos estranhos em que o presente já parece pertencer ao passado — o último dia de trabalho, por exemplo, quando os problemas e a política tornam-se uma história contada em terceira pessoa. Koch contemplou seu escritório como se ele pertencesse a outro.

Tudo que havia na sala deveria permanecer ali. Seu substituto chegaria, e ninguém notaria a diferença. Koch era intercam-

227

biável com qualquer outro sujeito de uniforme e cabelo escovinha. Irritava-o saber que não deixaria marca nenhuma, e mais ainda que, se lhe devolvessem o passado, ele provavelmente não teria coragem de fazer diferente.

A parede defronte tinha um brilho adoentado de pintura velha, assim como a placa pendurada nela. Era um prêmio pelo trabalho cultural realizado por sua unidade: terceiro lugar. Reluzia como ouro, mas era de plástico revestido com tinta metálica, como um brinquedo barato. Não era algo que ele pudesse dizer que havia ganhado sozinho. Ainda assim, Koch fechou a porta do escritório, subiu na cadeira e retirou a placa da parede. Ficou surpreso ao perceber como era leve. Com ela dentro, sua maleta não fechava. Ele tirou o colete, dobrou-o sobre a maleta e carregou-a pelas alças. Saiu do escritório, despediu-se do assistente e nunca mais voltou.

"Minha pequena vingança pessoal", diz ele. "Levar aquela placa", ele olha bem para mim, "era tudo que eu podia fazer com minha coragem."

Três semanas depois, bateram à porta do seu apartamento. O chefe do ex-departamento de Koch estava no corredor. Ainda se comportava como um colega. "A placa sumiu."

"O quê?"

"Você me ouviu: a placa sumiu. O comandante quer a placa de volta."

"Não me diga", respondeu Koch, encostando-se à porta aberta. "É só eu sair e aquilo começa a desmoronar. Enquanto *eu* estive sentado naquela cadeira, a placa esteve na parede."

"Ora, vamos lá, Koch. Ela não pode ter simplesmente desaparecido. Nada desaparece assim no Ministério para a Segurança do Estado!"

"Eu lamento não poder ajudar", disse Koch, fechando a porta. O comandante nomeou um "Grupo de Trabalho para a Recuperação da Placa". Koch foi convocado ao quartel-general para entrevistas e exigiram que ele prestasse depoimento. A placa, ele a escondera na cozinha.

Pouco tempo depois, enviaram gente mais graúda. O promotor foi visitá-lo. "Onde está a placa?"

"Eu não sei."

"Vou precisar de uma declaração escrita e juramentada a esse respeito."

"Por mim, tudo bem."

Nada mais aconteceu. Veio 1989, o muro caiu, e Koch começou a montar seu próprio arquivo. Retirou a placa de detrás do sifão da pia e pendurou-a em seu escritório. Agora, era um troféu de verdade.

Em 1993, uma equipe de televisão foi entrevistá-lo. A Alemanha havia sido reunificada, e a RDA era um lugar do passado. O entrevistador comunicou-lhe quais seriam as perguntas, antes de começarem a gravar, para que Koch pudesse se preparar. Mas ele já estava preparado, porque eram as perguntas de sempre. O senhor se arrepende do tempo que passou na Stasi? Qual a sua ligação com o muro? Foi isso que fez com que o senhor abrisse esse 'Arquivo do Muro'?"

Koch já podia ver a chamada: "Homem da Stasi mantém o muro vivo em casa...". Pensou consigo mesmo como era fácil para um entrevistador assumir ares de superioridade, simplesmente pelo fato de ser quem faz as perguntas. Mesmo na nova Alemanha as perguntas não eram sobre como o regime se apoderava das pessoas, nem as respostas de Koch seriam respostas de fato. Zeloso, ele contaria a história de como fora criado.

O entrevistador estava pronto para gravar, já dera até o sinal, quando o câmera gritou: "Parem!". A equipe relaxou os ombros.

"O que foi?", perguntou o entrevistador.

"Aquela placa tem de sair dali. Está dando reflexo na lente." O entrevistador fez sinal para que um auxiliar desse a volta em Koch e retirasse a placa, mas Koch se levantou. Ele me conta como um momento de glória. "Não!", disse. A sala ficou em silêncio. "Pouco me importa o que vocês me peçam", prosseguiu ele, falando devagar. "Faço o que vocês me pedirem, viro este apartamento de cabeça para baixo, canto até o hino nacional, se vocês quiserem. Mas a-que-la pla-ca fi-ca on-de es-tá."

O entrevistador ficou atônito. Ali estava um homem que tinha trabalhado para a Firma durante 25 anos e que agora tinha a cara-de-pau de viver disso — um sem-vergonha de um contorcionista moral requentando suas capitulações diante das câmeras. E seu limite era aquela placa?

Koch permaneceu de pé. "A placa", repetiu ele, "fica onde está."

"Tudo bem, tudo bem."

Ele se sentou. O entrevistador sabia quando ficar calado. Koch começou a contar a história toda: falou do furto, da nomeação do "Grupo de Trabalho para a Recuperação da Placa", dos interrogatórios e depoimentos, das ameaças e do rebuliço geral. Koch afirma que não sabia que a câmera estava gravando. Mas, a julgar pelo modo como o diz, não se importou que estivesse.

O programa foi finalizado e transmitido. Dias depois, tocaram a campainha do seu apartamento. Dois homens se identificaram com suas carteirinhas: Treuhand. A Treuhand foi a entidade formada após o colapso do regime para supervisionar a grande venda das empresas estatais da Alemanha Oriental para o setor privado. "*Herr* Koch, viemos buscar a placa", disse um deles.

"*O quê?*" Era já a Alemanha unificada, ocidentalizada, democrática e, ainda assim, alguém queria a placa.

"De acordo com o Tratado de Reunificação, firmado entre a República Federal da Alemanha e a ex-República Democrática da Alemanha, toda propriedade pertencente a essa última cabe, de direito, à primeira. Aquela placa era propriedade legítima da RDA e é agora propriedade da República Federal da Alemanha. Fomos encarregados de resgatá-la."

"Caiam fora!"

"Estamos dispostos a fechar os olhos para a maneira como o senhor se apossou da placa, Herr Koch, contanto que o senhor a devolva imediatamente." Koch estava furioso. "Saiam do meu apartamento. Se querem a placa, consigam um mandado. Sem ele, vocês não entram aqui. Ninguém vai levar a placa."

E foi assim que a ordem chegou pelo correio. Um processo criminal foi aberto. O indiciamento acusava Koch de furto de propriedade da RDA. Ainda assim, ele nada fez.

Não muito tempo depois, vieram bater de novo à sua porta. Eram os mesmos dois homens. "Com licença, Herr Koch, tenho o prazer de informar ao senhor que a acusação de furto foi retirada."

"Ã-hã."

"Primeiramente, em virtude da trivialidade: a placa valia apenas dezesseis marcos orientais. Em segundo lugar, porque o crime prescreveu: as alegações dizem respeito a um ato ocorrido oito anos atrás."

Koch olha bem para mim.

"No entanto", diz o funcionário, "novas medidas foram tomadas contra o senhor."

"Hã?"

"Sob a acusação de perjúrio."

"Ora, sumam daqui."

O funcionário segurou a porta com o pé. "Eu lamento, Herr Koch, mas a alegação é que, em 14 de junho de 1985, o senhor jurou em declaração escrita ao Ministério para a Segurança do Estado da ex-República Democrática da Alemanha que desconhecia o paradeiro da referida placa. Trata-se de uma infração à lei então em vigor na RDA, e é responsabilidade da nova Alemanha assegurar o julgamento de crimes ocorridos na ex-RDA."

A essa altura, estou rindo. Koch prossegue. "Eu disse: 'Parabéns. Ótimo. Muito bem! Mas será que vocês poderiam se decidir? Querem me punir porque trabalhei para a Firma ou porque trabalhei contra ela? O que vocês querem, afinal?'" Agora, Koch também está rindo. Esse é, sem dúvida, o seu momento. O homem que traçou a linha, que se sentou na cerca, demanda alguma retidão do entulho pós-muro.

"E o julgamento aconteceu?", pergunto.

"Não. Mas essas acusações todas fizeram um bom estrago. Minha esposa perdeu o emprego por causa delas. A boataria foi pesada e ganhou vida própria. Sabe como é: Koch é um ladrão, um mentiroso, cometeu perjúrio." Ele faz uma pausa e se inclina em minha direção. De novo posso sentir seu cheiro, quente, de pinho. Ele diz: "A senhora sabe, valeu a pena mesmo assim. Toda a minha coragem está naquela placa. Toda a merdinha de coragem que eu tive. Está tudo ali. Aquela placa", conclui, "fica onde está".

Bip. "Oi, Miriam, é a Anna." Mantenho a animação na minha voz. "Pensei em ligar só pra dar um alô. Adoraria pôr a conversa em dia. Tenho tido umas aventuras estranhas no seu antigo país! Cada vez mais curiosas. Tenho um monte de coisas para te contar. Bom, eu ligo de novo, ou então me liga." Deixo meu número de telefone. "A gente se vê."

Herr Koch deu-me alguns diagramas da Stasi e fotografias das "instalações fronteiriças" na Bornholmer Strasse. "*Top secret!*", exclamou ele, radiante, enquanto me fazia cópias delas na máquina do corredor.

Um ou dois dias depois, elas estão enroladas no meu bolso quando me ponho a caminho do ponto que Miriam escalou. Tenho comigo também o desenho que ela fez; o lugar onde ela foi pega está marcado com um talho de tinta azul. Quero ver como as coisas devem ter parecido a ela então. Quero comparar as fotos com o que existe agora, como se na tentativa de pôr o passado em alguma espécie de foco.

O dia está abafado. As pessoas mantêm seus aquecedores ligados há semanas, sem parar. As nuvens estão baixas, tingidas de poeira de carvão. Respiro um pouco do céu alaranjado enquanto caminho.

A primeira coisa que vejo são os jardinzinhos. Uma trilha atravessa os lotes, cada um deles separado do vizinho por uma cerca de arame trançado. Nos lotes, há pequenas cabanas, para guardar os instrumentos de jardinagem e as sementes, as churrasqueiras, as cadeiras de armar e as escadas de mão. Há também umas poucas árvores maiores, mas o grosso é composto de terra preta encharcada disposta em retângulos, à espera de uma lambida do sol para produzir verduras e flores. Alguns dos lotes são um cercado para fantasias contidas. Num deles, encontro Branca de Neve e seus anões, duas corças e dois corpulentos gnomos, todos convivendo pacificamente com uma porca quase em tamanho real e três gordos porquinhos.

Entre os jardinzinhos e o lugar onde ficava o muro há uma faixa mais ampla de grama e, depois dela, um aterro. Subo em outra cerca de arame trançado e olho para o emaranhado de linhas férreas e pequenos muros. A cerca é velha e está enferrujada. Eu me pergunto se é a mesma em que Miriam subiu. À minha esquerda, está a ponte de onde ela pensou que os guardas a estavam observando e por onde, vinte anos depois, 10 mil pessoas se acotovelaram numa única noite para passar para o Ocidente.

233

Seguro uma foto em preto-e-branco numa mão e o diagrama da Stasi na outra: "Melhorias Técnicas na Fronteira Nacional com Berlim (Ocidental)". Quero ver onde ficavam a segunda cerca, a faixa de areia, as guaritas, as torres de luz, o cabo para o cachorro e os fios próximos ao chão. Já não estão ali. Depois, lembro-me de que eles ficavam *defronte* às linhas de trem — provavelmente na faixa de grama que atravessei entre os jardinzinhos e o lugar onde estou agora.

Pego o desenho de Miriam. São umas poucas linhas numa página, representando os muros, a dobra no muro onde ela parou para respirar e trocar olhares com o cachorro, o fio que a delatou. Minhas mãos estão azuis quando levanto o papel para junto dos losangos de arame enferrujado. Fico pensando se estou no lugar certo. Miriam disse que a ponte ficava a cerca de cem, 150 metros do lugar que ela atravessou. Caminho para a direita, até julgar que estou no ponto certo. Dois trens passam, os ritmos de suas rodas se fundem e tornam a se separar. Quando terminam de passar, olho para as linhas férreas. Há pelo menos seis, desviando os trens do norte para o sul e de volta. A seguir, um talude não muito alto, mas o solo adiante dele está em outro nível. Foi ali que ela subiu? Procuro por uma dobra e a encontro. Foi onde ela se agachou?

Começa a escurecer. As luzes na ponte irradiam seu brilho amarelo doentio. Enrolo a foto, o diagrama, o desenho de Miriam e enfio tudo no bolso. Atravesso as malhas de arame com os dedos e me penduro na cerca por alguns momentos.

19. Klaus

"Posso dar uma passada aí?"

"Para quê?"

Acho que o acordei. É uma hora da tarde. "Para fazer uma visita, Klaus. Preciso sair de casa." O que eu preciso, na verdade, está se tornando um hábito: uma certa composição química de lúpulo e cevada. Preciso me sentir bem, temporariamente, diante de placas e muros, velhos e normas, padarias e tapeçarias, corredores e mais corredores de salas lacradas com propósitos secretos. Preciso ver um sobrevivente.

"Está bem", ele diz, "mas não agora. Mais tarde."

"Tudo bem, vejo você mais tarde então."

Estamos na terceira cerveja, e são apenas seis da tarde. Klaus parou de tremer e trocou o roupão que vestia quando cheguei por jeans pretos e uma jaqueta à prova de vento. Seus cabelos estão multicoloridos, e multicolorida está também a barba. O rosto é enrugado, com dentes marrons e olhos apertados e sorridentes. As mãos dele são grandes e arroxeadas, mãos de fumante inveterado. Klaus está rabugento e simpático ao mesmo tempo, ainda só aquecendo os motores.

Como muita gente, sei um pouco sobre a vida dele, mas não me importaria de ouvi-lo contar sobre ela, uma história noturna. De início, ele resmunga — que ícone com algum respeito por si próprio precisa dizer como chegou onde está? Mas abrimos mais algumas latas, e ele me faz a gentileza, relaxando pouco a pouco. Larga o corpo na poltrona, assumindo a forma da mobília.

Estamos diante de uma mesinha de café contendo palitos de fósforo, latas, cinzeiros cheios de guimbas, pedaços de papel e montinhos de tabaco que mais parecem tufos de cabelos. Além dela, um enorme aparelho de TV com som estéreo. O cômodo é também quarto de dormir e escritório de Klaus — há um colchão no mezanino à minha esquerda e, embaixo, fax, computador e sintetizador.

As paredes mostram fotos e cartazes, além das sombrias pinturas a óleo do próprio Klaus. A que está mais próxima do meu campo de visão exibe uma série de gravuras, mostrando a evolução do seio, de firme e pontudo a frouxo e pendular. Esse cômodo é a vida de Klaus, o interior da sua cabeça.

As primeiras fotos mostram Klaus Jentzsch antes de ele escolher o sobrenome de solteira da mãe como parte de seu nome artístico: um jovem certinho em 1958, vestindo terno, gravata fininha e olhando com modéstia para baixo, para seu contrabaixo acústico. As fotos rastreiam seu percurso até o astro de cabelos longos, casaco de pele de carneiro e baixo elétrico. As mais recentes são cartazes de turnês: um grupo de seis homens de meia-idade com uma variedade de bandanas, barbas e óculos escuros, punhos erguidos e suor no peito. Se houve uma transformação em Klaus, ele parece ter se transformado mais nele mesmo: sem bandana, sem óculos — apenas jeans, camiseta e baixo.

Klaus Renft é o garoto malvado do *rock-'n'-roll* alemão oriental. A Klaus Renft Combo tornou-se a banda de rock mais doida e popular da RDA. Klaus começou a carreira tocando Chuck Berry e Bill Haley nos anos 1950. Nos 1960, passou a tocar Animals, Beatles e Rolling Stones. E, nos 1970, Steppenwolf, Led Zeppelin e Pink Floyd. Em geral, os álbuns dessas bandas eram invariavelmente proibidos, de modo que Klaus e seus amigos infringiam a lei, ouvindo a rádio ocidental RIAS (a rádio do setor americano) e gravando as músicas em gravadores enormes, para depois trabalhar nelas. Cantavam aos gritos: "A ken't get nö, zetizfektion".

Fico espantada de as autoridades terem deixado que cantassem "Satisfaction", dos Stones, uma canção que, tendo se tornado um hino para os desejos de todo tipo no Ocidente, só podia ser entendida como um protesto contra o sistema em si no Leste. "Eles compreendiam o significado?", pergunto.

"Nem nós sabíamos o que a música significava", Klaus ri, picando tabaco e pedacinhos queimados de haxixe dentro de um cachimbo de tubo branco. Sua risada é profunda e inocente. Ele é um homem que tem o dom do prazer. Seu sorriso aquece o cômodo.

Com o tempo, a Klaus Renft Combo passou a tocar um número cada vez maior de composições próprias. Quando Gerulf Pannach se juntou ao grupo, em 1969, as letras ganharam em rebeldia, mordacidade e esperança, ou, como escreveu uma revista, "em alma, fragilidade e dor". No mundo dos sucedâneos como o lipsi, Renft era uma coisa autêntica, não autorizada. Contudo, só havia uma gravadora na RDA, a AMIGA, e Klaus conta que as letras de todas as canções eram modificadas antes de eles poderem gravá-las. A banda, segundo ele conta, cantava canções sobre as "coisas sagradas" da Alemanha Oriental — o Exército e o muro —, porque queria "arranhar a RDA na medula".

Ele se levanta da poltrona e se movimenta com a rapidez de um gato, embora eu talvez esteja começando a ver as coisas em câmera lenta. Tento imaginar como seria receber toda minha experiência de rock ao vivo, mas de segunda mão. Será que Mick Jagger, Robert Plant e Roger Daltrey sabiam de seus duplos no Leste? Mas assim que Klaus põe a música para tocar, eu acredito: *I am a believer*. Há alguma coisa num bom rock que desafia o pensamento. Ele é puro e vil ao mesmo tempo, e mexe com a gente de um modo que não dá para dizer com palavras. O vocalista, Christian "Kuno" Kunert, aprendeu a cantar num coro de igreja em Leipzig, e a voz dele soa como a verdade. Ele canta a famosa "Die Ketten werden knapper" [As correntes apertam cada vez mais] e "A balada do pequeno Otto", que anseia por juntar-se ao irmão no Ocidente. Klaus torna a se sentar e fuma alegremente. Terminadas as canções, ele continua a falar.

O Renft não podia tocar nas cidades grandes, por isso a banda tocava para enormes multidões que iam vê-la em cidadezinhas pequenas. "Era um Woodstock por dia", ele sorri. "Sabe como é, para nós, a RDA não era só Stasi, Stasi e mais Stasi. Era '*sex* e *drugs* e *rock-'n'-roll*'", diz Klaus, usando as palavras em inglês. "Drogas" significavam álcool e cigarros, as únicas de que dispunham, mas tiravam delas tudo que podiam. "Quero dizer, a gente *vivia* de verdade!", explica, "e era divertido."

"Em algumas das cidadezinhas onde estivemos, os prédios da rua principal eram pintados só até a metade da altura! A parte de cima era concreto puro, cinza." Ele me olha como se tivesse acabado de me propor uma charada, e era o que tinha feito. "Era porque, quando Honecker passava, aquela era a altura até onde ele podia ver do banco de trás da limusine. Não havia tinta suficiente para pintar além daquele ponto!" Eu já tinha ouvido falar nisso, bem como nos açougues cheios de mercadorias que desapareciam assim que Honecker ou algum outro membro graúdo do governo passava. Klaus acha tudo isso muitíssimo engraçado. Depois, diz: "Essa sociedade foi construída em cima de mentiras — uma mentira atrás da outra". O imperador está nu! Os prédios, seminus! O Renft podia ter começado com os rocks que tomara emprestado do Ocidente, mas as mentiras eram tantas que cantar a verdade garantiu ao grupo status a um só tempo heróico e criminal. Por volta de meados da década de 1970, a banda incorporava uma combinação letal de rock, letras contra o governo e adoração em massa. Seus membros eram desgrenhados, usavam calças boca-de-sino, tinham uma postura ousada, eram o máximo, e eram ricos, para os padrões da RDA, mas explosivos demais para o regime. Artistas necessitavam de uma licença para trabalhar. Em setembro de 1975, o Renft foi chamado a tocar para o Ministério da Cultura em Leipzig, visando à renovação de sua licença. Klaus se levanta para apanhar uma pasta embaixo do mezanino. "Agora, posso consultar os detalhes da minha vida nos arquivos da Stasi", ele sorri, "o que não é ruim." Uma vez, ele já se referiu ao estado de seu cérebro como "comida para cachorro". Gosto dele por esse seu autoconhecimento, e retribuo o sorriso. Pouco antes da audiência para a renovação da licença ofereceram-lhe um passaporte, dinheiro vivo e uma vida mansa — na RDA ou no Ocidente —, se ele se separasse de dois dos membros da banda de maior franqueza política: Pannach e Kunert. Klaus disse não. "Eu sabia que aquilo seria uma sentença de morte para nós", diz.

"Imagino que precisava de muita coragem para recusar uma oferta dessas."

Ele encolhe os ombros. "Com Hitler, era muito pior", ele diz. "A gente teria sido despachado para um campo de concentração."

A fumaça é doce, e o tempo começa a perder seu controle sobre a noite. Há uma certa singeleza em Klaus, em se tratando de um astro de rock. Ele nunca tem respostas prontas. "É difícil descrever", ele diz. "Por um lado, acho que minha atitude demonstra caráter ou coisa do tipo. Mas, por outro, para ser honesto, eu estava cagando nas calças..." Ele começa a rir. Depois, pára. "Ao que parecia, nós todos iríamos parar na prisão — teria sido o desfecho habitual", ele pondera com sobriedade. "E as pessoas nas prisões eram tratadas pior do que animais. Claro que a gente não queria isso."

Agora que ele dispõe dos documentos que integravam sua ficha na Stasi, Klaus pode ver a seqüência de acontecimentos do ponto de vista do outro lado. Ele folheia a pasta e, de repente, se detém. "Isto aqui é engraçado", diz. "Do Honecker para o Mielke." Ele lê em voz alta: "Caro Erich. Por favor, cuide do caso de Jentzsch, Klaus, o mais rápido possível. Saudações, Erich". Klaus ri. "Viu essa? De Erich para Erich." Mas essa história logo podia perder toda a graça. A certa altura, Mielke pediu a seus agentes em Leipzig: "Por que vocês não pegam todos eles? Por que não liquidá-los?". Mas os membros do Renft eram famosos demais para uma abordagem tão direta.

Klaus segue virando as páginas e encontra uma queixa formal feita pela administração do Klubhaus Marx Engels, onde o Renft havia tocado quinze dias antes. Ela é dirigida à camarada Ruth Oelschlägel, presidente do comitê para a concessão de licenças que eles iriam ver em breve.

"Você vai gostar desta aqui", ele diz, e lê em voz alta. Klaus é a única pessoa que conheço capaz de extrair tanto prazer da patacoada contida no arquivo que leva seu nome. A administração do clube reclamava da bebedeira do grupo. "Depois do show, foram encontradas cerca de quarenta garrafas de vinho... é incompreensível para nós que um conjunto musical necessite consumir tamanha quantidade de álcool para entrar no clima da apresentação." A reclamação contemplava ainda "os arrotos ao microfone, o uso de palavras como 'merda'." Começo a rir, muito mais

240

do que a piada merecia, mas quem se importa? Klaus balança uma perna por cima do braço da poltrona e também está rindo. Ele prossegue com a leitura. "Protestamos contra o uso de palavras inflamadas no palco, tais como 'Decadente é a sociedade; nós somos o contrário', 'Hoje me sinto livre', 'Tem pessoas sentadas nesta sala que vão nos denunciar', ou 'Vocês serão os últimos a ver o Renft, porque nós vamos ser banidos'." A risada de Klaus desce pelo peito e ele começa a tossir. Depois, bebe um longo gole de cerveja e se põe a enrolar um baseado.

"Eu tinha algum dinheiro ocidental", ele conta, "e, antes da audiência, comprei um gravadorzinho cassete em uma Intershop." Quando toca, Klaus segura o baixo numa posição esquisita, em pé, quase como um baixo acústico. Passa a correia do instrumento por cima do ombro esquerdo; ela desce pelas costas e por entre as pernas, circundando o corpo. Enquanto se preparavam para tocar para o comitê, ele ligou o gravadorzinho e o escondeu entre o instrumento e a virilha, preso à correia do baixo.

Mas nem chegaram a tocar. A camarada Oelschlägel pediu que se aproximassem da mesa. Disse que o comitê não iria ouvir "a versão musical do que os senhores entenderam por bem nos submeter por escrito", porque "as letras nada têm a ver com nossa realidade socialista... insultam a classe trabalhadora e difamam o Estado e as organizações de defesa".

Klaus se inclina para apanhar sua latinha de tabaco. "E aí ela disse para a gente: 'Estamos aqui hoje para informar que os senhores deixarão de existir'."

Seguiu-se um silêncio. Um dos membros da banda sinalizou para uma *roadie* que parasse de montar o equipamento. Kuno perguntou: "Isso significa que fomos banidos?".

"Não dissemos que os senhores estão banidos", respondeu a camarada Oelschlägel. "Dissemos que os senhores não existem."

Klaus está tentando acender o baseado com seu Zippo. Ele dá uma bela tragada, olha para mim e começa a exalar a fumaça, rindo. "Então, eu disse a ela: 'Mas... nós... ainda... estamos... aqui...'. Ela me olhou bem nos olhos. 'Como banda', disse, 'os senhores não existem mais'."

Foram dispensados. Klaus deu um jeito de passar a fita cassete para sua namorada, Angelika. "Ela não sabia o que era", ele conta, "mas sabia que era importante." Angelika escondeu a fita no cachecol e a levou de volta para o apartamento deles. Quando chegou em casa, depois de beber a tarde inteira no Ratskeller, Klaus escreveu "Fats Domino" em letras grandes sobre a fita e guardou-a na estante.

Angelika tinha um passaporte grego, o que significava que podia viajar para o Ocidente. No dia seguinte, Klaus pediu que ela fosse a Berlim Ocidental, "comprar pasta de dentes ou coisa assim". Ele não podia ter certeza de que ela não seria revistada no posto de fronteira e, portanto, ela não levou a fita consigo. Mas ele queria que as autoridades vissem que ela havia atravessado a fronteira e voltado. Depois, Klaus espalhou por Leipzig que tinha feito uma gravação do decreto do comitê, agora em poder da RIAS, em Berlim Ocidental, e que, se alguma coisa acontecesse a eles, a gravação iria ao ar imediatamente.

É difícil dizer em que medida aquilo lhes deu proteção, se é que lhes deu alguma. Os discos do Renft desapareceram das lojas da noite para o dia. Pararam de escrever sobre a banda e de tocá-la no rádio. A gravadora AMIGA mandou reimprimir todo o seu catálogo, apenas para poder excluir dele o grupo. "No fim, foi como eles tinham dito: a gente simplesmente não existia mais", diz ele, "como no Orwell."

O Estado espalhou o boato de que a banda havia se separado e estava em dificuldades. Ou seja: não podia tocar. Alguns membros queriam ficar na RDA, outros sabiam que teriam de ir embora. Pannach e Kunert foram presos e encarcerados até agosto de 1977, quando o Ocidente comprou sua liberdade. Os outros dois, "os mais apolíticos", diz Klaus, permaneceram na RDA com seu empresário. Klaus se ajeita na poltrona. "Você já ouviu falar no grupo Karussell?", pergunta.

"Não."

Klaus explica que o empresário que ficou com os dois membros mais dóceis, descobriu-se depois, era da Stasi. Sob seu comando, o Renft se reagrupou com o nome de Karussell e saiu gravando canções do antigo Renft, copiando-as "nota por nota". "Era uma cópia tão perfeita", conta Klaus, "que não dava para saber se era o Renft ou o Karussell." A Stasi estava satisfazendo as necessidades do público, mas com uma banda que ela podia controlar.

"Você não ficou furioso?"

Ele encolhe os ombros. Outra pessoa poderia ter visto aquilo como traição, motivo suficiente para ficar se remoendo durante um bom tempo. Afinal, aquele acontecimento marcou, para Klaus, o início de um hiato de quinze anos. Mas Klaus tem o dom de não levar as coisas tão a sério. Amparados pelo álcool, seus tombos terminam numa aterrissagem suave. Ele parece incapaz de todo e qualquer arrependimento, e a raiva evapora de seu corpo como o suor.

A partir do final de 1975, Klaus passou a não ter mais o que fazer nem com quem fazer o que quer que fosse. Depois das chicanas habituais por parte das autoridades, deixaram-no partir com a namorada para Berlim Ocidental. Foi difícil a passagem do dinheiro e da fama para o nada. Do outro lado do muro, o cachê do Renft não era o mesmo. Klaus ficou atônito. Seus fãs eram rebeldes e não estavam ali. Durante anos, trabalhou no teatro, cuidando do som. Depois que o muro caiu, descobriu que "a gente tinha se tornado uma banda *cult* na RDA. Nossos álbuns eram mais caros do que um disco do Pink Floyd". Desde então, a banda tem se reunido, mas a formação mudou, e Pannach, que fazia as letras, morreu.

Nos últimos tempos, andei lendo sobre a morte de Pannach. Ele morreu cedo, de uma espécie incomum de câncer, assim como Jürgen Fuchs e Rudolf Bahro, ambos dissidentes e escritores. Todos eles estiveram em prisões da Stasi mais ou menos à mesma época. Quando uma máquina de radiação foi encontrada em uma dessas prisões, a Administração dos Arquivos da Stasi começou a investigar o uso eventual de radiação contra dissidentes. O que descobriram chocou um povo acostumado às notícias ruins. A Stasi usara radiação para marcar pessoas e objetos que queria rastrear. Ela desenvolveu uma gama de etiquetas radioativas, incluindo-se aí um alfinete radioativo que podia ser espetado às ocultas na roupa de uma pessoa, ímãs radioativos a serem fixados em carros e projéteis radioativos que podiam ser disparados contra pneus. Desenvolveu também um *spray* de mão, a fim de que seus agentes pudessem abordar pessoas numa multidão e impregná-las ou borrifar radiação no chão de suas casas, para que elas deixassem pegadas radioativas por onde passassem. O manuscrito de Rudolf Bahro recebeu radiação, com o intuito de rastrear seus receptadores, mesmo no Ocidente. Com o propósito de detectar a pessoa ou o objeto marcado, a Stasi desenvolveu contadores Geiger pessoais que podiam ser presos ao corpo, vibrando quando o agente detectava alguma coisa. Nas prisões, às vezes, a Stasi utilizava máquinas de radiação, assim como câmeras fotográficas, para fichar prisioneiros. O relatório da Administração dos Arquivos da Stasi foi cauteloso. Não encontraram prova do emprego de radiação no assassinato das pessoas marcadas, homens ou mulheres. Mas descobriram que radiação foi, sim, utilizada de modo temerário, sem levar em conta a saúde da população. O relatório recomendava que ex-prisioneiros da Stasi fizessem exames médicos periódicos.

Embora Pannach tenha morrido, Kuno está bem e lidera agora um Klaus Renft Combo reformado. De novo, estão em turnê pela velha RDA, tocando para casas cheias e multidões famintas por algo que já foi seu, que não se domesticou e que era bom. Tocam uma mistura de composições velhas e novas. Seu álbum mais recente se chama *Como se nada tivesse acontecido*. A foto da capa mostra um cinzeiro cheio, latas vazias de cerveja e uma garrafa aberta de uísque. A última faixa do CD é um misto de piada, vingança e explicação para os anos perdidos: trata-se da gravação original, de 1975, da voz de Oelschlägel declarando que eles não existiam mais.

Nossa conversa vai e volta. Klaus ainda está pensando na minha afirmação, se foi um ato de coragem recusar a oferta inicial da Stasi, não querer dançar conforme a música deles. "Não sei se foi coragem", diz. "Foi mais uma espécie de ingenuidade que me protegeu, acho." E penso que ele está certo, mas é uma espécie de ingenuidade cuidadosamente alimentada e mantida, uma inocência que ele não permitiu que arruinassem. "Quero dizer, não temos mansões à beira do Mugglesee, como os Pushdys, mas posso me olhar no espelho de manhã e dizer: 'Klaus, você se saiu bem'. Bens materiais não são o que importam para mim."

Ele se recosta na poltrona. A fumaça que sai de sua boca a oculta numa névoa cinza, como a barba grisalha. "Acho que esse pessoal da Stasi já recebeu punição suficiente."

"Como assim?"

"Bom, se eles têm um mínimo de consciência..."

"E se não tiverem?" Penso em *Herr* Winz, *Herr* Christian, *Herr* Koch e nos diversos tipos de consciência que existem.

"Não estou tão interessado", ele diz. "Não deixei que me pegassem."

Essa, penso eu, é sua vitória. É isso que o impede de permanecer acorrentado ao passado e de carregá-lo consigo como uma ferida. Se houve "emigração interior" na RDA, talvez tenha havido também vitória interior.

Klaus olha para mim. Ao longo do anoitecer, ele parece ter adquirido uma compreensão cada vez mais ágil e aguçada, ao passo que eu estou tão inerte como uma esponja. "Quer ouvir uma coisa bonita?", ele pergunta. Faço que sim com a cabeça. Ele põe um vídeo da banda tocando uma música que Pannach escreveu pouco antes de morrer. Hoje, Kuno mais parece um açougueiro ou motoqueiro, mas sua voz é linda e suave, tão boa quanto sempre foi.

Eu canto meu blues para um homem
Que poderia te contar
Como eram vermelhos os sonhos nas ruínas
Onde hoje há torres de concreto
E quer saber o que restou
Dos sonhos daquele homem? Pergunte às paredes
Da cela 307 em Hohenschönhausen
Eu canto o blues em vermelho
Para alguém que não pode me ouvir
Como uma criança no escuro
Canta uma canção para si mesma...

Por um momento, a canção paira no ar, e nada mais existe; não tenho corpo, e o tempo pára de passar. Klaus se estica em sua poltrona. Quando a música termina, ele diz: "Você não pode deixar que te devorem, sabe como é? Que te deixem uma pessoa amarga. Tem de rir, sempre que der". Ele tem razão, claro. E a gente tem de beber também. Pelas minhas contas, eu o acompanho à razão de um para três, mas não tenho certeza dos meus cálculos. Klaus pega o violão e começa a dedilhá-lo sem pensar, amorosamente, o braço sobre a curva da madeira. Eu olho através do fundo do meu copo — a mesa, o cinzeiro e as latas de cerveja. Parecem estranhamente pequenos e distantes. Afasto apressada meu rosto do vidro e percebo que estou olhando para a capa do CD. Também a mesa, porém, está coberta de cinzeiros e latas de cerveja. A mesma cena em dois tamanhos diferentes. Está na hora de eu ir embora. Não sinto o frio gélido, não sinto muita coisa. Pedra rolante, *rolling stone*. Pedra rolando para casa. Os paralelepípedos estão molhados e as lâmpadas nos postes formam poças de luz amarela no chão. Penso no meu amigo em sua sala, cantando felicidade.

20. *Herr* Bock, de Golm

Os telefonemas continuam.

"Bock." Uma voz calma, a respiração pesada de um homem velho. "Ligo em resposta a seu anúncio."

"Ah, sim, *Herr* Bock. Muito obrigada por ligar." Antes que eu possa explicar o que estou fazendo, ele diz: "Posso contar à senhora tudo que há para saber sobre o Ministério para a Segurança do Estado. Posso dar à senhora tudo de que a senhora precisa, mocinha, porque fui professor da academia de treinamento do Ministério. Na verdade, eu ensinava *Spezialdisziplin*".

"Ah", digo, "*ja?*"

"*Spezialdisziplin*", ele repete. "A senhora sabe o que isso significa?"

"Não sei, não."

"*Spezialdisziplin* é a ciência de recrutar informantes. É a arte do manipulador", ele explica. Depois, faz uma pausa. "A senhora deveria me fazer uma visita. Minha casa fica defronte à academia, em Golm. Sabe onde é?"

"Não." Ele me diz que trem e ônibus pegar.

Quanto maior a tendência a se perder, mais a gente tenta suprir essa deficiência. Para ajudar com a memória, minha avó leva consigo um caderninho espiral preso com discrição à roupa de baixo. Já eu, tenho um monte de mapas. Tenho, por exemplo, um mapa da Potsdam de 1986, em que as áreas ocupadas por instalações da Stasi — desde *bunkers* até locais de treinamento de tiro, passando por prédios de vários andares — aparecem vazias. Em outro, um mapa da Berlim Oriental de 1984, quarteirões inteiros e ruas em território da Stasi simplesmente não estão representados: constam no mapa como áreas de um laranja pálido. Por curiosidade, procuro Golm e encontro uma lacuna no mapa, nas cercanias de Potsdam.

Sigo as instruções de *Herr* Bock. Pego um trem em Berlim, vou até o fim da linha e, de lá, pego dois ônibus. A casa de *Herr* Bock fica numa rua de casas geminadas, cada uma delas com um jardinzinho na frente e um portão de arame. Parece ser a única rua existente por ali, como se um urbanista houvesse projetado um conjunto habitacional que começou a ser construído antes de ele mudar de idéia e desistir da empreitada. O revestimento das casas é de concreto cru e cinza, cheio de calombos, como se provocados pelo frio. Nenhuma delas, incluindo-se aí a de *Herr* Bock, parece habitada.

É fim de tarde. Na sala de estar predominam o bege e o marrom. O linóleo é marrom, as paredes revestem-se de um folheado escuro, o sofá é marrom, e nele está sentado *Herr* Bock, camuflado num cardigã acrílico de losangos beges e marrons. Os grossos óculos quadrados lhe dão olhos que parecem submersos, e ele é dentuço. Um bigode pende do lábio superior. A voz é macia. Preciso me inclinar para ouvi-lo.

"A senhora não deve usar meu nome", diz ele logo de início. Eu concordo.

Ele relaxa, se acomoda no sofá e começa a falar. Diz que o Ministério dividia-se em duas seções principais: interna (chamada de "Defesa") e externa ("Contra-espionagem"). Ele ministrava um curso para agentes da Stasi destinados a trabalhar na Defesa. O nome é um eufemismo. O serviço interno da Stasi foi projetado para espionar e controlar os cidadãos da RDA. Seu nome só faz sentido se entendermos que a Stasi defendia o governo contra a população. Tomo notas como uma estudante. *Herr* Bock descreve cada departamento da Defesa. Anoto:

> Principais departamentos:
> Economia
> Aparato do Estado
> Igreja
> Esportes
> Cultura
> Contraterrorismo

A Alemanha Oriental era um país pequeno, de apenas 17 milhões de habitantes, mas essas divisões e os subdepartamentos da Stasi multiplicavam-se por todo o território nacional não menos que quinze vezes. Em cada recanto do país, todo aspecto da vida tinha sua contrapartida, ou sua nêmesis, num departamento. "Vamos tomar como exemplo específico", ele propõe, "o departamento da Igreja." A Igreja — os pastores e os fiéis — era a única área da sociedade alemã oriental em que o pensamento oposicionista podia encontrar uma estrutura e aglutinar-se em algo real. Por isso as faculdades de teologia atraíam estudantes de maior brilhantismo e independência. "Todo o nosso pessoal precisava ter alguma formação teológica, para que nossos agentes pudessem se passar por membros das igrejas em que se infiltravam." Ele cruza a perna, apoiando um tornozelo no joelho. "Como fazíamos isso?, a senhora poderia perguntar." Estala os dedos. "Resposta: íamos até as faculdades de teologia e recrutávamos os próprios estudantes." *Herr* Bock esfrega as mãos, que produzem um ruído de papel. "A senhora sabe", continua ele, "éramos de uma eficácia suprema. Pouca gente sabe que, no fim, sessenta e cinco por cento dos líderes eclesiásticos eram nossos informantes, e o restante, de todo modo, era mantido sob vigilância."

Certa vez, numa ficha da Stasi do começo de 1989, vi uma anotação que nunca mais esqueci. Um jovem tenente alertava seus superiores para o fato de que eram tantos os informantes nas manifestações dos grupos oposicionistas da Igreja que eles acabavam fazendo com que esses grupos parecessem mais fortes do que eram de fato. Numa das mais belas ironias de que tenho notícia, ele, cumpridor de seu dever, apontava que, tendo inchado as fileiras da oposição, a própria Stasi dava à população o alento necessário para seguir protestando contra o governo.

Herr Bock descruza a perna e afasta os joelhos. Seus pés, calçando meias e sandálias, mal tocam o chão. Lá fora, a luz do dia está nos deixando. Mas *Herr* Bock segue firme com seu relato. "Agora, quanto a nossos métodos de trabalho. Eles eram definidos em diretivas. Eram quatro as áreas principais." Tomo nota:

Métodos de trabalho:
Desmascaramento de agentes infiltrados (*Enttarnung*)
Recrutamento de informantes
Controle operacional de pessoas (vigilância)
Verificações de segurança

A paixão de *Herr* Bock era o recrutamento. "Diretiva 1/79!", exclama ele. "Um, setenta e nove! Sobre a Conversão dos Informantes e a Colaboração com Eles!" Ele puxa um lenço e limpa os cantos da boca. "Não havia hesitação nesse quesito. Tínhamos de decidir, com base em princípios *objetivos*, onde plantar um informante na sociedade. Podíamos, por exemplo, precisar de um num prédio de apartamentos, numa fábrica ou num supermercado. Fazia-se, então, uma avaliação racional: que tipo de pessoa precisamos aqui ou ali? Que qualidades ela deve possuir? Encontrávamos três ou quatro que atendiam aos requisitos. Aí, sem que soubessem, eram observadas e avaliadas, visando a determinar se podíamos abordá-las ou não."

"Na maioria das vezes", prossegue ele, "as pessoas que abordávamos tornavam-se informantes. Era muito raro alguém recusar. Em certas ocasiões, porém, sentíamos que poderíamos precisar saber quais eram seus pontos fracos, só por garantia. Se queríamos um pastor, por exemplo, verificávamos se ele já havia tido um caso com alguém ou se tinha algum problema com bebida — enfim, detalhes que podiam nos pôr em vantagem. Em geral, porém, as pessoas diziam sim."

Escureceu lá fora, mas *Herr* Bock parece cada vez mais animado. "O terceiro método era o 'Controle operacional de pessoas'."

"O que significa isso?", pergunto.

"Bom", diz ele, "as pessoas eram controladas mediante o emprego de meios e métodos, e todos os meios e métodos permitidos podiam ser usados para tanto." Ele junta as palmas das mãos e, depois, as cruza entre as pernas. "A coisa ficou bem complicada para algumas delas, eu diria."

Estes eram os meios e métodos permitidos:

Escuta telefônica

Mobilização de informantes

Vigilância contínua pelas forças de observação

Uso das forças investigativas

Uso das forças técnicas (incluindo-se aí a instalação de escutas nos aposentos do indivíduo)

Interceptação de pacotes e correspondência

Resta apenas uma coisa em que consigo pensar. "Usavam amostras de cheiro também?"

"Ah, não, isso não", ele responde. "Isso era só para criminosos."

"Bom, e quem eram essas pessoas sob 'controle operacional'?"

"Eram inimigos."

"Ah. E como o senhor sabia que eram inimigos?"

"Bem", diz ele com sua voz suave, "uma vez começada uma investigação sobre determinada pessoa, isso significava que ela era suspeita de atividade inimiga." Era a lógica perfeita das ditaduras: se estamos te investigando, é porque você é um inimigo. "Nós procurávamos por inimigos em todas as áreas que mencionei: nas fábricas, no aparato estatal, na igreja, nas escolas, e assim por diante. Na verdade", diz ele, "à medida que o tempo foi passando, tínhamos cada vez mais trabalho a fazer, porque o conceito de 'inimigo' foi sendo ampliado."

Guardo minha caneta dentro do bloco de notas e espio a escuridão na direção dele. *Herr* Bock afirma que outros professores da academia passaram suas carreiras expandindo o alcance dos parágrafos da lei de modo a abarcar mais e mais inimigos. "Na realidade, a promoção deles dependia disso", ele diz. "Nós discutíamos esse assunto entre nós, ali no sexto andar", um braço aponta o prédio defronte. "E não me importo de dizer à senhora que achávamos, alguns de nós, que os parágrafos tinham ficado amplos demais." Eu concordo com um gesto de cabeça. Se o mero fato de investigar alguém já o transforma num inimigo do Estado, a população inteira da RDA era de inimigos em potencial.

"Amplos demais", ele continua, "para que a gente pudesse executar a lei com propriedade. Isso dentro dos recursos disponíveis, quero dizer."

"Que qualidades o senhor procurava num informante?", pergunto a *Herr* Bock.

"Bom", ele diz, recostando-se no sofá com as duas mãos atrás da cabeça, "essa pessoa precisava ser capaz de se adaptar rapidamente a novas situações e de se integrar onde quer que a infiltrássemos. Ao mesmo tempo, tinha de possuir um caráter estável o bastante para ter sempre em mente que era a nós que passava informações. Mas, acima de tudo", ele conclui, olhando bem para mim com os olhos distorcidos e aumentados pelas lentes, "precisava ser honesta, fiel e digna de confiança."

Também eu olho para ele, e sinto meus olhos se expandindo.

"Quero dizer, na sua relação com o Ministério, claro", ele se corrige. "Pouco nos interessava se o informante estava traindo outra pessoa..." Ele tomba a cabeça para um lado, pensando. "Na verdade, tinha de estar, não é?", pergunta. "Talvez essa capacidade não seja uma grande qualidade num ser humano", continua, "mas era vital para nosso trabalho. E devo acrescentar que é assim em todos os serviços secretos."

Não é bem assim. Poucos serviços secretos dispõem de informantes a relatar com minúcia atividades que se desenrolam nos jardins-da-infância, jantares ou eventos esportivos do país todo.

"E o que os informantes ganhavam com isso?" Quero saber quanto pagavam a eles.

"Era uma miséria, na verdade", Bock reconhece. "Não recebiam quase nada. Toda semana, tinham de encontrar seus instrutores, e não eram pagos para isso. De vez em quando, podiam receber algum dinheirinho, como recompensa por uma informação específica. Às vezes, ganhavam um presente de aniversário."

"E por que faziam o serviço, então?"

"Bem, alguns estavam convencidos da causa", responde ele. "Mas acho que era principalmente porque os informantes tinham a sensação de que, fazendo aquele serviço, eram alguém. A senhora sabe, tinham alguém que os ouvia durante cerca de duas horas por semana, tomava notas. Sentiam-se mais do que as outras pessoas."

Na minha opinião, outras ditaduras têm ao menos um componente mais caloroso e até mais humano. As da América Latina, por exemplo. É fácil compreender o desejo por casos recheados de dinheiro e drogas, ou o desejo por mulheres, armas e sangue. Aqueles homens cinzentos da RDA, trabalhando com seus informantes mal pagos, parecem a um só tempo mais burros e mais sinistros. A traição decerto tem sua própria recompensa: a pequena e profunda satisfação humana de estar em vantagem sobre outra pessoa. É a psicologia da amante, e o regime alemão oriental a empregava como combustível.

Herr Bock segue falando, e eu continuo tomando notas. Toda reunião com um informante precisava acontecer em local secreto. "Na verdade", diz ele com orgulho, movendo o pescoço na direção da escada, "disponho de um local assim aqui mesmo, em minha casa." O quarto, no piso de cima, ainda está equipado para esse propósito, com uma mesa redonda e poltronas revestidas de vinil marrom. "Cada informante", ele diz, "sabia exatamente o que estava fazendo." Ele estica a mão para trás, para acender um pequeno abajur.

Olho para meu relógio. São nove horas da noite. "Se o senhor não se importa de eu perguntar", digo, "o que o senhor faz hoje em dia?"

"Sou consultor de negócios."

Não digo nada.

"A senhora parece surpresa", diz ele. "Deve estar imaginando o que eu hei de saber sobre negócios."

"Sim, estou."

"Trabalho para empresas da Alemanha Ocidental que vêm aqui para comprar ativos da Alemanha Oriental. Faço a mediação entre elas e os alemães orientais, porque os ocidentais não falam a mesma língua. Os orientais ficam desconfiados com as roupas da moda, os Mercedes Benz e por aí vai."

Fantástico. Aí está ele de novo, conquistando a confiança de seu povo para vendê-lo barato. Aos homens da Stasi, o desemprego que grassa na Alemanha Oriental desde a queda do muro afeta muito menos. Muitos deles encontraram trabalho nas companhias de seguro, em telemarketing e no mercado imobiliário. Nenhuma dessas atividades econômicas existia na RDA. Mas o pessoal da Stasi foi, de fato, criado e treinado para elas, escolados que foram na arte de convencer pessoas a agir contra seu próprio interesse.

"Nunca pensamos, ninguém jamais pensou, que tudo iria acabar", ele diz. "Ninguém jamais imaginaria que nosso país pudesse, de algum modo, deixar de existir. Sem mais nem menos! Naquele sexto andar ali", ele torna a apontar para a academia do outro lado da rua, "nós costumávamos brincar no final de 1989, dizendo: 'O último a sair, apaga a luz'. Sim, porque, no fim das contas, não sobraria ninguém na RDA."

Melhor eu ir andando também. Agradeço a *Herr* Bock, junto minhas coisas e caminho até o ponto de ônibus. Só há um único poste de luz na rua toda, e ele fica bem ali. Para que o motorista do ônibus me veja e pare, preciso me postar no centro do cone de luz. Não vejo muita coisa além dele; não há luzes acesas em nenhum dos prédios ao meu redor. Ali estou eu, num vazio do mapa, iluminada para que todos possam me ver. De acordo com a tabela dos horários, o próximo ônibus chegará em 45 minutos. Em dez minutos, o frio vai congelar meus ossos.

Apanho minha pouca bagagem e caminho de volta para a casa de *Herr* Bock. Não vejo nenhuma luz acesa, mas aonde ele poderia ter ido? Não passou nenhum carro pela rua. O portão está emperrado e faz barulho. Um pedaço de arame que não vejo pica a palma da minha mão. Imagino *Herr* Bock espiando através das cortinas e, de fato, assim que o portão finalmente se escancara, ele abre a porta. Está mastigando.

"Acho que vou chamar um táxi, se o senhor não se importa", digo. "O próximo ônibus só passa em 45 minutos, e eu vou perder a conexão com o trem para Berlim. Posso entrar?"

Está escuro lá dentro. Ele apagou a luz para assistir à TV, que agora também desliga. Depois de engolir, ele diz: "Não sei nada sobre táxis. Acho que eles não vêm até aqui".

"Vamos tentar chamar um, está bem?", peço.

Ele está perfeitamente à vontade na escuridão. "Pode demorar um pouco", diz, "porque imagino que precise vir de Potsdam." De todo modo, ele encontra uma lista telefônica na penumbra e liga para uma empresa de táxi. Depois, retira alguma coisa de um prato.

"A senhora não tem medo do escuro, tem?", ele pergunta com a boca cheia.

"Está *muito* escuro."

"Assim vamos poder ver quando o táxi chegar", diz.

Não vejo como. Todas as cortinas estão fechadas e, mesmo que houvesse alguma luz ali, nem uma única nesga chegaria à rua. Começo a remexer em minha bolsa, procurando sei lá o quê. Estou apenas ganhando tempo para pensar e evitando olhar para ele. Sinto-me cansada, faminta e as palavras em alemão já não me vêm com facilidade. É muito improvável que aquele homem do casulo marrom, com sua sala para conspiradores, venha a encostar um dedo em mim, mas me irrita o prazer que ele sente em ter-me à sua mercê. O que me preocupa é que o táxi, vendo aquela casa escura numa rua escura, vai dar meia-volta e partir. Penso em maneiras de escapar, quando *Herr* Bock se levanta e espia pelas cortinas. Volta decepcionado.

"Que rapidez", ele diz.

Apanho minhas coisas e o deixo ali, com todas as luzes apagadas na RDA.

21. *Frau* Paul

Sei muito pouco sobre essa mulher. Minha guia no quartel-general da Stasi recomendou com tanta ênfase que eu fosse conversar com ela que simplesmente telefonei e marquei uma hora. Pego o trem em Mitte e vou até o fim da linha, em Elsterwerdaer Platz, ao sul de Berlim Oriental. Ali, espero pelo ônibus que me levará à casa de *Frau* Paul.

No ponto há um florista vietnamita com uma banca de flores tristes e maltratadas pelo frio. A RDA importava "irmãos socialistas" norte-vietnamitas como mão-de-obra e os tratava muito mal. Moravam em acampamentos e todo dia eram levados de ônibus para as fábricas, a fim de que o contato com os nativos fosse evitado. Agora, viram-se como podem.

Compro o arranjo de aspecto menos cansado que vejo. São cravos e mosquitinhos. Por alguma razão, sua aparência é fúnebre. O vendedor é um homenzinho minúsculo, com o rosto esticado de uma múmia e dentes que não cabem na boca. Ele apanha o troco de um bolso de couro em seu avental e me oferece um cigarro. Eu aceito, e sorrimos um para o outro. Então, ele se agacha atrás do balcão e retira dali um pacote de Marlboro. "Cigarro?", ele torna a perguntar, abrindo um largo sorriso. "Não, obrigada", agradeço. A banca de flores murchas é, portanto, fachada para a venda de cigarros no mercado negro. Caminhões deles são contrabandeados da Polônia, para fugir de taxas e impostos, e vendidos nas esquinas, na entrada do metrô ou, em abordagem mais poética, em bancas de flores, em geral por vietnamitas. Gosto do disfarce daquele homem, e também de seu estilo generoso.

Uma mulher corpulenta, de seus sessenta e poucos anos, abre a porta. Ela tem um boné de cabelos pretos e olhos muito azuis num rosto suave. Sigo-a até a sala de estar, mobiliada com dois ou três sofás pequenos de vinil e plantas penduradas em vasos. Tudo "muito bem arrumadinho", como diria minha mãe, o mesmo valendo para Sigrid Paul. Roupas e cabelos em perfeita ordem, e ela tem os dedos gordinhos e afilados nas pontas de uma Madalena penitente. Com eles, bem apertados, segura já um lenço. Preparou deliciosos sanduíches com ovos mexidos, carne rosada e pepinos em conserva.

De antemão, ela se desculpa. "Costumo perder o fio da meada", diz. "Isso pode consumir um bocado de fita. Por isso, escrevi uma pequena nota biográfica", ela a apanha da mesinha de centro, "para me ajudar a não fugir muito do tema." Parece hesitante, uma mulher apegando-se a notas sobre sua própria vida. *Frau* Paul me passa o relato de duas páginas. O título diz: "O muro atravessou meu coração".

Contudo, ela não faz uso das notas. É verdade que se perde e, às vezes, se repete também. Mas conta muito bem sua história.

Em janeiro de 1961, *Frau* Paul — ou Rührdanz, como era seu sobrenome de casada —, técnica em odontologia, deu à luz o primeiro filho. O parto foi difícil, parto caudal. O horário era o da troca de turno dos médicos, e houve alguma demora nos cuidados necessários. Quando por fim ela foi atendida "uma perna já estava para fora", ela conta, mas submeteram-na a uma cesariana assim mesmo.

Nos primeiros dias após o nascimento, Torsten Rührdanz cuspia sangue. Não conseguia se alimentar. Os médicos julgaram que podia ser algum problema estomacal e tentaram dar-lhe chá. Seis dias após o parto, *Frau* Paul teve alta do hospital, mas o bebê retinha muito pouco da alimentação que lhe era dada. E continuava cuspindo sangue. Ela o levou a outro hospital, na região leste da cidade, mas tampouco ali conseguiram identificar qual era o problema. "Aquilo me deixou muito nervosa", ela diz. "Para mim e para meu marido, era o filho dos nossos sonhos."

Em seguida, *Frau* Paul levou o menino para o hospital de Westend, na zona oeste da cidade, onde lhe deram um diagnóstico em 24 horas. Torsten tinha sofrido uma ruptura do diafragma durante o parto. Estômago e esôfago haviam sido danificados, e o quadro era de inflamação e hemorragia interna. Ele corria risco de vida e, por isso, foi operado de imediato. Depois, permaneceu internado até que se recuperasse.

No começo de julho de 1961, estava bem o bastante para ser levado para casa, com instruções estritas sobre sua alimentação e medicação. *Frau* Paul e o marido, Hartmut, precisariam de leite em pó e remédios especiais, que o hospital de Westend lhes forneceria com regularidade. Embora o muro ainda não existisse, a fronteira da região era controlada, e eles necessitavam de permissão para ir apanhar os remédios. *Frau* Paul solicitava autorização ao Ministério da Saúde a cada vez que atravessava a fronteira para ir buscá-los.

Nas semanas que se seguiram, Torsten fez progressos lentos, mas inquestionáveis. "Disseram-nos que, com a alimentação especial e os remédios, era provável que ele se desenvolvesse normalmente", conta ela. *Frau* Paul começa a chorar, tão em silêncio que é como se as lágrimas vazassem. Escorrem pelo rosto, mas ela as enxuga. "Por favor", diz ela, "sirva-se." Ponho alguma coisa na boca. Olho em torno, à procura de retratos de família, mas não há nenhum nas paredes, e tampouco consigo ver algum nos armários. Na noite de 12 para 13 de agosto, o muro de Berlim foi traçado com arame farpado. *Frau* Paul e o marido moravam ainda na mesma casa, bem na zona leste. Não viram nem ouviram nada sobre a divisão da cidade, mas acordaram num mundo diferente.

Na próxima vez que *Frau* Paul solicitou autorização ao Ministério para ir buscar o leite em pó e os remédios, o pedido foi recusado. Ela se lembra de ter protestado com o funcionário, de ter dito a ele que seu bebê era muito doente e que poderia morrer sem aqueles cuidados. "Se seu filho está doente assim", ele disse a ela, "melhor seria que ele morresse mesmo." *Frau* Paul parou de chorar; seu rosto largo está agora vermelho de raiva. O casal não teve escolha, a não ser recorrer ao leite em pó comum. O menino voltou a cuspir sangue. Uma noite, à meia-noite, levaram-no ao Charité, o grande hospital da região leste. Os médicos puseram o menino sob observação e disseram a ela que voltasse para casa.

"Na manhã seguinte, quando voltei ao hospital para ver meu filho, ele não estava mais lá. Ninguém me avisara de nada. Não houve tempo para isso." Quando perceberam que não podiam ajudá-lo, os médicos alemães orientais deram um jeito de atravessá-lo para o outro lado da nova fronteira, de volta ao hospital de Westend. *Frau* Paul não sabe como conseguiram fazer aquilo, mas acredita que foi o que salvou a vida do filho. "Não tenho absolutamente nada contra os médicos do Charité. Era impossível prever o que aquilo significaria para Torsten e o que acarretaria a todos nós."

O bebê estava agora do outro lado do muro. *Frau* Paul e o marido foram ao Ministério da Saúde, pedir permissão para visitá-lo. Mas cruzar "a medida preventiva antifascista" era agora assunto do Ministério do Interior. Ela se abaixa para apanhar uma fotografia antiga e passá-la para mim. É uma foto dela, com o semblante mais suave e os cabelos armados da década de 1960. Segura um bebê e esboça um sorriso incerto. A criança chupa o lábio inferior e olha para a câmera. Não se vê seu corpo. Um homem com uma batina preta de pastor e colarinho branco se encontra postado junto deles, que estão ladeados de enfermeiras de touca e uniforme. "Isso foi em outubro de 1961", ela diz, "no batismo feito às pressas."

Depois de nove e meia semanas de separação, apenas *Frau* Paul recebeu visto de um dia para assistir ao batismo do filho, que de novo corria sério risco de vida. As autoridades não permitiram que o marido a acompanhasse, temendo que, juntos, eles decidissem permanecer no Ocidente. Ela volta a chorar, como se as lágrimas a inundassem. O silêncio é total, não se ouve nem mesmo barulho de tráfego. O único som provém da respiração dela.

Toda manhã, ao acordar, Sigrid Paul sentia-se por um instante como ela havia sido no passado, mas logo a imagem do corpo frágil e doente do filho invadia-lhe a mente. Ele não melhorava. Operaram-no quatro vezes no hospital de Westend. Ele precisou receber um esôfago artificial, um diafragma artificial e um piloro artificial. Necessitava também de alimentação artificial. De novo, disseram aos pais que o menino podia morrer. "Fui visitá-lo naquela ocasião e, é claro, queria mais", ela diz, "queria mais."

Como diz *Frau* Paul, na linguagem das autoridades, "meu marido e eu decidimos fazer uma tentativa ilegal de deixar o território da RDA". Ela segura o lenço no colo com as duas mãos. "Não sou nenhuma combatente clássica", ela diz, "nem sequer era

262

parte da oposição. Até hoje, não sou membro de nenhum partido político." Assoa o nariz. "E não sou uma criminosa."

Ela respira fundo e endireita o corpo. "De fato, eu costumava ouvir a RIAS, a rádio ocidental. Era contra a lei, mas todo mundo ouvia. Era importante para mim ter notícias do mundo lá fora. E, no fim das contas, foi a RIAS que me salvou."

Frau Paul e o marido, um construtor de barcos, começaram a procurar maneiras de se juntar ao filho. Em 1961 e 1962, inúmeras pequenas comunidades de interesse estavam se formando na Alemanha Oriental. As pessoas se reuniam baseadas em pouco mais do que um tênue conhecimento uma da outra e na vontade de ir embora. Um certo dr. Hinze e sua esposa moravam na cidade de Rathenow, em Brandemburgo, e queriam se juntar ao filho, Michael, em Berlim Ocidental. Michael estudava sociologia na Universidade Livre quando o muro foi erguido, e ele decidiu ficar no Ocidente. O dr. Hinze conversara umas poucas vezes com o marido de *Frau* Paul sobre construir um iate e sair pelo mundo. Agora é que aquilo não iria acontecer, é claro, mas isso significa que ele sabia da dificuldade pela qual o casal estava passando. Além disso, seu filho Michael, na companhia de outros jovens estudantes ocidentais, estava envolvido num esquema para tirar pessoas da RDA.

Michael Hinze mora na Alemanha Ocidental, onde conversei com ele por telefone. Fala macio e com humildade. Não menciona o que fez como se estivesse pondo a própria liberdade em risco para libertar outras pessoas. Não soa nem sequer como um homem modesto, pouco a vontade ao ouvir falar do próprio heroísmo. Seu tom mais parece o de alguém se lembrando de como, certa vez, passo a passo e da maneira habitual, consertou o próprio carro. "Em 1961", ele conta, "eu tinha 23 anos e experiência nenhuma nessas coisas." Depois que erigiram o muro, Michael contatou um grupo berlinense ocidental dedicado aos direitos humanos. "Alguém lá me falou sobre um jeito de tirar pessoas da RDA."

Quando o muro foi construído, a Alemanha Oriental tentou bloquear toda e qualquer rota de fuga. Os trajetos dos ônibus foram alterados, os trens não deveriam mais fazer paradas no setor ocidental, bloqueios foram posicionados nas ruas ao longo da fronteira e o patrulhamento nas águas do Báltico foi intensificado. Mas era impossível lacrar inteiramente um país, apartá-lo do mundo exterior, e mais impossível ainda fazê-lo de uma só vez em todas as partes e contemplando todos os meios de transporte. Os trens que iam da Europa Ocidental para a Dinamarca e a Suécia passavam pela Alemanha Oriental e paravam na Ostbahnhof de Berlim Oriental. Com um visto válido de trânsito no passaporte, cidadãos da Alemanha Ocidental podiam atravessar o território da RDA a caminho de Warnemünde, na costa do mar Báltico, para pegar a balsa para Malmö ou Copenhague. E, na estação ferroviária em Berlim Oriental, ainda não havia muro ou posto de controle entre as plataformas locais e aquelas que serviam aos trens em viagem de longa distância. Como sempre havia sido, e assim é até hoje, a verificação de bilhetes, passaportes e vistos é feita no próprio trem. Munida de um passaporte alemão ocidental e de um visto de trânsito, uma pessoa podia embarcar em Berlim Oriental e viajar para fora dali.

"Éramos oito, talvez dez pessoas ao todo", conta Michael Hinze, "estudantes que se dedicavam àquilo. Eu diria que, no total, conseguimos tirar cerca de cinqüenta pessoas da RDA usando esse esquema." E acrescenta: "Eu não fazia grande coisa".

O esquema era simples e inteligente. Consistia em transformar um alemão oriental num alemão ocidental por um único dia. Os estudantes pediam a cidadãos da Alemanha Ocidental que doassem seus passaportes pela causa. "Não tínhamos dificuldade de conseguir os documentos. As pessoas se mostravam mais do que dispostas a ajudar outras pessoas a sair dali." Escolhiam ocidentais cuja idade, altura e cor dos olhos se parecessem com as dos orientais que iam contrabandear para o outro lado. O titular do passaporte requisitava um visto de trânsito às autoridades de Berlim Oriental. Ao mesmo tempo, fotografias para passaporte dos alemães orientais eram levadas através da fronteira para Berlim Ocidental. Quando os passaportes retornavam a seus titulares, já com o visto estampado neles, os estudantes os levavam a um artista gráfico, que inseria em cada um a respectiva foto da pessoa que iria intentar a fuga. Os passaportes completos eram, então, contrabandeados para os alemães orientais à sua espera.

"Embrulhávamos cinco ou seis passaportes num jornal e enfiávamos tudo na entrada de ar do meu fusca." Michael podia viajar para o Leste com visto de um dia. Junto com os passaportes, ele levava os artigos necessários à transformação completa de um alemão oriental em um turista alemão ocidental. "Levávamos coisas como pastas de dente de marca ocidental, para pôr na bagagem deles, e as carteiras de motorista dos titulares dos passaportes. Cigarros ocidentais também, é claro, Marlboro ou coisa do tipo. E dizíamos a eles para remover as etiquetas de suas roupas, de modo a que não carregassem consigo aqueles dizeres: 'Manufaturado pelo Povo'."

Num beco perto da estação, Michael entregava os passaportes e os artigos. Portando uma mala que não fosse maior do que aquela necessária a passar um feriado, os alemães orientais se preparavam para ir ao encontro da nova vida. Por volta do Natal de 1961, o pai e a madrasta de Michael Hinze estavam a salvo em Berlim Ocidental.

Durante o inverno de 1961, *Frau* Paul recebeu permissão para visitar Torsten quatro vezes. Numa delas, um envelope estava à sua espera no hospital. Era uma notinha do dr. Hinze, contendo seu número de telefone e alguns trocados. Quando ela ligou, ele lhe disse que o filho ajudaria a ela e ao marido a sair da Alemanha Oriental. Na próxima vez que foi a Westend, *Frau* Paul levou fotografias dela e do marido para os passaportes. Michael providenciou para que elas fossem inseridas em passaportes ocidentais.

"Então, em fevereiro de 1962", conta *Frau* Paul, "nosso plano era fugir pela rota de trânsito que ia da Ostbahnhof de Berlim até a Dinamarca, para depois chegarmos a Berlim Ocidental. Era uma rota que dava uma tremenda volta". *Frau* Paul é uma mulher inteiramente desprovida de ironia. Na verdade, ela parece guardar muito pouca distância do que aconteceu com ela. Tudo permanece próximo, e duro.

Três estudantes orientais fugiriam com eles: um jovem chamado Werner Coch e um casal. *Frau* Paul e o marido deram seu carro a um amigo e, discretamente, venderam alguns de seus pertences. Deixaram a casa intacta e mobiliada. "Eram tempos terríveis, de muita incerteza", ela diz.

Werner Coch é hoje engenheiro químico e tem quase sessenta anos. De fala macia e precisa, tem cabelos e olhos escuros e um rosto tranqüilo. Está vestido com asseio, roupa clara, sapatos claros. Estamos sentados na sala de estar da casa espaçosa e confortável que ele construiu, e ele me conta sobre a rota de fuga. Um relógio de pêndulo marca as meias horas da tarde.

"Recebemos os passaportes e as passagens de trem", diz ele, "e decoramos cada um a sua história: quem éramos, nome, data de nascimento, aonde íamos passar o feriado, e assim por diante." Precisaram aprender também sobre onde tinham estado. O passaporte de Coch havia pertencido a alguém que já estivera em Togo. "Togo!", ele ri. "Não posso dizer que sou especialista na história do Togo, mas pesquisei o nome da capital, Lomé, e que língua era falada no país: o francês."

No dia marcado, os cinco foram para a estação ferroviária. Deveriam ficar no saguão até receber o sinal de que estava tudo bem, a cargo de um estudante ocidental com visto de um dia. Então, subiriam para a plataforma dos trens de longa distância e embarcariam. O estudante telefonaria para Copenhague, para se certificar de que o grupo anterior havia chegado em segurança. Somente depois daria o sinal. Coch não se lembra qual era o sinal combinado. Conta que "tinha a ver com um jornal, com a maneira como ele estaria segurando o jornal".

Frau Paul parece ter se esquecido desses detalhes, ou reprimiu todos eles. Ela conta apenas que "o estudante fez o sinal que significava que não deveríamos embarcar. Se embarcássemos, seríamos presos. Fomos direto para casa".

Coch vai um pouco além. Ele conta que, quando recebeu o sinal, "foi um choque. Mas devo dizer também que senti, ao mesmo tempo, uma sensação de alívio. Eu sabia que levava coisas na bagagem que ainda tinham cara de produtos da Alemanha Oriental".

Hoje, *Frau* Paul sabe que o grupo todo que os precedeu foi detido e encarcerado. O estudante ocidental que os acompanhava foi preso e cumpriu sentença de dois anos numa prisão da RDA. A Stasi tinha ficado desconfiada e, da noite para o dia, instituíra um novo carimbo como parte do visto de trânsito. No tempo que levara para solicitar os vistos e contrabandear os passaportes para o Leste, o carimbo havia, sem que o grupo soubesse, se tornado obrigatório.

"Levamos todos os passaportes para casa", conta *Frau* Paul, "e os queimamos aqui mesmo, neste apartamento." Ela o diz em tom definitivo e exagerado, como se a fogueirinha os houvesse purificado a todos do crime. "Depois disso, restou a esperança de que nosso filho melhorasse e voltasse para casa, para junto de nós. Pensamos: tentamos uma vez, não deu certo. Não vamos tentar de novo." O fracasso pusera fim ao menos àquela ansiedade em particular, e a sensação foi de alívio temporário. Ela insiste em que ali, naquele momento, ela e o marido Hartmut desistiram de fugir da RDA. "Para nós já era o bastante. Mas em todo aquele processo ficamos conhecendo os três estudantes que moravam aqui, na Alemanha Oriental." *Frau* Paul e o marido se corresponderam com eles ao longo do ano seguinte. "Pessoas com pensamentos parecidos acabam se encontrando na vida, e nós mantivemos o contato."

Em fevereiro de 1963, um ano após a tentativa frustrada com os passaportes, os três estudantes perguntaram se podiam passar algumas noites em Berlim. Torsten ainda estava em Berlim Ocidental, ainda no hospital. "Respondemos que sim", diz *Frau* Paul. Desse ponto em diante, porém, a conversa se torna confusa, temperada por afirmações de que ela "não sabia à época" ou "não poderia ter imaginado". Confiou nos estudantes e deu a eles a chave de casa. "Eu trabalhava em tempo integral como técnica em odontologia", diz, "e, portanto, não tinha como saber o que se passava neste apartamento durante o dia. Simplesmente não estava aqui." Ela remexe em seu colar. "Meu marido é quem ficava aqui", ela diz.

"*Frau* Paul e Hartmut estavam nervosos", conta Coch sobre sua estada na casa do casal, "era uma atmosfera tensa." Os estudantes haviam voltado para tentar de novo. Um túnel havia sido escavado desde Berlim Ocidental, passando por debaixo do muro e estendendo-se até o porão de um prédio de apartamentos na Brunnenstrasse, em Berlim Oriental. Vinte e nove pessoas haviam fugido por ele meses antes. Então, o túnel inundara, bloqueando a passagem de outros que aguardavam do lado oriental. Agora, porém, em pleno inverno, a água havia congelado, e o plano para uma nova fuga estava em andamento.

22. O acordo

"Eu queria ir", Coch me conta, "porque tinha a sensação de que a organização era perfeita. Julguei que se o perigo fosse grande demais receberíamos um sinal, como tinha acontecido no plano dos passaportes falsos."

Os estudantes aguardaram no apartamento de *Frau* Paul pelo aviso de um mensageiro. Como da vez anterior, a nova tentativa era organizada por estudantes ocidentais, que comunicariam aos alemães orientais a localização do túnel, além de quando e como ter acesso a ele.

O mensageiro chegou com a informação. "As instruções eram para que a gente fosse até uma rua perto do Teatro Rosa Luxemburgo", diz Coch. "Lá, haveria um carro estacionado com algum sinal no vidro traseiro. Com base nesse sinal, saberíamos decifrar o endereço do prédio onde ficava o túnel." Depois, deveriam ir a uma cabine telefônica nas proximidades. Se tudo estivesse em ordem, encontrariam um adesivo logo abaixo do fone. "Se o adesivo não estivesse lá, isso significaria que alguém o havia arrancado para nos avisar. Se tudo estivesse em ordem, era só uma questão de ir até o tal endereço e dizer uma senha." Eles deveriam entrar no prédio um de cada vez, a intervalos de meia hora, e, uma vez lá dentro, seriam conduzidos até o túnel. Se tudo caminhasse bem, haveria um sinal proveniente da janela de um edifício do lado ocidental: uma bandeira branca indicaria o sucesso da operação. No caso de alguma complicação, apareceria uma bola vermelha.

"Antes, durante a tarde, Hartmut Rührdanz e eu fomos dar uma olhada no local. Pegamos o metrô até a estação Rosa Luxemburgo e demos um giro por ali." Viram o carro, a cabine telefônica e cronometraram quanto tempo levariam do apartamento dos Paul até lá naquela noite. "Eu saí sozinho. Hartmut veio atrás, a uma distância segura. Ele estava uns cem metros atrás de mim." Coch foi até o carro e leu o sinal junto do vidro traseiro. "Era um tipo de charada", conta ele, "algo a ver com uma fonte, não me lembro exatamente", diz, "e tinha também o número 45." *Brunnen* significa "fonte, poço". Coch compreendeu que deveria se dirigir à Brunnenstrasse, número 45. Em seguida, foi até a cabine telefônica e encontrou o adesivo embaixo do fone.

Dali até a Brunnenstrasse, 45, era um pulinho. O endereço, aliás, fica dobrando a esquina do meu apartamento. Caminhei até lá certa manhã. O céu estava alto, de um azul desbotado, e o sol brilhava como a lâmpada de um congelador. A Brunnenstrasse cruza a Bernauer Strasse, que era onde ficava o muro e foi também o local onde tiraram as famosas fotografias das pessoas saltando de seus apartamentos para os colchões estendidos do lado ocidental, em 13 de agosto de 1961. Hoje, o que se vê ali é apenas uma faixa de grama alta demais. Qualquer um que não saiba que o muro passava por ali achará difícil imaginá-lo naquele lugar. Na certa, o local acabará abrigando novos prédios de apartamentos, no mesmo estilo dos antigos, e, em menos de uma geração, a cicatriz se tornará invisível. No momento, porém, aquela faixa de grama tem um aspecto estranho: não é um parque, tampouco um terreno vazio, mas apenas um buraco na cidade. Ergui bem minha gola enquanto caminhava. Observava com atenção os números dos prédios, procurando pelo 45, quando passei por uma loja e li uma placa. Voltei atrás. Tinha lido certo. A placa dizia: "Venda e aluguel de equipamentos para escavação. Escavadoras de poços, furadeiras elétricas, brocas, furadeiras de mão, bombas". Dois garotos passaram por mim. Eram durões, os dois com a jaqueta aberta naquele frio. A camiseta de um deles dizia, em inglês: "Too drunk to fuck". A do outro, em alemão, dizia: "Saiam da frente: babaca a caminho". Olharam fixo para mim, para a loja e para mim de novo, como se tentassem compreender o que eu podia achar de tão fascinante numa loja de bombas e furadeiras.

O prédio da Brunnenstrasse, 45, é um edifício de apartamentos comum, de cinco andares. Nada o diferencia dos demais prédios da rua. Ele não exibe nenhuma placa nem qualquer inscrição na calçada em memória do túnel. E, como tantos dos edifícios da ex-Alemanha Oriental, está em reforma. Logo que entrei, dois trabalhadores turcos vinham saindo, carregando ferramentas e baldes de argamassa. Cumprimentei-os com a cabeça, como se soubesse o que estava fazendo ali, e segui adiante. O acesso ao porão ficava à direita. Parei por um momento. Depois, abri a porta rumo à escuridão e ao odor de poeira e umidade. Começava a descer a escada quando ouvi um chamado.

"Perdão, minha senhora! Senhora? Posso ajudar?" O mestre-de-obras, também turco, estava postado no topo da escada. Expliquei a ele que procurava um túnel cuja entrada ficava no porão do prédio.

"Espere um momento", ele pediu. Foi buscar uma lanterna ligada a um cabo bem longo, e descemos pela escada. O porão tinha um teto abobadado e gabinetes de madeira para cada apartamento. Creio que nenhum de nós dois acreditava que fosse encontrar um túnel ali. Ele iluminou o chão poeirento da passagem até o final. E lá, na parede, havia uma área do tamanho de um homem em que os tijolos eram mais novos do que os demais. Dirigimos a luz para ela e ficamos ali. Pensei nas 29 pessoas que haviam deixado o país por aquela passagem, e em Werner Coch e nos outros.

Quando chegou ao edifício, Coch relata: "Fui até a porta do porão, no vestíbulo, e disse a senha. A senha era 'O senhor Lindemann mora aqui?'. Como não houve resposta, eu repeti: 'O senhor Lindemann mora aqui?'. Estava dizendo aquelas palavras para as pessoas que estariam atrás da porta, o pessoal que estava nos ajudando. E deveria esperar pela resposta. Imaginava que fosse aparecer alguém com uma tocha ou que alguém falasse comigo, me tirasse dali. Não aconteceu nada. Absolutamente nada. Pensei: tem alguma coisa errada. Ah, meu Deus, por favor me ajude a escapar dessa inteiro. Dei meia-volta e saí do prédio".

"Foi aí que eles me pegaram. Gente da Stasi, à paisana. Acho que eram três, esperando na rua que eu saísse do edifício. Hoje eu sei que tinham cercado o prédio. Tinha um deles lá dentro também, na escada."

Perguntaram a Coch o que ele fazia ali, e ele respondeu que tinha ido visitar o sr. Lindemann. "Não tem nenhum *Herr* Lindemann aqui", disseram. E levaram-no embora: primeiro, para a delegacia de polícia; depois, para o quartel-general da Stasi em Berlim; e, por fim, para a prisão, em Hohenschönhausen.

"Hartmut Rührdanz assistiu a tudo, parado do outro lado da rua", Coch conta. "Depois, foi para casa, apavorado." Os Rührdanz ficariam na Alemanha Oriental. Esperariam até que seu bebê estivesse bem o bastante para voltar para casa. E sua esperança era de que ele sobrevivesse.

Como tantas outras coisas, a memória não é confiável. Não apenas por aquilo que ela oculta ou altera, mas também por aquilo que ela revela. *Frau* Paul devia saber muito bem por que os estudantes tinham vindo para ficar, e provavelmente sabia que a tentativa de fuga pelo túnel havia fracassado. Se ela não o admite, é apenas porque esse conhecimento fez dela uma criminosa na RDA, e porque — o que é ainda mais triste — é assim que ela ainda se sente.

Ela me mostrou um relatório da Stasi sobre o túnel. Sua entrada estivera sob nossos pés na Brunnenstrasse, e não na parede, como revela este documento, em seu terrível burocratês:

GOVERNO DA REPÚBLICA DEMOCRÁTICA DA ALEMANHA
Ministério para a Segurança do Estado
ATESTADO

Da existência de um túnel ligando Berlim Ocidental à capital da República Democrática da Alemanha.

No curso de uma verificação de rotina do porão do edifício localizado à Brunnenstrasse, 45, no bairro de Mitte, em Berlim, efetuada pelo Exército Nacional do Povo em 18/2/1963, observou-se a existência de um buraco no chão do referido porão, despertando a suspeita de que havia ali um túnel.

O alargamento e posterior exame do buraco confirmaram que o edifício da Brunnenstrasse, 45, abrigava o final de um túnel proveniente de Berlim Ocidental.

O túnel principiava em território pertencente a Berlim Ocidental, passava por baixo da Bernauer Strasse, em Berlim Ocidental, e por várias edificações habitadas da capital da República Democrática da Alemanha, conduzindo ao porão da Brunnenstrasse, 45.

Do porão da Brunnenstrasse, 45, até a fronteira nacional, o túnel media 130 metros, estendendo-se posteriormente para além da Bernauer Strasse, que possui cerca de 30 metros de largura.

As dimensões da passagem alcançavam 75 cm de largura e de 70 a 80 cm de altura. Durante o exame da referida passagem foram confiscadas 4 lanternas de produção ocidental, 1 pá dobrável de fabricação norte-americana, 1 pá de mão, 2 machadinhas, 1 furadeira para pedra e diversas chaves de fenda.

Além disso, foram encontrados no local do túnel e confiscados uma série de cabos leves, diversas lâmpadas e várias esteiras de borracha.

Por comparação com material já coletado até a data de hoje, deduziu-se que o estudante [nome], da Universidade Técnica de Berlim Ocidental, certamente esteve envolvido na organização da construção do túnel da Brunnenstrasse, 45.

Daquele momento em diante, *Frau* Paul e o marido passaram a ser seguidos. "De manhã, quando eu ia para o trabalho", diz ela, "alguém me seguia bem de perto. Se ia fazer umas compras na Alexanderplatz, um homem me acompanhava desde a porta de casa até o ônibus, o trem e, depois, por todo o caminho de volta. Eles mudavam as pessoas, mas sempre tinha alguém. Queriam que a gente sentisse aquilo." Sentir o quê? Uma ansiedade crescente, não específica? A não ser pelo fato de que estavam sendo seguidos, não tinham como prever o que estava por vir. Como na maioria das vezes, até que as coisas aconteçam, a gente não acha que elas vão acontecer conosco. Aquela situação perdurou por quinze dias.

Certa manhã, quando ela se dirigia para o ponto de ônibus, dois homens em trajes civis pediram a *Frau* Paul que mostrasse sua identidade. "Aquilo era muito comum. A gente tinha de carregar a identidade o tempo todo." Mas antes que ela pudesse encontrar o documento dentro da bolsa, "uma grande limusine preta" estacionou no meio-fio. Os homens a agarraram na altura dos cotovelos e a jogaram dentro do carro. "Fui seqüestrada em plena rua", ela diz.

Frau Paul não sabia para onde tinha sido levada, "mas sabia que estava na Stasi". Hoje, ela tem o registro de seu interrogatório, e ele mostra que ela estava na Magdalenstrasse, parte do quartel-general da Stasi na Normannenstrasse. Foi interrogada das oito horas da manhã de 28 de fevereiro de 1963 até às seis da manhã do dia seguinte. "Foi o tempo que aquilo durou", diz ela, estendendo-me o documento. "Sempre disse que tinha durado vinte e duas horas e, quando tive acesso a meu arquivo, estava lá: vinte e duas horas." É como se o que aconteceu a *Frau* Paul fosse algo tão extremo, para seu modo de ver as coisas e sua idéia de como a vida deveria ser, que ela quer se certificar de não estar, em momento algum, exagerando.

Ela se lembra muito bem do interrogatório. Era uma mulher jovem, imponente e mordaz. "No começo, neguei tudo, mas aí notei que eles já sabiam muita coisa. Queriam informação sobre os estudantes que tinham se hospedado lá em casa." Ao final do interrogatório, foi levada de volta à cela. "Eu mal conseguia falar. Estava exausta. Mas não me deixaram ali por muito tempo. Vieram me buscar e me levaram num camburão para outro lugar. Depois, continuaram com o interrogatório, dia e noite. Gostavam de interrogar as pessoas sem deixar que dormissem. Não me deram descanso."

Foi durante uma dessas sessões que ofereceram um acordo a *Frau* Paul.

Sentaram-na num banquinho baixo, sem encosto, a um canto da sala. Quando abriam a porta, ela ficava escondida. Penso no corpo avantajado de *Frau* Paul naquele banquinho, projetado para privar as pessoas de toda dignidade. Atrás de uma grande mesa, um tenente a interrogava. "Pelo que sei, seu filho se encontra em território inimigo", disse ele.

"Sim, senhor."

"A julgar pelas informações de que dispomos, ele está muito doente."

"Sim, senhor." Aonde ele estava indo? Tinha acontecido alguma coisa a Torsten que ela não sabia? Não iam fazer alguma coisa a um bebê minúsculo e doente, iam?

"A senhora gostaria de ver seu filho?"

Mas que pergunta era aquela? "Sim, senhor!"

"Podemos dar um jeito."

Imagino a enorme esperança que aquilo inspirou nela, enchendo-lhe o coração enquanto ela permanecia sentada no banquinho. Mas *Frau* Paul me diz: "Foi quando eu comecei a desconfiar. Eu, sentada naquela jaula — perdão, sentada naquela prisão, e eles me oferecendo uma visita a território inimigo, porque era isso que o Ocidente era então. Não fazia sentido nenhum".

"E como isso é possível?", ela perguntou.

"Não é tão complicado", respondeu o tenente. "Na verdade, é muito simples. Se a senhora deseja visitar seu filho em território inimigo, pedimos apenas que, enquanto estiver por lá, a senhora arranje um encontro com seu jovem amigo Michael Hinze. A senhora poderia ir passear com ele. No castelo de Charlottenburg, por exemplo."

Ela ficou confusa. Então, ele completou: "O resto, pode deixar por nossa conta".

"O resto, pode deixar por nossa conta!", ela exclama. "E ele ainda disse: 'uma mão lava a outra'. Uma mão lava a outra!" O tom de voz dela é uma mistura de horror e triunfo. Não entendo bem o que isso significa. Fico imaginando se existe alguma daquelas palavras compostas do alemão capaz de nomear essa estranha combinação de emoções.

"Naquele momento", ela explica, "Karl Wilhelm Fricke me veio à cabeça. Anos antes, eu tinha ouvido ele contar na rádio ocidental sobre seu seqüestro e encarceramento, e nunca mais me esqueci. Percebi de imediato: iam me usar como isca para seqüestrar Michael."

O nome Karl Wilhelm Fricke é bem conhecido na Alemanha, como jornalista, radialista e também como um fenômeno: "o caso Fricke". Ele sempre havia sido um agitador contra a República Democrática da Alemanha. Em 1º de abril de 1955, numa reunião em Berlim Ocidental, agentes da Stasi derramaram droga em seu conhaque e o levaram, inconsciente, para o outro lado do muro. Ele foi condenado por "incitar a guerra e o boicote à RDA" e sentenciado a quatro anos de solitária, cumpridos até o último dia. Não havia nada que o Ocidente pudesse fazer para tirá-lo de lá. Quando o soltaram em Berlim Ocidental, ele de imediato narrou no ar a história de seu seqüestro, não sem correr algum risco ao fazê-lo. Ao final de uma tarde que passei com ele, Fricke me disse: "*Frau* Paul — ou Rührdanz, naquela época — é uma mulher *muito* corajosa".

Frau Paul sabia que Michael confiaria num convite para encontrar-se com ela no parque, e quando viessem agarrá-lo e jogá-lo dentro de um automóvel, ela teria de dar as costas e ir-se embora. Ela não sabia se a oferta significaria mais do que uma única visita a Torsten ou se a libertariam. Só sabia que, se aceitasse, estaria nas mãos deles, tendo vendido a alma por uma visita ao filho gravemente enfermo. Estaria nas mãos deles para sempre: uma delatora, um ratinho domesticado.

"Eu, servindo de isca numa armadilha para pegar Michael! A resposta, claro, foi não. Eu não podia fazer aquilo." *Frau* Paul mantém-se sentada com as costas eretas, as mãos formando punhos sobre as coxas. "Karl Wilhelm Fricke", diz ela, "foi meu anjo da guarda." Ela começa a fraquejar e a desmoronar. Nesse instante, não parece uma mulher que foi salva de alguma coisa. "Precisei decidir contra meu filho, mas não podia deixar que me usassem daquele jeito." Suas costas cedem, e ela volta a chorar. Uma mão segura a outra e, de tempos em tempos, ela alterna a posição de ambas, como se para obter algum consolo.

"Naquele momento, tomei a decisão correta", diz ela em meio às lágrimas. "E, mesmo depois, podia dizer a mim mesma: 'Não carrego essa culpa. Posso dormir à noite, com a decisão que tomei." Ela não tenta cobrir o rosto. Não havia uma resposta correta que pudesse dar, uma boa solução. "É verdade que não carrego isso na minha consciência, mas o fato é que", ela resfolega num espasmo de dor, "decidi contra meu filho."

É tão difícil saber que tipo de hipoteca nossos atos impõem a nosso futuro. *Frau* Paul teve a coragem de fazer o que era certo, de agir de acordo com sua consciência numa situação em que a maioria das pessoas teria decidido por ver o próprio filho, convencendo-se depois de que não havia tido escolha. Uma vez tomada, a decisão dela demandou redobrada coragem para seguir adiante. Parece-me que, como às vezes fazemos, *Frau* Paul superestimou suas próprias forças, sua resistência ao dano, tornando-se hoje, por respeito a seus princípios, uma criatura solitária, chorosa e em frangalhos. "O resultado foi que nunca mais me interrogaram." Ela ficou sabendo que os três estudantes e seu marido haviam sido presos também, assim como cerca de trinta outras pessoas por toda a RDA, gente que planejava fugir por aquele mesmo túnel.

23. Hohenschönhausen

Frau Paul e o marido ficaram detidos na prisão de Hohenschönhausen por cinco meses. Depois, junto com os três estudantes, foram transportados até Rostock, na costa do mar Báltico,
para o julgamento. Ela acredita que isso se deu porque a mídia
ocidental sabia do sofrimento de Torsten, de um lado do muro,
e dos pais dele, do outro; e porque as autoridades queriam ter
certeza de que não haveria publicidade. O casal nunca soube do que estava sendo acusado, nem
tampouco da sentença. Ofereceram-lhe os serviços do dr. Vo-
gel, o advogado com íntimas ligações no governo que se tornou famoso por negociar a troca de pessoas entre Leste e Oeste.
Mas os Rührdanz desconfiaram da oferta e a recusaram, insis-
tindo em permanecer com o advogado da família. Ele, porém,
pouco pôde fazer para ajudá-los, uma vez que só teve acesso às
acusações contra seus clientes cinco minutos antes de o julgamento começar.

O promotor sustentou:

Rührdanz, Sigrid, é acusada de induzir ou ao menos auxiliar e favorecer a saída ilegal do país de cidadãos da República Democrática da Alemanha.

A acusada mantém contato com membros de uma organização de Berlim Ocidental responsável por operações de contrabando de pessoas e terrorismo, a qual seduz cidadãos a deixar a RDA e facilita sua saída ilegal do país ou por meio de documentos falsos ou mediante a violação da fronteira nacional. [...] [Ela] estava de posse de passaportes ilegais em seu apartamento, organizou reuniões e transmitiu informação relativa a operações planejadas de contrabando de pessoas, além de haver abrigado pessoas a serem contrabandeadas. Existem fortes suspeitas de que ela própria deixará ilegalmente a RDA.

Frau Paul lê o documento para mim sustentando sua inocência a cada acusação. "Como já contei à senhora, havíamos desistido de tentar fugir fazia tempo", ela diz. "Eu não sabia o que os estudantes estavam fazendo em nosso apartamento." Somente em 1992, passados 29 anos do julgamento, ela pôde ler pela primeira vez a sentença em seu arquivo. Nela, não havia nenhuma menção a Torsten. Os juízes escreveram que "sua atitude de rejeição a nosso Estado" havia sido "agravada pelo fato de a acusada ser ouvinte habitual das calúnias veiculadas por rádio pela OTAN".

"Puseram essa história de rádio da OTAN porque não aceitei ser usada como isca na armadilha deles." *Frau* Paul e o marido foram, ambos, sentenciados a quatro anos de trabalhos forçados. Ela foi posta num camburão e levada de Rostock a Hohenschönhausen, onde cumpriria a pena. Werner Coch pegou um ano e nove meses de prisão comum, porque a pena para os cúmplices de tentativas de fuga do país era maior do que aquela reservada ao fugitivo em si.

280

A prisão de Hohenschönhausen não fica longe do centro de Berlim Oriental, mas sua existência era desconhecida até mesmo dos moradores de bairros vizinhos. Toda rua que conduzia para aquela área ou dela provinha era bloqueada por uma barreira gradeada e uma sentinela. Hohenschönhausen destinava-se a prisioneiros políticos — era a instalação de segurança máxima dentro de uma área de segurança em um país apartado do mundo por um muro. A prisão era outra lacuna no mapa.

Um dia, *Frau* Paul me levou até lá. Era um dia comum, muito frio, e estávamos numa rua residencial revestida do cinza habitual. Enquanto caminhávamos, ela acenou com a cabeça, dizendo: "Ali ficava a barreira gradeada". Tudo que restava dela era a coluna atarracada e baixa na calçada, à altura da cintura. Nós a ultrapassamos e entramos na área de segurança da Stasi. "Aquele prédio ali era do Departamento M, encarregado da vigilância postal", informou *Frau* Paul, caminhando um pouco à minha frente e apontando com a mão espalmada. "Naquele outro ali ficava a oficina de falsificações da Stasi. E o outro era um hospital especial, também da Stasi." Os dois prédios que ela me mostrara eram edifícios comuns de concreto. Pareciam vazios. "Aqueles prédios altos ali adiante eram de moradia para gente da Stasi", ela prossegue. Sigo a direção para onde a mão dela aponta e vejo um conjunto de torres brancas e cinzas, de vários andares. De uma delas emerge um homem de meia-idade levando um dachshund numa coleira retrátil. Ele nos ignora, mas o cachorro me olha com cautela enquanto faz xixi no meio-fio.

Avançando pela área de segurança, chegamos a um edifício com muros altos de concreto encimados por arame farpado. Os muros parecem estender-se mais e mais, abrangendo um perímetro correspondente a todo um quarteirão. Nas esquinas, há torres de guarda octogonais; abaixo delas, do lado de fora, cercados vazios destinados aos cachorros. Hohenschönhausen está fechada há vários anos. As pessoas agora batalham para transformá-la num museu do regime. *Frau* Paul participa desse esforço e tem uma chave dali.

Nós nos aproximamos dos enormes portões de aço da entrada. Junto deles há uma porta de dimensões humanas. *Frau* Paul tem os olhos claros, suas roupas produzem aquele farfalhar do náilon. Ela caminha à minha frente com uma postura prática e profissional que diz: "Odeio este lugar, mas continuo aqui". Entramos na prisão vazia, imiscuindo-nos num pátio gigantesco, cercado de edificações e com um prédio atarracado bem no centro. O chão, de asfalto e cascalho, crepita como a cobertura de um bolo crocante. Um caminhão está estacionado no pátio. Ele é cinza e contém uma sólida jaula de aço na parte traseira, sem janelas nem qualquer ventilação aparente. "Foi num camburão como este que me transportaram para cá durante cinco horas, desde Rostock", ela diz. Depois, para minha surpresa, ela acrescenta: "Entre aí". Eu entro no caminhão. Dentro, em vez das duas bancadas para acomodar os prisioneiros que eu esperava encontrar, vejo um corredor minúsculo com seis celas, cada uma delas com uma tranca na porta. As celas não têm dimensão suficiente para comportar uma pessoa em pé; apenas uma tábua onde sentar. *Frau* Paul me acompanha dentro do caminhão. "Entre", ela torna a dizer, apontando para a última cela minúscula, lá no fundo. "Assim, a senhora terá uma idéia de como foi." Entro na cela, e ela fecha a pesada porta de aço. A chave gira na fechadura. Eu me sento; é escuro como breu, horrível, lá dentro. Do lado de fora, ela diz, alto: "Agora, imagine alguém sentado aqui fora, com uma metralhadora". Imaginei, e então ela me deixou sair.

Mais tarde, descobri que aqueles caminhões às vezes eram camuflados como serviço de entrega de lavanderia, caminhão-frigorífico para transporte de peixe fresco ou ainda como furgão de padaria, quando, na verdade, cruzavam o país levando prisioneiros e dissidentes com uma arma apontada para si.

Atravessamos o pátio em direção ao prédio no centro, adentrando-o pelos portões gigantes de um acesso para caminhões. "Foi aqui que me deixaram", ela diz. "Eu não tinha idéia de onde estava. Tanto quanto eu sabia, podiam ter me levado de Rostock para qualquer lugar da RDA. O certo é que não imaginava que estivesse bem no centro de Berlim." O camburão e aquele acesso para caminhões tinham sido projetados para que os prisioneiros fossem descarregados ali um a um, sem que nenhum visse o outro, a luz do dia, uma rua ou a entrada do prédio.

Subimos a escada. Uma enorme porta de metal cheia de tachas deslizou para o lado, revelando um comprido corredor de linóleo. *Frau* Paul me mostra um sistema primitivo de cabos e ganchos que corre ao longo das paredes, à altura da cabeça. Quando um novo prisioneiro chegava, o tal sistema operava como um alarme, acendendo luzes vermelhas a intervalos de tempo. Era o sinal para que todos os prisioneiros fossem trancados em suas respectivas celas e para que os guardas desaparecessem de vista. O novo prisioneiro não deveria saber quem mais estava ali nem ter qualquer contato humano que não fosse rigorosamente monitorado por seus captores, com objetivos psicológicos.

Caminhamos pelo corredor. Algumas celas estavam abertas, outras, fechadas. O único som provinha de nossos próprios passos no chão. Tinta cinza descolava-se das paredes. Não é a primeira vez que *Frau* Paul volta ali, mas imagino que aquilo não seja fácil para ela. Bem sei que existem lugares que eu própria não visito, evito até passar na frente de alguns deles, onde coisas ruins me aconteceram. Mas ali está ela, no lugar que a derrubou, e é sobre ele que ela me fala. Em parte, isso é bravura, do tipo daquela que a fez recusar o acordo com a Stasi, mas, em parte, talvez seja obsessão, causada pelo que fizeram a ela em seguida.

283

Ela me leva à sala onde a interrogaram. Naquele complexo de instalações havia 120 salas disponíveis para interrogatórios simultâneos. A dela exibia papel de parede com padrões de cor marrom até a metade da altura da parede, piso de linóleo pardo e uma grande mesa com uma cadeira. Atrás da porta, um banquinho de quatro pés, como aqueles utilizados para a ordenha. "Vinte e duas horas sentada naquilo ali", ela diz.

Depois, fomos para outro prédio, o chamado "U-Boot", ou "submarino". No nível do chão, parecia um edifício bem comum. Descemos alguns degraus. *Frau* Paul me conta que se tratava de uma edificação projetada pelos russos em 1946 para abrigar uma série de salas de tortura. Eu a ouvia, mas tentava sobretudo me adaptar ao cheiro estranho. Alguns cheiros são difíceis de decifrar. Lembro-me da biblioteca da universidade à época dos exames. Cheirava a suor, casacos úmidos e mau hálito. Era uma mistura de odores, e era também o cheiro do puro medo. O "U-Boot" onde me encontro agora cheira a umidade, urina velha, vômito e terra: o cheiro do tormento.

O corredor-túnel é comprido e árido. Lâmpadas isoladas pendem de fios. *Frau* Paul começa a abrir portas. A primeira mostra um compartimento tão pequeno que só comporta uma pessoa de pé. Foi projetado para conter água gelada até a altura do pescoço. Ela me conta que havia ali 68 compartimentos daquele tipo. Além deles, havia as celas de concreto sem nada dentro, onde o prisioneiro era mantido no escuro em meio aos próprios excrementos. E havia também uma cela toda revestida de borracha preta. *Frau* Paul ficou presa ali ao lado. Ela se lembra de ouvir o prisioneiro da cela de borracha perdendo pouco a pouco o juízo. No final, tudo que ele dizia era: "Nunca... mais... sair!". Uma vez, ele foi levado embora dali, e ordenaram que ela limpasse o sangue e o vômito.

A cela mais estranha era a que continha uma espécie de canga de madeira, como um aparelho num parque de diversões. O prisioneiro era praticamente dobrado ao meio, cabeça e mãos enfiadas nas aberturas, sobre as quais a canga se fechava. Diante da cabeça, pendia um balde de água, como um bornal. Chão e paredes eram pretos, forrados de pregos. *Frau* Paul explica que o prisioneiro ficava descalço, preso à canga. Os pregos espetavam-lhe as solas dos pés. De um cano que atravessava o teto, pingava água em sua cabeça. No fim, a dor era tanta que ele acabava por perder a consciência, e a cabeça tombava para a frente, mergulhando na água do balde. Ou voltava a si e enfrentava a dor ou morria afogado.

Não havia nada de engraçado naquela cela, assim como tampouco era engraçado estar ali ao lado de *Frau* Paul, sentindo o chão me espetar através das botas, tocando aquela canga grotesca e me imaginando quase dobrada ao meio no escuro, submetida a dor lancinante e à alternância entre a consciência e o afogamento. Mas havia ali sem dúvida algo de muito grosseiro. Parecia primitivo demais para meados do século XX e para aquele lugar. Era um aparato que parecia pertencer a outro lugar, mais a leste, e a outra época, mais remota, como a algum espetáculo histórico de segunda linha, bizarro e surreal.

E, no entanto, havia algo ainda mais arrepiante na sala com o banquinho em que *Frau* Paul foi obrigada a se sentar, com a mesa comum de escritório e a cadeira de onde o interrogador presidia a sessão. Era nesses escritórios que a Stasi exibia todo seu talento, seu verdadeiro dom para a inovação, para a invenção de histórias e para a negociação faustiana. Foi naquela sala que um acordo foi oferecido e recusado, dobrando e deformando para sempre uma alma humana.

Nem um único dos torturadores de Hohenschönhausen jamais foi levado à justiça.

Quatro vezes por ano, *Frau* Paul obtinha permissão para receber visita (na maioria das vezes, a mãe dela), mas, para tanto, era levada a outro local, a fim de que nem ela nem o visitante soubessem em que lugar da RDA ela estava presa. A correspondência era sempre enviada a outro endereço da Stasi, de onde traziam-na até ela, devidamente aberta. Haviam-na retirado do tempo e do espaço.

Ao longo dos anos, Torsten permaneceu no hospital de Westend. Enfermeiras e médicos alimentavam-no por meio de tubos, administravam-lhe os medicamentos e trocavam suas fraldas. Cantavam canções para ele, ensinaram-no a falar e tentavam fazê-lo aprender a andar. O hospital e sua equipe eram a única casa e as únicas pessoas que Torsten Rührdanz conhecia. Reproduzo a seguir uma das cartas que chegou às mãos dos pais dele. Foi escrita em novembro de 1963, quando Torsten estava com quase três anos de idade:

Caros senhor e senhora Rührdanz,

Soube que os senhores gostariam de receber informação sobre a saúde de Torsten, um desejo que posso compreender muito bem. De um modo geral, ele é alegre, vem aos poucos aprendendo a andar e está feliz. Tornou-se o xodó da nossa enfermaria. É claro que, de tempos em tempos, ainda encontramos problemas a superar, o que significa que, infelizmente, ainda não é possível vislumbrar uma possível alta do hospital. Não conseguimos alimentá-lo sem o auxílio de um tubo ligado ao estômago, porque a comida, tão logo ingerida, lhe causa dor. O peso, 7670 gramas, permanece insatisfatório, e sua altura é também muito inferior à considerada normal para a idade. Contudo, a diarréia praticamente cessou. Não há nada que possamos fazer a não ser continuar com o trabalho que vimos fazendo, na esperança de que seu estômago possa pouco a pouco se avolumar e de que o problema na extremidade do diafragma venha a ser sanado.

Os senhores podem ter certeza de que seguiremos fazendo todo o possível por seu filho. Antes do Natal, torno a escrever.

Cordialmente,

Prof. Dr. L.

Michael Hinze sempre viveu no Ocidente. Nunca foi raptado pela Stasi e nem sequer ficou sabendo que estavam atrás dele. Até bem pouco tempo, tampouco sabia que *Frau* Paul tinha alguma coisa a ver com sua continuada liberdade. "Descobri isso há uns dois anos, depois da queda do muro. Fazia anos que não tinha notícia dos Rührdanz. Então, eles me ligaram", ele conta. "Toda essa história da chantagem e dos planos para me seqüestrar, eu não sabia de nada." A idéia provoca nele um ligeiro desconforto. "Quero dizer, sempre me vi como peixe pequeno. Só reunia as pessoas, conseguia passaportes. Sabia que aquilo era ilegal pelas leis da RDA, mas..." Sua voz desaparece. Ele, de fato, nunca chegou a refletir sobre o assunto. Ainda que o tivesse feito, como haveria de imaginar que alguma outra pessoa estava sendo obrigada a pagar o preço pela liberdade dele? "É uma mulher muito corajosa", Hinze continua. "Tenho grande respeito por ela. E sou-lhe grato também. Mas, ao mesmo tempo, não creio que precise me sentir culpado — quero dizer, não me sinto culpado, só tive a sorte de não cair nas garras da Stasi. Nem dessa forma nem de nenhuma outra." Ele acredita que se a Stasi realmente tivesse querido pegá-lo, ela o teria feito, e é provável que teria sido assim.

"Ela foi muito ativa nessa história toda", diz Hinze com admiração. "Os Rührdanz costumavam orientar e ajudar pessoas de Halle, Dresden ou de qualquer outro lugar que quisessem sair do país. Eram gente muito dedicada."

Frau Paul não me contou nada disso, embora fosse o tipo de coisa da qual outra pessoa teria se orgulhado. A imagem que fazemos de nós mesmos, com todos os seus ajustes e contornos fantásticos, é que nos mantém. *Frau* Paul não se imagina como heroína ou dissidente. É técnica em odontologia e uma mãe com uma história familiar terrível. E é uma criminosa. Esta me parece a coisa mais triste de todas: que a imagem que ela faz de si mesma seja aquela que a Stasi montou para ela.

"Eu disse a ela que sua história me comoveu profundamente", conta Hinze. "E que não conheço muita gente que não teria me traído. Disse que não existem muitas pessoas dotadas da coragem que ela teve. Comportar-se assim, com..." — ele busca as palavras certas —, "com tamanha humanidade, eu diria. Ela se comportou com tamanha humanidade..." Ficamos ambos em silêncio por um momento. "Mas, infelizmente", ele completa, "a um alto preço para ela."

Em agosto de 1964, a liberdade dos Rührdanz foi comprada por 40 mil marcos ocidentais. Contudo, em vez de serem libertados no Ocidente, para que se reunissem com o filho, eles foram abandonados numa rua de Berlim Oriental sem nenhum documento. *Frau* Paul o atribui ao fato de terem dispensado os serviços do dr. Vogel como seu advogado. Do número estimado de 34 mil pessoas cuja liberdade foi comprada entre 1963 e 1989, sabe-se hoje de apenas nove casos documentados de tamanha crueldade, em que a Alemanha Ocidental pagou em dinheiro vivo e a RDA não entregou as pessoas que tiveram sua liberdade comprada.

Torsten seguiu vivendo no hospital de Westend. Em 9 de abril de 1965, quando ele tinha quatro anos de idade, *Frau* Paul recebeu notícias do filho por intermédio da irmã Gisela, uma das enfermeiras.

Nós todas desejamos à senhora e a seu marido uma Páscoa de muita saúde e felicidade. Torsten fez um desenho para os senhores, e fez tudo sozinho: coelhinhos de Páscoa marrons, com um ninho de ovos coloridos. Disse: "É para a minha mãe. Ela vai gostar disso!". Ontem, recebemos o cartão adorável que os senhores enviaram, e agradecemos em nome do Torsten. Ele ficou tão feliz que tivemos de ler o cartão para ele de imediato. E agora as mãozinhas dele não o largam mais. Ele não se cansa de olhar para o cartão...

Minha querida senhora Rührdanz, Torsten está agora melhorando de fato. É uma pena mesmo que a senhora não possa estar aqui para desfrutar de todo o progresso que ele tem feito. Essa tragédia absoluta entre partes de uma mesma cidade seria capaz de levar qualquer um ao desespero! Mas não quero escrever sobre isso.

Melhor eu contar mais sobre Torsten. Agora, ele está pesando 9450 gramas e tem 84 centímetros de altura. Fala e entende tudo como uma criança de seis anos. Não perde nada! E me pediu para dizer à senhora que logo estará indo para casa, em Kaulsdorf. Torsten consegue andar cinco metros sozinho! Além disso, roda a tarde toda pela enfermaria. Cara senhora Rührdanz, nossos melhores desejos para a senhora, e mil beijos do Torsten, para o papai também.

Os Rührdanz precisaram esperar ainda oito meses até que seu filho estivesse bem o bastante para ter alta do hospital de Westend. Quando foi para casa, na Alemanha Oriental, tinha quase cinco anos. Era pequeno, curvado e muito educado.

"É claro que não me reconheceu como a mãe dele", conta *Frau* Paul. "Nem sabia o que era uma mãe. Só conhecia a atmosfera estéril do hospital e a equipe de lá, os médicos, as irmãs e outros funcionários. Embora todos tenham cuidado dele com tanto carinho, tentando..." — ela está chorando, muito — "... tentando criar da melhor maneira que podiam uma atmosfera fa-

miliar, não era a casa dele. Ele estava assustado. E quando eu..."
Ela é obrigada a parar, porque não consegue pronunciar as palavras. "E quando eu o tomei nos braços pela primeira vez e o abracei, ele deve ter pensado: 'Mas o que essa velha quer comigo? Ela diz que é minha mãe, mas o que é mãe?'. Ele falava conosco usando o pronome formal: *Sie*. Dizia: 'Mãe, a senhora poderia, por favor, me fazer a gentileza de preparar um sanduíche para mim? Estou com fome'. Ou então: 'Pai, o senhor se importaria de me erguer até a cadeira? Não consigo subir sozinho'. Ficava essa distância terrível entre nós. Transformaram nosso menino num estranho para nós mesmos." Ela baixa o tom de voz. "E foi aí que mais tive de lutar comigo mesma. Tinha agido certo no interrogatório, recusando-me a ser usada como isca para um seqüestro? Ou devia ter ido me juntar a meu filho?" Ela não pára de chorar.

Sinto-me igualmente perturbada. São as pequenas coisas que nos fazem chorar. Imaginar as enfermeiras e os médicos em Berlim Ocidental, tentando explicar a um menininho o que era uma família, tentando prepará-lo para encontrar sua própria família. A idéia de que não há paz para *Frau* Paul, que ainda hoje tenta justificar para mim uma decisão tomada mais de trinta anos atrás. Ponho-me à cata de lenços de papel, que parecem existir apenas em variados e embaraçosos graus de desagregação no fundo da minha mochila. Nem sequer penso em Torsten.

A campainha da porta toca, e *Frau* Paul vai atender. Quando volta para a sala, ela está acompanhada de um homem cuja idade é difícil estimar, mas sei de imediato que é ele. Quando me levanto para cumprimentá-lo, minha altura é enorme perto da dele, e sua mão cabe dentro da minha. O corpo é pequeno e corcunda, braços e pernas parecem tortos, finos e desconjuntados. A cabeça parece pequena também. Tem olhos fundos e escuros, maçãs do rosto protuberantes. A jaqueta exibe dois ou três distintivos na lapela, informal e descolada. "Muito prazer", diz Torsten, afável, e afunda meio inclinado no sofá a meu lado. Não parece surpreso ao ver que a mãe esteve chorando.

Torsten não sabe ao certo se se lembra da primeira vez que viu seus pais. "Vi as fotos", ele diz, "e é difícil distinguir o que me lembro de fato de tudo que vi desde então. Sei, porque me contaram, que eu usava o pronome formal com eles. Não sabia o que era um pai ou uma mãe. Às vezes tenho uma imagem vaga do que foi nosso primeiro encontro, lá na escuridão do passado, como se fosse uma miragem. Mas conscientemente, não, não me lembro." Sua voz é muito suave.

Quero saber se ele acha que a mãe tomou a decisão certa ao não se juntar a ele e, por isso, faço-lhe uma pergunta direta. Ele demonstra tranqüilidade. "Nunca olhei para meus pais e pensei que tomaram a decisão errada", ele diz, "nem jamais os vi como a Stasi os viu, como criminosos ou coisa do tipo. Muito ao contrário: admiro o que eles fizeram." Torsten parece ter aprendido a conter tanto a saudade quanto o arrependimento. "Não me passa pela cabeça", prossegue ele, "que pudessem ter feito coisa diferente e que tudo talvez pudesse ter tomado outro rumo."

"De todo modo", sugiro, "imagino que uma única visita não teria feito muita diferença..." Eu não estava tentando tirar um pouco do heroísmo de *Frau* Paul. Tentava encontrar uma maneira de encarar a escolha dela que não significasse o drástico abandono do filho. Gentil, porém, ele me interrompe e vê o fato da perspectiva da mãe. "Bom, é verdade", ele diz, "mas se a gente acredita que alguém está morrendo, provavelmente vai querer vê-lo de novo antes que isso aconteça. Isso faz, sim, uma diferença, embora não mude nada."

Torsten complementa sua pensão por invalidez trabalhando em bandas da cena musical eletrônica. Isso é algo que, de uma forma ou de outra, ele tem feito desde antes da queda do muro. Naquela época, em virtude da condição de inválido, ele podia viajar para o Ocidente uma vez a cada quinze dias. Músicos de rock da RDA encomendavam-lhe peças a serem contrabandeadas, no caminho de volta, para dentro da Alemanha Oriental. Torsten era bem conhecido dos guardas de fronteira, que o revistavam "noventa por cento das vezes", ele diz, sorrindo. "Viviam me pegando, mas, felizmente, as conseqüências não eram tão ruins. Embora eu tenha de fato sido acusado de 'comércio perigoso de instrumentos musicais e peças eletrônicas'", ele ri.

A despeito de sua história familiar, a Stasi foi atrás dele, querendo ver se Torsten atuaria como informante. Primeiro, juntaram material comprometedor relativo aos contrabandos. Depois, levaram-no para interrogatório. Torsten ficou mudo, de tal modo que o mesmo material que teria sido utilizado para pressioná-lo a se tornar informante transformou-se, em vez disso, em prova de sua inadequação para a função. Um relatório final de 17 de junho de 1985 contém duas frases: "R. não é pessoa adequada para a colaboração não-oficial com o Ministério. (R. toma parte em atividade criminosa.)". Evidentemente, ninguém terá pensado em escrever: "R. se recusa, por princípio, a colaborar".

Pergunto a Torsten se ele acredita que sua vida foi moldada pelo muro.

"Acho difícil dizer com precisão em que sentido minha vida foi moldada pela existência do muro, como ela poderia ter sido diferente sem ele. Mas que ela foi moldada pelo muro, disso não tenho dúvida."

Torsten aprendeu a não jogar o jogo do "e se...?". Se o muro não tivesse existido, minha saúde não teria piorado, eu poderia ter crescido com meus pais, eles não teriam sido presos, eu poderia ter tido um corpo saudável, um emprego, uma companheira. Ele se move no sofá de modo a me olhar bem de frente. "Não existem pessoas completas, inteiras", ele diz. "Todo mundo tem seus

292

problemas. Os meus podem ser um pouco mais difíceis, mas o importante é como a gente lida com eles."

"E como você lida com eles?" Estou de frente para Torsten, vejo seu corpo retorcido e o ouço respirar através dos tubos que implantaram nele.

"Bom, é um problema para mim. Penso que a vida pode acabar muito rapidamente e, portanto, não tenho aspirações de longo prazo. Tudo que eu possa querer, quero para já, quero para hoje. Não tenho paciência para guardar dinheiro ou construir algum tipo de negócio. Isso me deixa nervoso. Algumas pessoas dizem: 'Você tem bastante tempo, ainda é relativamente jovem'. Mas estou sempre com medo de que tudo possa acabar a qualquer momento." Ele faz uma pausa. "Ou de que, também no campo político, tudo venha a mudar de novo, e aí eu não teria a chance de experimentar certas coisas."

Comento que apesar de ter sido algo tão grande, que marcou a vida deles com tamanha brutalidade, hoje é difícil encontrar algum vestígio do muro. Estou prestes a dizer que acho estranho permitir que todos o esqueçam tão depressa, quando Torsten observa: "Eu me sinto feliz que ele tenha desaparecido e também que reste tão pouco dele hoje em dia. Ver o muro me lembraria de que, um dia, ele pode voltar. E de que tudo que aconteceu pode ser revertido".

"Mas isso não seria possível!", eu rio.

Torsten me olha com seriedade. "Tudo é possível", ele diz. "Nunca se pode dizer que alguma coisa não é possível."

A mãe dele concorda. "Quem poderia pensar que construiriam um muro?", ela pergunta. "Isso também era impossível! E, no fim, quem teria pensado que ele poderia cair um dia? Era impossível!"

As pessoas aqui falam do *Mauer im Kopf*, do "muro na cabeça". Sempre pensei que isso fosse uma forma abreviada de se referir ao modo como os próprios alemães ainda se definem como orientais e ocidentais. Agora, porém, vejo um sentido mais literal para a expressão. O muro e o que ele representava ainda existem. O muro persiste na cabeça dos homens da Stasi como algo que eles esperam que possa voltar algum dia, e como uma possibilidade apavorante na cabeça de suas vítimas.

Torsten oferece-me uma carona até a estação. *Frau* Paul lhe dá um beijo, e toma minha mão nas suas. Depois, encolhe os ombros. "Bom, é isso", ela diz, como se, juntando as partes de sua vida, o resultado fosse coisa sem maior importância.

O carro de Torsten é uma BMW à antiga, com assento especial elevado junto do volante. Ele põe uma música de ritmo latino, que se mantém em estranha e sincopada sincronia com os limpadores de pára-brisa. Começamos a conversar e ele me leva para muito além da estação, seguindo até a Alexanderplatz. Então, despede-se com um aceno e vai-se embora, torto, aleijado e vivendo um dia de cada vez.

24. *Herr* Bohnsack

Caminho ao encontro da minha última entrevista com um agente da Stasi. Novos trilhos de bonde estão sendo assentados na rua onde ele mora; as peças de aço esparramam-se pela faixa intermediária feito alcaçuz. Como é hora do almoço, não se vê um único trabalhador por ali. Toco a campainha logo acima do nome "Bohnsack". Um homem aparece, trajando um elegante sobretudo castanho-amarelado. Ele é alto, ligeiramente curvado, tem o peito robusto. O rosto é agradável, com entradas nos cabelos e maçãs do rosto cheias. Olha bem nos olhos e sorri um sorriso caloroso.

"Vamos até o meu bar", ele diz.

O bar é uma *Kneipe* berlinense tradicional. A área do balcão é de madeira escura, com espelhos na parede de trás. Há mesas também, e cortinas de renda branca, para proteger os fregueses das pessoas que passam na rua. Enviesada, uma faixa de luz atravessa as cortinas, a luz lenta da tarde, com suas partículas e raios preguiçosos. Dois fregueses vigiam seus copos. Pequenos pubs como esse, onde todos parecem se conhecer, existem tanto em Berlim Oriental quanto em Berlim Ocidental. Já tive oportunidade de entrar em alguns deles, para comprar cigarros ou pedir alguma informação, e sempre que o fiz senti-me como se tivesse invadido, sem ter sido convidada, a sala de estar de alguém. Quando chega um estranho, as conversas se interrompem: as pessoas erguem os olhos para ver de quem se trata e, então, encolhem os ombros. Aqui, no entanto, quando os fregueses habituais vêem *Herr* Bohnsack, eles o cumprimentam com um aceno de cabeça. O homem atrás do balcão sorri como um irmão. "Como estamos?", pergunta, esfregando as mãos. "O que vai ser hoje?"

"Acho que vamos nos sentar na sala ao lado", diz *Herr* Bohnsack, "se não tiver problema. Para conversarmos um pouco."

"Claro, claro." Calçando meias e chinelos, o homem deixa seu posto atrás do balcão arrastando os pés e nos conduz para a sala vizinha. As paredes estampam velhos cartazes com propaganda de cerveja, fotos de donzelas de rostos radiantes, cavalos e lúpulos. Olho para *Herr* Bohnsack. À luz das janelas às suas costas também ele parece irradiar algum brilho.

"O que vão querer a dama e o cavalheiro?"

"Para mim, uma cerveja de trigo e um *Korn*", ele diz, "e para a senhora?" Ainda é cedo. Peço uma cerveja, mas me abstenho da aguardente. A voz de Günter Bohnsack é profunda e ligeiramente arrastada, como a de alguém cujas coroas não estão bem encaixadas ou a de um homem que andou bebendo. Seus olhos brilham, e ele está à vontade comigo. Fico sabendo que não se trata de um homem que ainda precise provar alguma coisa. Aos 57 anos, é o único agente da Stasi que revelou publicamente essa sua condição. Tenente-coronel, trabalhou numa das divisões mais secretas do serviço de espionagem internacional: a *Hauptverwaltung Aufklärung* (HVA). *Herr* Bohnsack integrava a Divisão X, responsável, como ele havia me dito ao telefone, "pela desinformação e pela guerra psicológica contra o Ocidente".

A HVA era o serviço de espionagem internacional da Stasi. Markus Wolf, seu diretor, filho de um médico e dramaturgo judeu, é uma pessoa inteligente e refinada. Ao que parece, serviu de modelo ao espião-mor de John le Carré, Karla. A HVA de Wolf estava subordinada ao ministério de Mielke. Mas Wolf e seus homens sempre se viram como raça à parte. Embora sua organização obedecesse à hierarquia militar, como o resto da Firma, vestiam terno em vez de uniformes, possuíam elevada educação e desfrutavam de uma existência privilegiada. "Como éramos responsáveis pelo Ocidente", *Herr* Bohnsack me explica, "podíamos viajar e éramos bem diferentes. Nossos diplomatas sabiam falar línguas estrangeiras e eram pessoas cultas. Nós zombávamos de Mielke. Tínhamos o nosso Wolf, o intelectual alto, esbelto, elegante."

Herr Bohnsack tinha formação jornalística e trabalhou durante 26 anos com desinformação. Boa parte do trabalho da Divisão X voltava-se contra a Alemanha Ocidental. Ela coletava informações confidenciais ou secretas dos agentes no Ocidente e depois as divulgava em vazamentos destinados a causar danos. Além disso, falsificava documentos e montava conversas gravadas que nunca aconteceram, a fim de prejudicar pessoas na esfera pública. Outra atividade comum consistia em espalhar boatos sobre ocidentais, incluindo-se aí o boato devastador de que alguém do outro lado trabalhava para a divisão. Os homens da Divisão X passavam informações aos jornalistas ocidentais sobre o passado nazista de políticos da Alemanha Ocidental (diversas figuras de destaque caíram dessa maneira); a divisão financiava publicações de esquerda e conseguiu, em pelo menos uma ocasião, exercer influência extraordinária sobre o próprio processo político alemão ocidental. Em 1972, o socialdemocrata Willy Brandt, chefe de governo da Alemanha Ocidental, enfrentou um voto de desconfiança no Parlamento. A Divisão X comprou o voto de pelo menos um parlamentar — ou, provavelmente, de dois deles

— para mantê-lo no poder. O coronel Rolf Wagenbreth, chefe da divisão, descreveu o trabalho da Divisão X como "uma tentativa de fazer girar a roda da história".

Herr Bohnsack começa contando uma piada. A mesma que contou a um grupo de colegas num almoço em 1980, no restaurante reservado para altos oficiais da Stasi. Ele se recosta na cadeira e sorri, como um tio que tem um segredo para contar. "Os Estados Unidos, a União Soviética e a RDA querem resgatar o Titanic", principia ele, erguendo as sobrancelhas. "Os Estados Unidos querem as jóias supostamente guardadas no cofre do navio. Os soviéticos querem a tecnologia de ponta. E a RDA", ele toma sua aguardente de um só gole, fazendo uma pausa dramática, "a RDA quer a banda que estava tocando enquanto o navio afundava."

Nós rimos. "Era normal contar piadas assim?", pergunto.

"Era, era, sim", diz ele, "muito normal, mas dependia de quem estava presente. Assim que contei essa piada, pensei comigo: ai, ai, ai, isso não foi muito esperto da minha parte, porque tem um general à mesa." Ele passa a mão na cabeça. "Depois do almoço, o general me chamou de lado e disse, em voz baixa: 'Da próxima vez, Bohnsack, eu não contaria esse tipo de piada'. E isso ainda em 1980! Eles já estavam nervosos com a possibilidade de a coisa toda desabar, naquela época."

"Tinha piadas sobre Mielke também?"

"Ah, um monte", diz ele. "Mas as piores não eram piadas: eram a pura verdade."

Herr Bohnsack foi convidado para a festa que a Stasi deu para si mesma e para os camaradas russos em comemoração aos quarenta anos da RDA. Foi em 3 de outubro de 1989, no auge dos protestos e distúrbios. "Tinha cerca de duas mil pessoas na festa", ele conta. "Mielke entrou em cena" — com a mão erguida atrás da orelha, ele desenha a caminhada com dois dedos no ar — "descendo por uma escada no canto, cercado de generais. Parecia um fantasma, ou o *deus ex machina*." Depois, fez um discurso. "Falou durante quatro horas, sem parar. De vez em quando, gritava alguma palavra de ordem. 'Lembrem-se de uma coisa, camaradas: o que os senhores têm de mais importante é o poder! Aferrem-se a ele a qualquer custo! Sem o poder, não são nada!'. Ele nem mencionou as manifestações democráticas ou o fato de os soviéticos estarem se afastando de nós", observa *Herr* Bohnsack, "mas estava claro que, em algum nível, deve ter sentido que o fim estava próximo."

Quando Mielke enfim terminou, houve um banquete. Serviram uvas, coxas de galinha, melão e frutas diversas, "coisas que nunca tivemos na RDA, e que eram deliciosas, iguarias fabulosas para nós". Mas quando todos estavam prestes a se servir, Mielke pegava rapidamente o microfone para dizer "mais algumas idiotices", e todo mundo tinha de pôr as coxas de galinha e cachos de uva de volta no prato, até ele terminar de falar. Concluía com um "*guten Appetit*", todos começavam a comer e, instantes depois, ele tornava a pegar o microfone, e todos se detinham mais uma vez. "E foi assim o tempo todo", relata *Herr* Bohnsack. "Todo o evento foi insano."

No Natal de 1989, segundo conta *Herr* Bohnsack, os acontecimentos desabrocharam em farsa completa e acelerada. Toda a divisão a que ele pertencia recebeu ordem de ficar em casa, para não provocar os manifestantes, e perto do telefone. Às três da madrugada vinha uma ligação ordenando que se dirigissem à Normannenstrasse, estacionassem seus carros a alguma distância do edifício e entrassem pelos fundos, para que os manifestantes não soubessem que havia gente ali. Quando chegavam a seus escritórios, as luzes estavam apagadas. A ordem era que vestissem uniforme de combate camuflado, "como a legião estrangeira na floresta", e que se equipassem de utensílios de cozinha, facas, uma pá, um traje especial de proteção para a eventualidade de uma guerra química, um cobertor, pasta e escova de dentes, e munição. Cada um recebia um revólver e uma metralhadora. Toda a operação era cronometrada.

"E aí, faziam o quê?", pergunto.

"Deitávamos em nossas mesas e dormíamos. Os generais lá em cima, no nono andar, ficavam simulando uma guerra. De vez em quando, descia um e nos acordava com uma mensagem — do tipo, digamos, um submarino americano foi avistado na costa da Turquia, ou os B52 norte-americanos estão em estado de alerta. Depois, lá pelas cinco da manhã, as notícias pioravam: um submarino russo abatido na costa da Noruega, por exemplo. Fingiam que a Terceira Guerra Mundial havia começado."

"E o que vocês faziam?"

"Nada. A gente voltava a dormir."

Às sete da manhã, recebiam ordens de sair a campo. "Brincávamos de guerra por um dia, ficávamos circulando e atirando nas figuras de papelão que pipocavam da grama. Estava todo mundo lá — especialistas de grande inteligência, gente que sabia falar árabe e sabe-se lá o que mais —, todos brincando de soldados." Por volta do final de 1989, isso era feito toda semana. "E a gente sabia que a RDA estava perdida", diz ele. "Era um circo."

O grande medo de *Herr* Bohnsack era que ele e outros recebessem ordens de atirar nos manifestantes do lado de fora do prédio. Durante os exercícios, haviam dito que o inimigo tinha se infiltrado no país e estava incitando alemães orientais contra eles. No final, Mielke foi mais direto. Disse que "eles", referindo-se ao povo, eram o inimigo. "Ou eles ou nós", afirmava.

"Para mim", diz *Herr* Bohnsack, "aquilo era a coisa mais apavorante. Que, em vez de atirar em figuras de papelão, tivéssemos de atirar no nosso próprio povo. E sabíamos que, como no tempo de Hitler, se nos recusássemos a fazer aquilo, seríamos levados dali e mortos."

Mas havia também um outro medo. Mielke havia dito a seus homens: "Se perdermos, vão nos enforcar". O clima era de histeria. *Herr* Bohnsack havia sido o homem de ligação de Marcus Wolf, fazendo o contato da Stasi com os serviços secretos na Hungria, em Moscou, em Praga e em Varsóvia. "Nosso homem em Budapeste tinha me contado que, no drama de 1956, sua gente tinha sido enforcada nas árvores do lado de fora dos escritórios. Ele me disse: 'Basta alguém apontar você e, em cinco minutos, você está pendendo de um galho.'" *Herr* Bohnsack torna a passar a mão na cabeça. "Graças a Deus que não chegou a tanto", ele diz. E me explica que, à época em que as manifestações tomaram impulso em Berlim — depois de isso ter acontecido em Leipzig e em outras partes —, Mielke já tinha renunciado. Estivera no poder por tanto tempo que os generais já não sabiam dar ordens por conta própria. Não conseguiram assumir o controle. "Foi o que nos salvou", diz Bohnsack, balançando sua cabeça grande para um lado e para outro, "a nós e ao povo."

De algum modo, ficara claro para *Herr* Bohnsack já em setembro que os arquivos precisariam ser destruídos. Ele disse a seu superior que começaria a picar os papéis. "Não é permitido!", disse-lhe o chefe. "Não recebemos ordem para fazer isso!" Ainda assim, conta, "eu simplesmente estacionei meu carro no pátio do edifício e tirei os arquivos dos armários. Eram metros e metros de arquivos — arquivos dos agentes, relatórios, filmes —, pus tudo no carro e fui para nosso lotezinho de terra, a cem quilômetros de Berlim". A família tinha um velho forno de padeiro em seu terreno minúsculo. Depois, "por conta própria, sem permissão nem ordem de ninguém", diz ele, "destruí tudo, o dia inteiro". Havia tanto papel para queimar que o forno quase desabou. Uma nuvem de fumaça negra pairava sobre sua cabeça, no céu. *Herr* Bohnsack passou três dias ali, alimentando o forno com os arquivos.

A luz fraca da tarde vai desaparecendo e o homem do balcão retorna para acender algumas luzes. É um homem da idade de *Herr* Bohnsack, mas com um rosto devastado, mãos vermelhas e um pano de prato enfiado no avental. "Tudo certo por aqui?", ele pergunta.

Herr Bohnsack pede mais uma cerveja, outro *Korn* e um café. Digo que não quero mais nada por enquanto. Ele sorri gentilmente para mim. "Não?", pergunta. "Não precisa de nada mesmo?" Por baixo do simpático beberrão, vislumbro um homem não muito diferente dos outros, no Leste ou no Oeste.

Herr Bohnsack queria impedir que os arquivos caíssem nas mãos erradas. Diziam respeito a agentes ocidentais sob sua responsabilidade, cidadãos da Alemanha Ocidental que prestaram serviços à Stasi. "No meu setor", ele diz, "eram todos jornalistas. A gente os usava para deflagrar escândalos ou desmascarar falcatruas políticas. Nós os financiávamos e dávamos furos jornalísticos a eles."

A fumaça despertou atenção. O vizinho de Bohnsack no campo era um bêbado inveterado, ele conta. "Mas é claro que até ele tinha uma idéia de onde eu trabalhava. É o que a gente chama de *Stallgeruch* (o cheiro do chiqueiro). Ele costumava debruçar-se na cerca e me xingar: 'Seu vagabundo engomadinho!', SED', todo tipo de insulto. E lá estava ele de novo, bêbado como sempre, enquanto eu queimava tudo. Quando a fumaça chegou à casa dele, ele começou a cantar o hino do movimento pelos direitos dos cidadãos, *Wir Sind das Volk*. Ele sabia muito bem o que eu estava fazendo. Foi grotesco, de verdade", Bohnsack ri, "aquela ária acompanhando minha pira em chamas."

Olho para *Herr* Bohnsack, em seu hábil desgrenhamento — uma mecha de cabelos desprendeu-se do restante e, enviesada, sobressai acima da orelha. Ele joga a cabeça para trás, para dar cabo do novo copinho de aguardente. O pescoço é anelado e encrespado, o pomo-de-adão se move para cima e para baixo, como um rato numa escada.

Ele olha em torno. "Este lugar", ele diz, "eu sempre freqüentei. Tinha cadeira cativa no balcão. Faz 38 anos que moro dobrando a esquina. Antes de 1989, sempre fui Günter, simplesmente: 'Oi, como vai?'. As pessoas não sabiam o que eu fazia, mas é claro que tinham suas suspeitas. Às vezes, eu vinha direto do trabalho, de gravata, um belo sobretudo, maletinha, e um rumor percorria o bar: 'Sujeito elegante, não?'. Intuíam o bastante para desconfiar que alguma coisa estava errada comigo..."

Herr Bohnsack belisca o nariz com o indicador e o polegar. "O muro caiu em 9 de novembro de 1989. A primeira vez que vim aqui depois disso deve ter sido no dia 15." Ele se detém, toma um gole, respira. "Tinha um bêbado no balcão que, quando me viu, girou o corpo devagar, apontou para mim e gritou: 'Fora, Stasi!'. Todo mundo se calou e olhou em minha direção. Todos pensavam o mesmo que o bêbado, ou pelo menos metade dos fregueses. Não consegui me mexer. Disse ao homem atrás do balcão: 'O que eles querem de mim?'. E continuei: 'Não posso chegar aqui, diante de todos, e desfazer o que foi feito ou voltar atrás'. Depois disso, eu me sentei. Bebi minha cerveja e fiquei sentado ali." Seus lábios formam uma linha e ele estende as mãos, como se dissesse: "O que eu podia fazer?".

Herr Bohnsack continuou freqüentando o bar. Levou quase três anos para que a hostilidade cessasse por completo. "Mas não houve nenhum enforcamento, nenhuma tentativa ou coisa do tipo. Na verdade, fiquei aliviado de ver como as pessoas reagiram de forma tão sensata."

Os fregueses do bar, porém, não constituíam a totalidade da população. *Herr* Bohnsack ficou sabendo que uma revista, *Die Linke*, tinha obtido um disquete com os nomes de todos os 20 mil funcionários mais bem pagos da Stasi, e que estava prestes a publicá-los. Ele sabia que todo mundo leria a matéria, encontraria seu nome e endereço na lista e sentiria o que tivesse de sentir — desprezo, ódio ou superioridade intolerante. Sabia que só tinha uma coisa a fazer. "Iria me denunciar, antes que me denunciassem."

Herr Bohnsack ligou para *Der Spiegel*, a famosa revista semanal da Alemanha Ocidental, e combinou de contar tudo a eles. "Baixei quase literalmente as calças, como dizem por aqui", ele relata. "Quando recebi minha cópia da revista, senti vontade de vomitar. A matéria tinha saído com foto e tudo. Quero dizer, você fica em silêncio e mente durante 26 anos e então, de repente, se vê numa revista, aquilo foi muito..." Ele faz nova pausa. "Só posso dizer que me senti um pouco estranho aqui", ele bate a mão no coração.

Praticamente nenhum de seus ex-colegas quererá falar sobre o que eles costumavam fazer no passado. É quase uma espécie de *omertà*, um código de honra a regê-los. *Herr* Bohnsack me conta que eles seguem se reunindo em grupos organizados por hierarquia, ou em aniversários e funerais. Um general que ainda fala com ele lhe contou que, num recente aniversário de setenta anos, os trabalhos foram regidos à moda das reuniões da divisão dos velhos tempos. Havia uma pauta, e os homens a examinaram item por item. Em linhas gerais, ficaram passando um ao outro boletins informativos ou relatórios sobre programas de televisão contra a Stasi. Era como se os velhos líderes da organização tivessem agora encontrado um novo inimigo: a mídia.

E *Herr* Bohnsack é um traidor, porque contou a própria história à mídia. Depois de se autodenunciar, ele recebeu ameaças de morte por telefone. "Seu bosta, até onde vai a sua vileza?", coisas desse tipo, ele me conta. Os telefonemas eram anônimos, mas às vezes ele reconhecia a voz. Um general ligou para ele de um bar. "Me disse: 'Já chega, seu filho-da-puta! Você vai ver só!'. Depois, começou a berrar: 'Pare com isso! Pare com isso!', até que o levaram para longe do telefone." Agora, esses telefonemas cessaram. "Nunca tive medo", Bohnsack diz. "Quero dizer, eu costumava dar uma olhada no meu carro, para ver se tinham mexido nele, mas não tem muito sentido fazer isso, porque se os caras são bons eles fazem o que têm de fazer e a gente nem percebe." Pergunto quem são os amigos dele hoje em dia. "Bom, não tenho nenhum", responde, fazendo sinal para que o homem do balcão traga mais bebida. Depois, me olha com olhos brilhantes e anestesiados. "Acho que poderia dizer que desagradei a gregos e troianos."

O telefone toca às três horas da manhã. Dessa vez, não é Klaus. O chamado vem lá de casa. Encontraram quatro tumores na cabeça ainda jovem da minha mãe, resquícios de um câncer que todos havíamos ousado nutrir a esperança de que jamais voltaria. Ela diz ao telefone: "*Je suis foutu, je suis foutu*". Depois, o que fizeram a ela afetou a fala por um tempo — uma mulher de expressão tão elegante e afiada. Mas, naquele momento, só mesmo apelando para o francês, e ela sabia que estava *foutu*.

Não surpreende que Uwe seja só gentileza para comigo. Ele me ajuda a empacotar as coisas do apartamento, juntando livros, fitas, meias perdidas e cobertas de poeira. Sou grata pela solidariedade dele, e mais ainda pelo modo como, nos momentos certos, ele ignora minha aflição. "Nós levamos você até o aeroporto, se você quiser", ele oferece.

"Obrigada." Todas as minhas reações parecem irreais, lentas, como se eu estivesse embaixo d'água. "Nós?"

"Frederica e eu. Você conhece a Frederica. Da seção de tradução para o espanhol."

"Sei", minto.

Ligo para Miriam, mas sei que é mera formalidade. Nem tenho esperança de ouvir uma voz ao vivo do outro lado da linha. "Oi, Miriam. Espero que esteja tudo bem com você. Pelo jeito, a gente tem se desencontrado um bocado ultimamente! Acabou-se a minha temporada por aqui, estou voltando para casa." De súbito, me soa obsceno dizer que *meu* tempo ali acabou. Penso em dizer "volto logo", mas essa talvez seja a última coisa que ela queira ouvir. A fita está gravando e vai encompridar meu silêncio até uma medida embaraçosa. Eu gostaria de dizer alguma coisa informal e irônica para disfarçar, mas meu alemão não é nem suficiente nem confiável para a ironia. Sou forçada a dizer as coisas de um modo mais direto e sincero do que o faria em inglês. "Miriam, cuida bem de você", eu digo, "e boa sorte."

No momento da minha partida, tento de novo, mas o telefone toca até a ligação cair. A secretária eletrônica já nem está ligada.

Quando eles vêm me buscar, eu de fato reconheço a Frederica. É uma linda venezuelana com uma pinta no canto da boca. Juntos, ela e Uwe são pura eletricidade. Ele dirige com calma até Tegel, solícito para com um mundo que enfim soube cuidar dele.

Foram nove meses até a morte da minha mãe, e ela esteve consciente durante todo esse tempo, à exceção de seus três últimos dias. Consciente de que os dias estavam contados, como se diz, e de que o resultado dessa conta não era um número muito alto. E do sentimento de estar sendo privada de todas as coisas que queria fazer no futuro, compreendendo, porém, ao mesmo tempo, que elas não eram importantes, eram apenas o futuro em si, um número mais alto, só isso.

Depois que ela morreu, o pesar caiu sobre mim como uma jaula. Levei dezoito meses para conseguir me concentrar em alguma outra coisa que não fosse a vizinhança imediata da minha pequena área de tristeza, ou para conseguir me imaginar na vida de qualquer outra pessoa. Somando tudo, foram quase três anos até que eu voltasse a Berlim.

25. Berlim, primavera de 2000

Berlim é uma cidade verde e perfumada. Noto que nunca estive aqui no auge da primavera. Nem mesmo em minhas antigas excursões televisivas voadoras rumo ao verão eu jamais poderia ter imaginado isso. As árvores são enormes e exuberantes, de um verde claro. Filtrada por elas, a luz do sol incide suave e perfumada sobre calçadas, parques, praças, escolas e cemitérios. Do lado de fora de minhas janelas, os castanheiros são mágicos. Carregam flores brancas em pilhas eretas, candelabros produzidos por um truque da natureza. Sua doçura inebriante paira no ar como a lembrança de tempos mais gentis.

Entrei em contato com a imobiliária. Num golpe de sorte sobrenatural, fico sabendo que meu velho apartamento tinha acabado de vagar, de repente. Ia ser reformado e, por isso, os estudantes tinham saído de lá. "Por causa dos preparativos para a reforma", a imobiliária me escreveu, "não podemos garantir que o apartamento esteja em condições adequadas ou mesmo habitáveis." Vou tentar a sorte, penso comigo. Comprei papel, roupa de cama, uma cafeteira e me mudei para lá.

É por ele que caminho agora, dobrando e desdobrando uma cópia da carta. Eu a enviei da Austrália para o novo endereço dela.

Cara Miriam,

Já faz algum tempo, mas talvez você se lembre da tarde e do começo de noite que passamos juntas. Depois disso, tentei escrever sua história, mas senti que precisava explicar um pouco do contexto, e o trabalho acabou tomando um curso próprio. Escrevi sobre a RDA e sobre a Stasi; depois, falei com outras pessoas — gente que foi perseguida pela Stasi e gente que trabalhou para ela. Estava tentando, creio, obter uma visão panorâmica desse mundo perdido, e dos tipos de coragem nele existentes.

Estou voltando a Berlim e queria ver se a gente poderia se encontrar de novo. Gostaria de saber se você conseguiu alguma coisa com o promotor em Dresden e se as mulheres dos quebra-cabeças, lá em Nuremberg, descobriram alguma coisa sobre o Charlie. Além disso, quero ter certeza de que contei a história direito.

Desculpe ter demorado tanto para retomar o contato com você. Tenho trabalhado nesse projeto apenas de vez em quando.

Estou ansiosa pelo verão em Berlim, e, se possível, por uma visitinha a Leipzig...

Não obtive resposta, mas o correio não devolveu a carta. Antes de partir para a Alemanha, escrevi a Julia também, por e-mail. Ela me respondeu em inglês:

Oi Anna,

Legal você ter escrito! Estou em San Francisco — troquei Berlim pelos Estados Unidos há oito meses. Lá, eu vivia com uma porção de coisas do passado, e elas podiam me achar.

I'm doing great, como eles dizem por aqui. Trabalho numa livraria feminista perto de Berkeley e fiz alguns amigos. Faz pouco tempo, participei de uma manifestação ligada à "Reclaim the Night", o que me fez sentir bem, bem longe da Turíngia e de tudo que aconteceu lá. Aqui, eles respeitam as vítimas de verdade. Todo mundo parece ter uma história para contar sobre algo que lhe aconteceu. Estou certa de que isso pode ir longe demais, mas, para mim, neste momento, é uma coisa boa.

Sou estrangeira aqui, falo com sotaque, mas me sinto muito mais em casa do que em meu próprio país! Engraçado, não?

Se você aparecer por San Fran, por favor me avise.

Julia :-)

O apartamento não mudou muito. Já é tão vazio que seria difícil tirar mais alguma coisa dele. Na verdade, são os acréscimos que mais chamam a atenção. Há uma fileira de cartões-postais pregada na parede e no teto da sala de estar. Eles sugerem viagens, mas são apenas lembranças de noitadas pelos bares da cidade — são aqueles cartões gratuitos, com publicidade. Na cozinha, há um jarro de alfazemas secas, esqueléticas, mas alegres. Na parede do quarto apareceu um desenho bem grande de um cogumelo, feito com um marca-texto. Duas janelas com esquadria em cruz formam os olhos, a porta é parte do caule. O rosto exibe um largo sorriso (a porta é um grande dente), porque o chapéu desse cogumelo é também um pênis, que sobe pela parede.

Na primeira manhã, eu me levanto e vou tomar café atravessando a rua que dá para o parque. É ainda muito cedo, mas está claro: um dia maravilhoso. Céu em azul e branco, brisa suave e fresca, ruas em silêncio. O parque é uma longa curva verde que sobe até o café, vedado como se por uma pálpebra. Lá embaixo fica o lago, que eu conhecia como uma coisa preta e morta. Agora, nenúfares flutuam na superfície, abrindo-se para tocar o sol. Em algum ponto próximo, uma bandinha de sapos saúda o dia.

Estou sentada num banco e contemplo a estátua de Heine. Nunca me detive ali antes, os bancos pareciam estar sempre ocupados. Em vez de mãos de poeta, o escultor alemão oriental deu a Heine enormes pás de trabalhador. A inscrição diz:

Não somos nós que nos apoderamos de uma idéia, mas é a idéia que se apodera de nós, nos escraviza e chicoteia para dentro da arena para que, transformados à força em gladiadores, lutemos por ela.

Heine, poeta e livre-pensador, estaria se revirando na tumba de ver o tipo de escravização, de força e de luta que teve lugar ali, sob seu nariz preto e gelado e ombros cobertos de cocô de pomba. Formas atrás da estátua me chegam aos olhos. Dois homens aproximam-se arrastando os pés; um deles desce a colina, o outro provém da esquina de baixo, ambos de abrigo e chinelos, com latas de cerveja nos bolsos. Outros três aparecem e se acomodam nos bancos. Dois deles carregam sacolas de pano cheias de latas, um traz uma fita com uma medalha em torno do pescoço, como se fosse o digníssimo senhor prefeito. Uma vez instalados (estou ocupando o lugar de alguém? — deixaram um banco inteirinho para mim), trocam gentis cumprimentos e apertos de mão, saudando também a mim com um aceno de cabeça. É como se estivéssemos numa sala de estar.

Um sujeito já mais velho se ajoelha no banco para olhar para o parque. De posse de duas fatias de pão branco, ele as divide com mãos trêmulas em pedaços iguais. Em vez de jogá-los, ele arranja os pedacinhos de pão num desenho sobre a amurada atrás do banco, todos eles eqüidistantes. Algum tipo de loucura ou generosidade.

Um homem passa correndo de calção amarelo e bandana. Os bêbados o cumprimentam em coro: *"Morgen!"*.

"*Morgen!*", responde ele, esbaforido.

São os guardiões do parque, esfinges próprias e apropriadas em seus abrigos.

Pardais e pombas chegam voando em busca dos pedacinhos de pão e, de repente, compreendo o cerimonioso cuidado do meu companheiro. Somos agora o foco daquele parque: a natureza vem até nós em genuflexões de asas curtas ante o altar de pão e cerveja.

Um retardatário de calça de abrigo preta caminha em direção ao grupo. Por dentro do tecido sintético, suas pernas parecem de pau. Ele é um pouco mais jovem do que os outros e tem os cabelos pretos e alisados para trás. Carrega consigo uma sacola esportiva cheia de cerveja.

"Harry, meu camarada! Há quanto tempo!", saúda o homem da medalha. A medalha repousa em sua barriga nua. Ele veste um paletó sem camisa e suspensórios vermelhos sobre a pele, para segurar a calça.

"Estive fora."

"Onde você esteve?"

"De férias."

"De férias? *Mensch*, preciso de umas férias também! Aonde você foi?"

"México."

Começo a sentir vontade de rir, mas os outros apenas assentem solenemente.

"E o que você foi fazer lá?"

"Caçar."

"Ahá", concorda o nobre senhor prefeito, "e é um bom lugar para caçar?"

"O melhor que existe."

"E o que se caça no México?"

"Elefantes."

Ninguém pisca nem um olho sequer. "Teve sorte?"

"Naaa..." Harry faz que não com a cabeça, senta-se e abre o zíper da sacola para ter acesso ao quinhão diário de bebida. Talvez esses homens sejam mesmo uma sociedade de poetas e sacerdotes cujas histórias são todas metafóricas. Ou talvez a realidade ali sempre tenha sido tão estranha que qualquer sucedâneo é bem-vindo. O homem da medalha volta-se para mim e ergue sua lata.

"Saúde!", diz ele.

"Saúde!", respondo, erguendo minha caneca.

"Isso aí é mais saudável que cerveja", ele sorri. Faltam-lhe dois dentes da frente.

"Mas não tão divertido", retribuo o sorriso.

Ele entende o gesto como um convite e vem se sentar no meu banco. "Você não é daqui", diz, enfiando a mão no bolso em busca da latinha de tabaco.

"Não."

"É de Colônia?"

"Não, sou de..."

"Me deixe adivinhar. Hamburgo?"

"Não, sou australiana."

"Oh", ele diz, curvando-se em minha direção e pousando uma mão grande de unhas marrons e curvadas sobre meu joelho. "Não se preocupe com isso", expira, "eu também tenho sangue impuro."

Eu sorrio, espantada. "Como assim?"

"Minha mãe era polonesa."

"Ah."

Ele começa a enrolar um cigarro. O creme nos cabelos formou uma caprichada cauda de pato. Seu bigode possui uma mancha marrom no ponto em que ele traga o cigarro. Na boca, ele o equilibra entre os lábios e consegue seguir falando com as mãos livres. O cigarro pende misteriosamente do lábio inferior.

"Você gosta deste parque?", pergunta.

"Sim, gosto muito."

"O parque é legal, mas você devia vir catar cogumelo com a gente uma hora dessas. É o que há."

"Mesmo? Aonde vocês vão?"

"Nós pegamos o trem, eu e meus amigos ali." Ele aponta para os outros, que nos observavam com atenção, mas agora retomam rapidamente seus afazeres. "Vamos até o fim da linha com nossos cestos e colhemos os cogumelos. É fantástico." Eu me pergunto se ele está me gozando, pintando aquele quadro de bêbados pegando o trem, saltitando alegres pela floresta com seus cestos e suas cervejas, apanhando cogumelos deliciosos pelo caminho e acenando para os elefantes. Mas não está.

"A gente pega" — ele lista as espécies — "*Steinpilze, Pfifferlinge, Maron, Bergenpilze, Butterpilze, Sandpilze* (são amarelos por baixo e esponjosos), *Rotkappe* (parecem *Fliegenpilze*, mas não são) e..." Não entendo bem a última palavra. "Mas esses, melhor não apanhar, porque você só vai comer uma vez!" Ele ri e joga a cabeça para trás, de modo que posso ver uma extensão da gengiva e do palato encrespado que mais parece uma criatura subaquática. "Trazemos quatro quilos em cada cesto. Aí, chegando em casa, cozinhamos os cogumelos com um pouco de manteiga. Delicioso!" Ele brande o indicador à minha frente. "Você sabe", diz ele, levando o dedo ao próprio peito, "quando o assunto é cogumelo, sou professor!"

A medalha do professor Cogumelo balança um pouco, cintilando à luz na altura da barriga. Um murmúrio de aprovação em uníssono provém dos demais bancos, onde os amigos erguem as latas de cerveja em sua homenagem. Estou contente de estar ali. Percebo de repente que é absurdo nunca ter conversado com aqueles homens, que, afinal, são meus vizinhos.

O professor prossegue, agora em tom de conselho. "Você precisa sair de casa", ele diz. "Você sabe, televisão não faz bem para os olhos. Não é saudável." Eu me pergunto se, por acaso, ele andou me vigiando durante o inverno, observando o bruxulear preto e branco da TV na minha janela. Talvez esses homens, estacionados nos parques e nas esquinas, nos pontos de bonde e no metrô, sejam agora os que vêem tudo. Uma mulher passa a caminho do semáforo, e ele levanta a mão, para saudá-la ou deixá-la passar. "Nos tempos da RDA, eu era alfaiate. É outra coisa que não faz nada bem para os olhos. Queria ser ator ou cozinheiro, mas não deu." Penso comigo que ele se tornou as duas coisas, considerando-se sua presente atuação e os cogumelos salteados. "Até 1990, fui bombeiro voluntário, mas aí a coisa ferrou de vez. Esse tal de *Kapitalismus*, você não imagina quanta merda ele tem feito." Ele funga e cospe no chão. Depois, enfia a mão no bolso e retira um pente. "Antes, era muito melhor. Moro no mesmo apartamento, que me custava 450 marcos por mês; agora, custa 804! E daí que a gente não tinha banana nem mexerica? Não sou tarado por bananas!" Ele desliza o pente cuidadosamente pelo penteado. "Eu costumava comprar cinco quilos de batatas por quase nada. Uma lata de cerveja custava cinqüenta centavos. E agora? O transporte custava trinta centavos, ou vinte às sextas-feiras. Quero dizer, a gente tinha um Estado com preocupação social, nem precisávamos pagar pelos remédios. É o que eu digo a você, não entendo. Virou uma coisa imbecil." Dou uma olhadela para além dele e vejo que seus amigos expressam aprovação trêmula e silenciosa com a cabeça.

Já ouvi esse tipo de discurso antes, embora a gente que trabalhou para a Stasi, os intelectuais privilegiados de esquerda ou os ex-membros do Partido reclamem mais das tarifas aéreas. "De que me serve a liberdade, se não tenho dinheiro para viajar para Nova York/Las Palmas/Nova Zelândia nas férias?" Uma vez, num bar em Leipzig, uma senhora de idade, bebendo sua dose diária de aguardente às quatro da tarde, me disse: "Bom, isso é melhor do que a República de Weimar e do que os nazistas, mas tragam de volta os comunistas, é tudo que eu peço. Na época do Honecker, os bares ficavam mais cheios. Saúde!". Não duvido da autenticidade dessa nostalgia, mas acho que ela doura um mundo ordinário e detestável, um mundo em que não havia nada para comprar, nenhum lugar para ir e, ainda, um mundo em que, quem quisesse fazer alguma coisa da vida que não fosse servir o Partido, arriscava-se a ser perseguido ou coisa pior.

A manhã ganha mais vida agora, insetos dançam sobre a grama e o pólen paira iluminado no ar, à medida que as pessoas atravessam o parque rumo à estação de Rosenthaler Platz. O professor Cogumelo está embalado. "No passado, quando você ficava bêbado, a polícia só te pegava embaixo do braço e sentava você num banco. Agora, nem dormir aqui a gente pode, porque, se fizermos isso, somos roubados! Hoje em dia, a noção de moral anda terrível. Você sabia que pode ser roubada por causa de um cigarro? São os romenos, os ciganos e a máfia russa. Se uma cigana viesse dançar neste banco, sua carteira sumiria num segundo!"

Também essa queixa já ouvi antes, em diferentes versões: o anseio por uma época perdida, em que havia mais segurança. Afinal, em um Estado de segurança máxima, o mínimo que as autoridades podiam fazer enquanto prendiam tantos inocentes era aproveitar para dar um jeito também nos criminosos.

"Veja, duzentos metros para lá", o professor Cogumelo estica o braço, e vejo uma faixa de pêlos grisalhos no peito, entre as alças dos suspensórios, "ficava o muro. Antes dele, os *Wessis* vinham em bando para o lado de cá e compravam todas as nossas coisas! Erguemos o muro para que a gente pudesse ir fazer compras nas nossas próprias lojas! Mas, no fim, puseram o muro abaixo e compraram todos nós do mesmo jeito, os *Wessis* com seu dinheiro ocidental. Compraram as fábricas, as empresas e até os bares. Agora, não deixam nem a gente levantar a cabeça, ah, não deixam, não senhora!"

"Vou dizer honestamente o que eu penso sobre a fronteira", prossegue ele, com novo tapinha no meu joelho. "E sou um sujeito honesto. Todos nós sabíamos, todo cidadão da RDA sabia que se chegasse perto do muro levaria bala! Era isso e pronto. Portanto, a gente ficava do lado de cá. O que eu quero dizer é que era só sentar a bunda aqui e sossegar. Assim, ninguém levava bala!"

Conheço esse argumento também: não enfrente o sistema, e ele não vai te fazer mal nenhum.

Mas, pelo que vi, ele provavelmente faria, sim, de qualquer jeito.

O professor aperta minha mão. "Você devia mesmo vir com a gente colher cogumelos", ele diz. O coro murmura e assente com a cabeça. Eu agradeço a todos e vou-me embora para meu palácio de luz, ar e linóleo.

26. O muro

Em meio a essa primavera suave, comecei a caminhar todo dia. São por volta de dez da noite, e o sol acaba de se pôr. As fileiras de cerejeiras nas ruas espalham sementes e manchas vermelhas nas calçadas, como se fosse sangue. No caminho de casa, passo pelos cafés ao ar livre da Kollwitzplatz, onde estudantes, ocidentais em sua maioria, comem e riem. Não tenho certeza do quanto eles sabem sobre o que aconteceu nesse mesmo lugar. Estou sonhando à beira da calçada quando uma mulher de bicicleta, vestindo um chapéu de bobo da corte e shorts curtos, quase leva minha orelha ao passar.

Ao dobrar a esquina de casa, o céu já está negro. Um homem se curva, desequilibrado, contra a parede do meu prédio, e segue quicando ao longo dele como mosca no vidro da janela. No escuro, ele é mais uma forma do que uma pessoa, um esboço com uma garrafa nas mãos. Está bêbado — muito bêbado. Quando me aproximo, ele vem em minha direção e começa a falar, mas não fica claro se está falando comigo ou com o universo.

318

"Eu não quero mais ser alemão!", soluça ele. "Não quero mais ser alemão!" Seu rosto está sulcado de lágrimas prateadas. "Por que não?" Estico a mão para estabilizá-lo. "Porque nós somos terríveis." Ele mal olhou para mim. Não podia saber que não sou alemã. "Eles são terríveis. Os alemães são terríveis." E vai-se embora, tateando as paredes dos edifícios. A que alemães ele se referia? A alguns ou a todos? Talvez esse alemão oriental, acostumado a pensar que os alemães ruins estavam do outro lado do muro, já não saiba ao certo. Eles são tão ruins assim? São piores do que ele pensava? E seu próprio povo, arruinado, bêbado, envergonhado, fugido, preso ou morto — será que valia alguma coisa?

Um amigo meu, que trabalha na Administração dos Arquivos da Stasi, me telefona.

"Ontem, recebemos aqui uma requisição interessante de arquivo pessoal", ele diz. "Pensei em te dar um toque."

"Quem?"

"O senhor Mielke." Meu amigo ri. Nós dois sabemos sem precisar dizê-lo. Mielke deve achar que o aparato que criou era tão meticuloso, dotado de um ímpeto administrativo próprio, que em alguma parte alguém há de ter seguido seus passos.

Alguns dias depois, telefono para *Frau* Paul. Conversamos um pouco. Ela desempenha papel ativo numa organização em prol dos perseguidos pelo regime. Leva as pessoas para visitar a prisão de Hohenschönhausen ("Estamos pensando em abrir um café lá", ela me conta) e faz campanha pela indenização das vítimas. "Tem outra coisa que eu queria contar", ela me diz.

"O que é?"

"Outro dia, à noitinha, eu vinha voltando de uma reunião pública sobre as indenizações, e fui seguida até minha casa."

"O quê?"

"É verdade. Um carro me seguiu até o metrô, na mesma velocidade em que eu caminhava. Eu estava com amigos e não dei muita bola. Mas quando desci do trem, em Elsterwerdaer Platz, estava sozinha, e ele estava lá, esperando por mim. Seguiu meu ônibus também. Quando desci do ônibus, ele apagou os faróis e me acompanhou até a porta de casa."

"Que coisa horrível."

"Pois é", diz ela, "tem muita gente que não quer que a gente levante a voz e lute por aquilo que merece conseguir."

"A senhora tem alguma idéia de quem era?"

"Não, mas tenho quase certeza de que era ex-agente da Stasi." Ela está assustada, mas coragem é o que não lhe falta. "Era um Volvo", diz. "Estou procurando alguém que dirige um Volvo."

Mielke morreu esta semana. Tinha 92 anos. A manchete dizia: "Morto o mais odiado dos homens". Penso no outro "mais odiado" e ligo para ele. A esposa atende e me passa para o marido. Karl-Eduard von Schnitzler me conta que não está bem e que as coisas estão piorando. Por "coisas" ele quer dizer o mundo ao seu redor. "As pessoas continuam espalhando mentiras sobre meu bom amigo Erich Mielke, que agora está morto e enterrado! O caixão foi enterrado na segunda e profanado já na terça! Debaixo do nariz da polícia que lhe dava proteção! A senhora compreende? As cinzas do meu amigo foram espalhadas e seu túmulo foi pro-fa-na-do!" A voz dele continua exatamente a mesma: rouca, velha e raivosa. "Isso é o capitalismo nu e cru, brutal! Uma absoluta *Unkultur*."

É improvável que a profanação do túmulo de Mielke tenha sido obra de ocidentais, e ela só é produto do capitalismo na medida em que ele não protege — ou não o faz adequadamente, na opinião de Von Schnitzler — os ex-líderes da ex-RDA daquilo que seu próprio povo pensava deles. Contudo, eu detecto medo em sua voz, o reverso da fúria. Medo talvez de que seu fim próximo seja também um túmulo profanado. Então, me lembro da convicção que ele tinha da causa. Creio que o medo dele não seja tanto da morte em si quanto do fato de que ela vai anular, por fim, seu poder de refutação.

Hoje, subo a Brunnenstrasse e passo pelo túnel de *Frau* Paul rumo à Bernauer Strasse, onde ficava o muro. Há um novo museu ali. A maior peça em exposição encontra-se do outro lado da rua: toda uma seção do muro reconstruída em tamanho real — completa, inclusive com uma faixa mortal de segurança recém-construída e muito bem varrida, especial para turistas. Ao longo da peça, à direita na Bernauer Strasse, ainda existem pedaços do muro real, cobertos de coloridos grafites, como sempre foram do lado ocidental. Esses remanescentes, porém, estão atrás de arbustos, aos pedaços e desmoronando. Alguns pontos revelam, nua e crua, a ferragem que reforça o concreto

O novo muro, no entanto, é perfeito. Não contém uma única pichação. Posso compreender por que o antigo praticamente desapareceu e por que, como disseram *Frau* Paul e Torsten, as pessoas queriam que ele sumisse. Mas o novo é uma versão *à la* Disney, devidamente higienizada, pintadinha para agradar.

Dentro do museu, há expositores e apresentações *touch screen* que mostram como o muro foi construído, bem como gravações do discurso "*Ick bin ein Berliner*" [Eu sou um berlinense], de Kennedy, e dramatizações de várias tentativas de fuga. "Sim, isso mesmo", um homem de costas para mim diz a outro, atrás do balcão. "Levo o pessoal até lá e depois trago de volta para cá. Deve levar umas duas horas. É o que vou verificar agora."

"Então está bem", diz o outro, que agora olha para mim. Ele usa óculos elegantes, que parecem compostos de uma fileira de multicoloridos prendedores de roupa em miniatura. "Posso ajudar?"

O homem diante do balcão se volta para olhar para mim. "*Frau* Funder!", exclama ele. É Hagen Koch. "Ora, ora, como vai? Sim! Talvez a senhora queira me acompanhar!" Ele fala por meio de exclamações. É como se eu nunca tivesse me ausentado. Para ele, o passado é o muro, e eu sou parte do presente, tanto faz se de três anos atrás ou de agora. Seus cabelos estão brancos, mas os olhos seguem exibindo o mesmo castanho brilhante e sorridente.

"*Herr* Koch, eu vou bem, obrigada. Acompanhar o senhor aonde?"

"Amanhã vou levar um grupo de turistas pelo antigo trajeto do muro, que hoje mal dá para reconhecer. Estou indo ver quanto tempo leva."

"Eu adoraria ir com o senhor."

Vamos percorrer os limites da cidade, a linha sobre a qual o muro foi construído: um anel em torno do centro velho, a leste, passando pelos bairros da região oeste, Wedding, Moabit e Tiergarten. Depois, ele me informa, iremos até onde o muro atravessava o centro e descia pela Niederkirchnerstrasse até o rio Spree, cujas margens vamos seguir até a ponte Oberbaum.

Embarcamos no seu carrinho vermelho. Ele dirige depressa e com segurança. Está feliz por ter público para ensaiar seu número habitual, a "turnê pela cidade esquecida". A primeira parada é logo adiante, na mesma rua: uma faixa de grama de cerca de cem metros de largura. A grama alta se esparrama, atingindo a altura do joelho e balançando no ar quente como se dotada de sensitividade. Há um cemitério logo atrás. Um grande anjo de pedra sobre um pedestal está virado para nós, a cabeça baixa, em oração. Caminhamos até o centro do gramado. O céu parece amplo daqui.

"Esta era a chamada faixa mortal de segurança", *Herr* Koch estende o braço, "mas, antes, o cemitério ia até a rua. Quando da construção do muro, tiveram de retirar os cadáveres e levar embora as lápides." Ele ergue as sobrancelhas. "Os guardas costumavam ter um certo medo por causa disso." Ao que parece, os guardas da fronteira que trabalhavam na faixa da morte preferiam não topar com nenhuma prova da morte por ali.

Herr Koch está contente por estar na companhia de alguém que compartilha do seu interesse pelo muro. Talvez ele seja ainda mais obcecado pelo muro do que me lembro. É como se tivesse perdido a noção de que, no seu caso, trata-se de um interesse especial. De novo, ele é um crente verdadeiro: o muro é a coisa que o define, e ele se recusa a esquecê-lo. Penso por um momento em *Frau* Paul, que também se recusa a esquecer. *Herr* Koch começa a tirar fotos. Ergo os olhos para a expressão infeliz no rosto do anjo e me lembro de Miriam e de Julia, de suas vidas igualmente moldadas pelo muro. Será que elas vão esquecê-lo? Será que ele as deixará esquecer?

Nossa parada seguinte é o Schiffahrtskanal. *Herr* Koch está agitado, fala depressa. Estacionamos diante de um novo conjunto habitacional. Os apartamentos são novos, de cores vivas. Estão dispostos em torno de um pátio, ao estilo berlinense habitual, mas, numa surpreendente ruptura com a tradição, há uma torre de guarda alemã oriental de dois andares no meio do pátio, construção original. *Herr* Koch aponta para ela. "Esta", ele diz com orgulho, "é minha torre." Por um momento, seu contentamento é tanto que ele perde a fala.

323

Eu olho para a coisa. É, sem dúvida, uma velha torre de guarda da faixa mortal. Tem paredes quadradas de cimento e janelas lá no alto, que permitem ver em todas as direções. No topo, há uma área cercada de onde os guardas podiam atirar. Não é coisa que inspire alegria, mas *Herr* Koch rebrilha de felicidade.

"Sua torre?"

"Minha torre."

Ele explica que, no final de 1989, em sua função no Departamento Cultural da Stasi, ele tomou para si a responsabilidade pela *Denkmalschutz*, ou seja, pela preservação de monumentos históricos. Encontrou uma série de plaquinhas azuis e brancas esmaltadas com a inscrição "patrimônio nacional" e, no caos daqueles últimos dias, pôs-se a fixá-las nas coisas que lhe eram caras, como o muro, a barreira gradeada do Checkpoint Charlie e as torres de guarda. A maioria delas foi posta abaixo, a despeito de seus esforços.

Aquela torre ali, ele me conta, deu-lhe muito trabalho, em especial quando os construtores chegaram para dar início às obras do conjunto de apartamentos. "E o que eu fiz?"

Olho para ele, nem posso imaginar.

"Encontrei um sem-teto e o instalei nela! Dei dinheiro e um trabalho a ele: reformar a torre! Não puderam demolir porque era habitada!"

Noto que, sobre a porta, alguém pintou à mão um endereço: Kieler Strasse, 2. Nós entramos e, claro, um banheiro moderno de azulejos brancos está sendo instalado no andar de baixo. "Infelizmente", *Herr* Koch diz, "meu inquilino morreu." Subimos por uma escada até o topo, onde os guardas trabalhavam. A torre está desmoronando e cheira a concreto úmido, mas me agrada pensar que o inquilino anterior, um velho morador de rua da Alemanha Oriental, teria desfrutado daquela vista, do mesmo posto de onde, antes, os guardas o haviam vigiado.

Herr Koch prossegue: "Acho que a torre está salva agora. Tiveram de construir os blocos de apartamento em torno dela. De início, os inquilinos não gostaram, mas andei conversando com eles e, à medida que o tempo passa, eles apreciam cada vez mais seu significado histórico". Antes de sairmos, ele pega uma pá de lixo, uma vassoura e dá uma varridinha de proprietário do imóvel. Partimos em direção à cidade, passando pelo Bundestag, pelo Reichstag e pela Potsdamer Platz. Num semáforo, vejo um poste com um cartaz do Renft afixado, anunciando a atual turnê da banda pela Alemanha Oriental. Gosto da idéia de Klaus andando firme de novo e vendo renascer sua existência de astro de rock. Paramos numa rua comum.

"Está vendo?", *Herr* Koch me pergunta de braços abertos. Olho em torno. Não há nada para ver.

"Não dá para ver! Não dá para ter idéia de por onde passava o muro!" Ele tem razão, não restou nem sinal, nenhum pedacinho de concreto, nenhum vazio.

"Mas olhe aqui embaixo", ele aponta para o chão. Uma estreita faixa de granito incrustada no pavimento, um pouco mais escura do que a calçada em si. "É tudo que sobrou!", ele exclama. "Antes, era uma linha vermelha, mas mesmo isso foi considerado gritante demais. Então, inventaram isto aqui. E tem mais: nos lugares em que escreveram 'Muro de Berlim, 1961-1989', a inscrição foi feita para ser lida do lado ocidental — para nós, do Leste, está ao contrário!"

Enquanto voltamos para o carro, ele diz: "Sou a única pessoa a manter viva a memória do muro da parte oriental. Se tem uma coisa que a vida me ensinou, foi que a gente não pode ver as coisas por um lado só! Por causa disso, muita gente não gosta de mim, mas esse trabalho precisa ser feito!". *Herr* Koch é um cruzado solitário contra o esquecimento.

Pegamos a Zimmerstrasse e nos afastamos do centro em direção a Bethaniendamm. É uma região esquálida da cidade. Há mais apartamentos novos e coloridos de um lado, e cinzentos prédios de cimento do outro. No meio vê-se o que parece ser um terreno vazio, cercado por telas de arame, tábuas e paus. Para além da cerca, alguém plantou fileiras ordenadas de batatas e berinjelas, além de estacas com tomates. Eu, porém, ainda não sei bem o que é que estou vendo. "Estas", diz *Herr* Koch, "são as cebolas turcas."

Ele me conduz ao redor da área cercada, para um pequeno triângulo de terra. Numa extremidade do terreno há um elaborado barraco de três andares, feito com pedaços de fibra compensada, engradados e uma escada. Uma videira sobe pela estrutura. Do lado de fora vê-se um sofá velho e cadeiras e, na outra ponta do terreno, um balanço de madeira oscila preso a uma árvore, pintado de vermelho e amarelo.

Herr Koch me conta que, a rigor, esse terreno ficava no setor oriental, mas que era demasiado custoso o muro fazer uma curva ali, apenas para incluí-lo. Assim, o muro seguiu pela rua mais próxima, deixando no Oeste aquela ilha de terra. Em Berlim Ocidental ninguém sabia o que fazer com ela; era impossível utilizá-la, para qualquer propósito que fosse, sem desagradar ao regime oriental. Literalmente, era terra de ninguém. No fim, uma família turca acabou cercando o terreno para plantar legumes e verduras. Quando o muro caiu, ninguém reclamou a posse do terreno, de modo que a família ainda continua plantando ali. Passo os olhos pela cerca. Vejo um damasqueiro e um grande carvalho lá no fim. Imagino uma família grande de abelhas trabalhadoras, vovó no sofá, as crianças no balanço e o cheiro de café vindo do palácio de verão lá na ponta.

"Mas a senhora sabe o que aconteceu?", pergunta *Herr* Koch. Eu me volto para ele. "A família terminou brigando — eram dois irmãos, acho. Brigaram tão feio que, no fim, tiveram de instalar uma cerca no meio da plantação e dividir o terreno em dois setores apartados!" O rosto de *Herr* Koch se ilumina com a ironia da coisa. "Venha ver aqui." Caminhamos até o centro, onde uma cerca entrelaçada de dois metros de altura atravessa o meio do terreninho, separando a parte do barraco daquela que contém o balanço, sem comunicação entre elas.

Nossa última parada é a ponte de Oberbaum. Berlim é um vazio ali, onde as linhas de bonde entre o Leste e o Oeste só foram reconectadas recentemente. O segmento mais extenso do muro original estende-se nessa margem de rio — não tanto porque tenha havido o desejo de preservá-lo, mas porque o esqueceram. Na ponta, vê-se o que, à primeira vista, parece ser um pequeno conjunto de tendas de circo. Ao nos aproximarmos, noto que são banquinhas de suvenires, com bandeirinhas em cima e placas em inglês que dizem "Souvenirs for You" e "I Stamp Your Passport". Por um marco, obtém-se um carimbo no passaporte com um visto de entrada na RDA, como se, ao entrar naquela tenda, ganhássemos acesso a um lugar do passado. Turistas americanos idosos estão desembarcando de um ônibus. Parecem combinar — todos vestem roupas bem passadas de cores pálidas e calçam tênis muito limpos. "Betty", uma mulher pergunta a outra com forte sotaque sulista, "este casaco é o mesmo que você usou aquele dia em Auschwitz?"

Herr Koch entra na banquinha principal. "Gerd!", ele chama. "Hagen, meu amigo!" O dono salta de detrás de suas mercadorias para cumprimentá-lo. *Herr* Koch me apresenta. Gerd é um sessentão bronzeado que veste uma camisa azul desabotoada até o umbigo e sorri um sorriso de vaudevile. *Herr* Koch me contou mais tarde que ele havia sido ator de teatro na Alemanha Oriental.

A banca de Gerd é um relicário de seu antigo país. Ele vende quepes de soldados russos e alemães orientais; medalhas russas cunhadas como condecoração pelos serviços prestados na invasão de Berlim, em 1945 ("genuínas, genuínas", ele afirma, persuasivo); velhas placas esmaltadas com os dizeres "Você está deixando o setor americano" em inglês, russo, francês e alemão, e "Cuidado: minas! Área restrita: risco de vida!"; carrinhos Trabant do tamanho de uma caixa de fósforos; ursinhos, abridores de garrafa, adesivos para carros, canecas para tomar café; e, a um lado da barraca, em escaninhos minúsculos, ele tem ainda uma enorme quantidade de pedaços do muro para vender.

"Por favor, aceite isto como um presente meu", ele diz, pressionando um pedaço do muro contra a palma da minha mão. É um saquinho plástico, completo, com "Certificado de autenticidade". Parece uma amostra de um laboratório de medicina legal. Os dois olham fixo para mim, sorrindo animados. Fico com medo de que, a qualquer momento, comecem a cantar.

"Como o senhor sabe que é genuíno?", pergunto.

"Ah, é genuíno, sim", diz Gerd, cintilando como um apresentador de programa vespertino de TV.

O provável é que já tenham vendido pedaços "genuínos" do muro em quantidade suficiente para construir dois muros. *Herr* Koch se inclina na minha direção, interessado, como sempre, nos documentos. "Veja", ele diz, "tem um certificado para comprovar."

Agradeço a ambos e subo até o novo ponto de bonde na Warschauer Strasse. Quando olho para trás, noto que *Herr* Koch arrebanhou os turistas americanos e está contando a eles o seu lado da história.

27. Quebra-cabeças

Pego o trem para Nuremberg. Ao chegar, tomo um café em pé no bar da estação. Atrás do balcão, serve-me uma mulher jovem e bonita, usando uma touca de lanchonete *fast-food*. O homem a meu lado pede *Riesenbockwurst*. A garçonete pega primeiro a salada de batata e o pão; depois, a salsicha cozida. "Mostarda ou ketchup?" Ela segura o prato de papel no alto, aguardando pela resposta; a mão livre busca o ponto acima do balcão onde normalmente ficariam as duas garrafas, com a boca para cima. Em vez disso, pendem dali duas tetas amarelas gigantes. A garçonete faz um movimento rápido e preciso, espremendo e girando uma das tetas para ordenhar a mostarda.

Quando comprava minha passagem, lembrei-me de Uwe, Scheller e da nossa antiga conversa sobre as mulheres dos quebra-cabeças. Liguei para Uwe na estação de TV, para pôr a conversa em dia e dizer a ele que eu fechara um ciclo. Um ex-colega atendeu o telefone. Disse que Uwe tinha sido promovido a correspondente itinerante nos Estados Unidos, e que ele, Frederica e o filhinho, Lucas, estavam agora felizes e aconchegados em Washington. Pedi ao colega que retransmitisse meus melhores votos.

O escritório da Administração dos Arquivos da Stasi, que abriga as mulheres dos quebra-cabeças, localiza-se em Zirndorf, uma cidadezinha nos arredores de Nuremberg. O escritório fica no mesmo complexo murado onde são mantidas as pessoas em busca de asilo. Dois etíopes, ou talvez eritreus, com seus tristes rostos bíblicos e braços sem rumo, caminham pela área externa ao prédio. O diretor, *Herr* Raillard, me recebe na entrada do edifício, e subimos até seu escritório. O prédio é um edifício administrativo simples, cheirando a chão encerado e papelão úmido. *Herr* Raillard é um homem de constituição compacta, cabelos brancos e lisos até os ombros e óculos pequenos. É um arquivista.

Estou nervosa feito um gato, com uma pressa inexplicável. Faz muito tempo que venho pensando nesse lugar como o foco das esperanças de Miriam. Quero que haja bancos de aço inoxidável, gente usando redinha nos cabelos e luvas brancas de tecido. Quero guardas de segurança nas entradas e câmeras nas salas de trabalho. Quero que as páginas completas dos quebra-cabeças sejam digitalizadas por computadores e relacionadas aos arquivos correspondentes, e quero também que as pessoas afetadas sejam chamadas por funcionários sensíveis e treinados, para que eles possam informar a elas sobre os novos vínculos em suas vidas.

Quero que descubram o que aconteceu a Charlie Weber.

Tenho certeza de que *Herr* Raillard tem coisas a fazer, mas a mesa dele não está entulhada e ele me dá a impressão de ter cancelado sua agenda para nosso encontro de hoje. É um homem quieto e despretensioso, que fez carreira nos arquivos da Alemanha Ocidental, em Koblenz, e anseia agora pela aposentadoria.

330

"Sim", diz ele, "faço sessenta e três em breve." É como se dissesse: "Vou cair fora daqui".

Ele me conta que seu trabalho começou em 1995, depois de os sacos e sacos de material terem circulado à toa por Berlim durante cinco anos. Quinze mil sacos foram encontrados na Normannenstrasse em janeiro de 1990. Continham arquivos picotados por máquinas ou rasgados manualmente, fichas e fotos, assim como fitas e filmes desenrolados. *Herr* Raillard agendou para mim um café com alguns dos funcionários. Estou ansiosa para encontrar as pessoas que trabalham nos quebra-cabeças. Pergunto quantos são e se são mesmo só mulheres, como ouvi dizer. "Ah, não", ele me diz, "mas provavelmente há mais mulheres do que homens." Cauteloso e preciso, ele pede à secretária para verificar os números exatos. Ela volta com uma notinha: dezoito mulheres, treze homens.

Primeiro, seguimos pelo hall até as salas de trabalho. No caminho, ele relata que tem havido alguma controvérsia, porque as vítimas querem maior rapidez no trabalho que é feito ali. Existe um programa de computador que poderia acelerar o processo: ele é capaz de juntar as peças com grande rapidez, baseado numa imagem escaneada da forma exata da borda rasgada. Mas, para efeito de prova legal, explica *Herr* Raillard, os documentos reconstituídos por computador não são considerados originais. Isso não faz muito sentido para mim, uma vez que, em geral, as pessoas não vão até ali com o propósito de abrir um processo legal: querem apenas saber o que aconteceu em suas vidas. "E custaria muito dinheiro também", ele acrescenta. Essa, sim, é a provável razão pela qual o programa não é empregado.

A porta se abre para um escritório comum; meus olhos registram plantas em vasos, tinta velha nas paredes e um pôster de gatinhos de olhos vidrados enroscados num novelo de lã. Vejo uma grande mesa com uma cadeira vazia atrás dela. "Deve estar fazendo seu intervalo", diz *Herr* Raillard, apontando na direção da cadeira. Mas não estou prestando atenção ao que ele diz. A janela está bem aberta, uma cortina branca balança ao vento, e eu estou em pânico, o coração subindo pela garganta, porque há montanhas de pedacinhos de papel sobre a mesa — alguns organizados em pilhas, mas outros esparramados por toda parte. É tanto papel picado que a mesa não é suficiente, e o funcionário começou a empilhar os pedaços sobre um gabinete também. Os pedaços são de tamanhos diferentes, desde um quinto de uma folha A4 até papeizinhos de dois ou três centímetros quadrados. E não há nada que os impeça de sair voando pela sala e pela janela afora.

Herr Raillard interpreta mal a expressão em meu rosto. "Sim, é bastante trabalho, como a senhora pode ver", ele diz.

A sala seguinte é parecida. O funcionário, também no horário do intervalo, parece estar primeiramente triando o material dos sacos e depositando-o em caixas de papelão, para depois espalhá-lo pela mesa. De uma fotografia rasgada no interior de uma das caixas, um olho feminino me observa; sobre a mesa, passo os olhos pelo nome do escritor Lutz Rathenow num retalho de papel. Há um rolo grudento de fita adesiva perto da cadeira, e uma página parcialmente completa logo à frente: um canto e a margem esquerda.

Na próxima sala, os pedacinhos são ainda menores. "É um trabalho minucioso", diz *Herr* Raillard, "o maior número de pedaços em uma página que tivemos até agora foi de 98." O funcionário dessa sala está próximo de completar um maço de páginas que repousa numa pasta aberta de papelão. As páginas estão todas lá, empilhadas umas sobre as outras, a não ser por um ou mais pedaços faltantes no meio, compondo um buraco bem-feito. "É preciso força bruta para rasgar toda essa quantidade de páginas de uma vez só." *Herr* Raillard balança a cabeça. "O homem da

Stasi que fez isso mal terá conseguido mover um dedo no dia seguinte."

A caminho do encontro com os funcionários, pergunto a *Herr* Raillard sobre a segurança. Ele me diz que todos os que trabalham ali, inclusive o pessoal da limpeza, passam por uma verificação, para saber se não tiveram nenhuma ligação com a Stasi no passado, embora sejam todos alemães ocidentais. Diz também que seus funcionários são advertidos para não comentar com ninguém sobre o conteúdo dos arquivos que reconstituíram. Às vezes é necessário enfatizar esse ponto. "Se encontram, por exemplo, o arquivo referente a um político importante da Alemanha Ocidental, então eu vou falar com o funcionário em questão, converso com ele e lembro que ele não deve mencionar isso a ninguém", diz. Pergunto sobre vigilância eletrônica das salas, porque imagino que haja gente lá fora disposta a pagar um alto preço para impedir que certas informações venham à luz. "Não, não", diz *Herr* Raillard, "às vezes duas pessoas dividem uma sala. Mas isso é mais para aliviar o tédio do que para qualquer outra coisa. E eu me certifico de ter ligado o alarme quando vou embora, no fim da tarde." Não era o que eu esperava ouvir. É cordial, pequeno, discreto. Alguma coisa entre um sítio para o lazer dos fãs de quebra-cabeças e uma oficina protegida para obsessivos.

Herr Raillard me apresenta e sai. São três mulheres e dois homens sentados a uma mesa sobre a qual há suco de fruta, bolachas e uma garrafa térmica de café. Deixaram para mim o lugar à cabeceira. As duas mulheres à minha direita são roliças, usam maquiagem e estão na meia-idade. À minha esquerda, uma jovem de sardas e cabelos escuros na altura dos ombros. Ao lado dela, um homem baixinho de cabelos castanhos e óculos, e, a seguir, um grandalhão de aspecto gentil, cabelos claros e olhos bem azuis. Pergunto a todos como eles realizam seu trabalho cotidiano.

A mulher de meia-idade sentada mais distante de mim responde: "É como um daqueles quebra-cabeças que a gente monta em casa, começando pelas quinas e completando o resto com base no formato das bordas. O tipo de papel e o formato da letra ou da caligrafia nos dão dicas também, e assim por diante".

"A senhora monta quebra-cabeças em casa?", eu pergunto. "Monto, sim", ela diz, "devo ser louca." Todos riem.

A outra mulher, ao lado da primeira, começou a trabalhar ali faz apenas dois meses. Suas unhas estão esmaltadas e ela exibe uma fenda entre os dois dentes da frente. "Abriram um saco para me mostrar, eu vi os pedacinhos minúsculos de papel e pensei comigo: Ah, meu Deus, não vou conseguir fazer isso." Os sacos têm mais de um metro de altura e o diâmetro de uma pessoa. "Mas cada um é diferente", ela diz, "e, de fato, eles têm coisas muito interessantes."

O homem de cabelos castanhos parece ser o mais antigo de casa. Tem olhos fundos e uma voz calma. Quando ele fala, os outros prestam atenção. "Às vezes", diz ele, "a satisfação está em saber que, quando as pessoas descobrem o que aconteceu com elas, isso lhes dá alguma paz — por que perderam seu posto na universidade, o que aconteceu com o tio desaparecido e coisas assim. Ganham uma nova percepção da própria vida."

Os outros servem o café e vão passando o leite longa-vida de mão em mão. Penso no que seria saber mais sobre mim por meio de um arquivo. Acho que acabaria vendo meu próprio passado como uma paisagem pela qual viajei sem notar as placas.

"Eu penso que, no fim", diz o homem de cabelos loiros, "a Stasi tinha tanta informação que via todo mundo como inimigo, porque todos estavam sob observação. Acho que não sabiam dizer se as pessoas eram a favor deles, contra ou se estavam simplesmente fechando a boca." Ele é tímido e, ao falar, olha para as mãos, que se fecham em torno da caneca de café. "Quando encontro um arquivo de uma família cuja sala de estar esteve sob vigilância durante vinte anos, eu me pergunto: que tipo de gente quer toda essa informação para si?"

"Vocês se comovem, às vezes, com o que encontram?", eu pergunto.

A jovem mulher responde: "Quando encontro cartas de amor, penso comigo, Deus do céu, eles abriam tudo mesmo, e por quantas mãos essas cartas passaram? Quantas cópias foram feitas? Detestaria que isso acontecesse comigo. Nem me sinto bem de ler essas cartas eu mesma, depois de juntar os pedaços".

O homem de cabelos castanhos afirma que o mais chocante para ele era o modo como a Stasi usava as aflições das pessoas contra elas próprias. "Quando estavam presas, por exemplo, e eles ofereciam liberdade a elas, contanto que espionassem para a Stasi."

Lembro-me do pai de Koch, tendo de mudar de partido político para não ser enviado para um campo russo, ou de *Frau* Paul, que podia ter servido de isca na captura de um alemão ocidental, ou mesmo de Julia, aprisionada em seu próprio país e recebendo uma oferta de liberdade, mas apenas se fornecesse informação sobre as pessoas em sua vida. Penso nas gerações de tragédias que os alemães vêm infligindo a si próprios.

"Mas a questão aqui não são os indivíduos", prossegue o homem de cabelos castanhos, "e sim um sistema que manipulou as pessoas de tal forma a fazer com que elas agissem assim. Isso mostra como as pessoas podem ser usadas umas contra as outras. Eu reluto em condenar essa gente, porque a própria Stasi era manipulada, seus homens também precisavam de um emprego."

Os outros assentem com a cabeça. "Por outro lado", diz ele, "houve um punhado de gente que simplesmente disse não. Nem todo mundo pode ser comprado." Ele conta de um engenheiro que se recusou a ser informante. "E não aconteceu nada com ele. Apenas encerraram seu arquivo."

335

Vem-me à lembrança a história da operária que, depois de abordada pela Stasi, anunciou em voz alta no refeitório, no dia seguinte: "Imaginem só! Vocês não vão acreditar, mas *eles* me acham tão confiável que me pediram para ser informante!". Arruinado o anonimato, deixaram-na em paz.

A jovem diz: "Eu acho que havia certas vantagens do lado de lá que a gente esquece, sobretudo para as mães e seus filhos. Sou mãe solteira e sei do que estou falando. Precisei trabalhar e foi difícil encontrar uma escolinha. Tenho uma amiga que vivia na RDA e ela diz que não trocaria aquilo por nada...".

"E os aluguéis eram mais baixos", completa a mulher à minha direita, com a fenda entre os dentes.

"As escolinhas existiam", diz o de cabelos castanhos, "porque eles queriam controlar as crianças desde cedo e educá-las na lealdade ao Estado."

"Claro", diz a jovem mãe, "mas, para mim, tudo se tornou de uma clareza cruel logo depois que o muro caiu. Encontrei um casal na rua que tinha acabado de chegar da RDA e não tinha dinheiro nem para onde ir, então eu disse a eles que podiam ficar na minha casa. Passaram um fim de semana comigo, e eu mostrei a eles a vizinhança. Fomos a uma loja de departamentos, a Karstadt, dar uma olhada na seção de alimentos. Eles ficaram malucos. 'Quantos tipos de ketchup vocês têm?', perguntaram, olhando as prateleiras. E eu pensei comigo que é muita coisa mesmo, que tem de haver um meio-termo. A gente precisa mesmo de trinta tipos diferentes de presunto e de quinze marcas de ketchup?"

"O erro da RDA foi forçar as pessoas a tomar uma única posição", diz o homem de cabelos castanhos: "Ou você está do nosso lado ou é um inimigo. E, caso você se visse de fato como inimigo, tinha de se perguntar: o que é que eu estou fazendo aqui? Eles queriam encaixar tudo naquele esqueminha estreito deles, mas a vida simplesmente não cabia ali". Ele faz uma pausa, e os demais aguardam a conclusão. "Acho que a gente precisa se lembrar de que eles vinham para cá em busca de liberdade, e não das quinze marcas de ketchup."

Herr Raillard me acompanha até a saída. Confiro com ele as conseqüências para quem fosse abordado pela Stasi e contasse o fato a outras pessoas ou se recusasse a cooperar. "Na verdade, não havia conseqüência nenhuma", ele diz. "Esse é o ponto. Só encerravam o arquivo da pessoa e marcavam um *dekonspiriert* nele. Mas, claro", acrescenta, "ninguém tinha como saber à época que nada lhe aconteceria. Por isso, quase ninguém se recusava a cooperar."

Chegamos à porta. *Herr* Raillard diz: "Tenho uma coisa aqui que preciso entregar à senhora". Sem dizer mais nada, ele me passa uma cópia de uma folha de papel com alguns escritos. É a cópia de um memorando que ele escreveu:

Administração dos Arquivos da Stasi — Grupo de Reconstrução

Tempo necessário à reconstrução:
1 funcionário reconstrói em média 10 páginas por dia.
40 funcionários reconstroem em média 400 páginas por dia.
40 funcionários reconstroem em média 100 mil páginas por ano de 250 dias de trabalho.
Cada saco contém em média 2500 páginas.
100 mil páginas correspondem a 40 sacos por ano.
No total, a Administração dos Arquivos da Stasi abriga 15 mil sacos.
Isso significa que, para a reconstrução completa dos documentos, seriam necessários 40 funcionários e 375 anos.

Eu perco a fala. Só posso entender aquilo como um pequeno protesto. *Herr* Raillard aponta para o papel e diz: "Estes números são para quarenta funcionários. Como a senhora pôde ver, dispomos de apenas 31". Ele está me dizendo, à sua maneira calada, que os recursos que a Alemanha unificada está empregando nessa parte da reconstrução das vidas dos ex-cidadãos da Alemanha Oriental são ridículos, uma espécie de piada de Sísifo. Na prática, aquilo que ele administra ali não passa de um ato simbólico.

Herr Raillard arranjou um motorista para me levar de Zirndorf a Nuremberg. O sol brilha no dia de céu limpo e azul. Longe dos refugiados em busca de asilo e dos pedaços de papel, tudo é claridade e alegria.

Olho pela janela, pensando em Miriam e em suas esperanças de que os pedaços rasgados de sua vida venham a ser reunidos na brisa fresca daquelas salas em algum momento dos próximos 375 anos.

28. Miriam e Charlie

O trem para Berlim passa por Leipzig, e eu desembarco. O ar calmo da manhã se reveste de um calor sedoso que se tornará realidade por volta do meio-dia. Da última vez, a estação ainda estava em reformas. Agora, ela integra um shopping center de três andares num vasto átrio. Escadas rolantes sobem e descem entre os diferentes níveis. Perto da saída, há uma exposição de fotografias das manifestações de dez anos atrás. A placa sobre elas diz: "Leipzig. Cidade de heróis". Não sei bem o que estou fazendo ali.

Perambulo pela cidade. A maior parte dos guindastes não está mais lá. A remoção dos andaimes revela novas fachadas de edifícios em amarelo brilhante, rosa escuro e até mesmo em dourado. Passo pela prefeitura e pelo Auerbachs Keller. No edifício ao lado, um novo museu foi inserido na velha paisagem da rua: o Fórum de História Contemporânea de Leipzig. O piso do interior é todo de granito e a mobília é cara. O museu, fico sabendo, é o esforço financiado pelo governo federal para pôr a história da divisão da Alemanha atrás de armários de vidro.

339

Vejo ali as famosas fotos da construção do muro: um solda-do da Alemanha Oriental decidindo se mandar para o oeste e abrindo o arame farpado com as mãos; e Peter Fechter, o garoto de dezoito anos alvejado e morto em sua tentativa de fuga, em 1962, e abandonado na faixa mortal de segurança, porque um lado achou que o outro retaliaria se alguém tentasse ajudá-lo. Jo-garam-lhe um rolo de ataduras, mas ele está imóvel e sangra. Há também fotografias de pessoas saindo de um túnel em Berlim Ocidental, o grupo que teve êxito, antes da tentativa de *Frau* Paul; e, estacionado ali dentro, vejo um camburão cinza idêntico àque-le em que ela foi transportada até o julgamento. Um monitor de TV exibe a acidez de Karl-Eduard von Schnitzler em seu auge. Che-go aos anos 1970 e encontro um mostruário de vidro com lem-branças do Renft: discos, o velho violão de Klaus e fotos da ban-da, seus integrantes de umbigos peludos, com aspecto a um só tempo inocente e indecente.

Sou a única visitante. Os funcionários estão ansiosos por fazer contato e conversar um pouco, entediados até a alma. Tal-vez em virtude de todo o dinheiro derramado ali, os itens por trás dos vistosos mostruários parecem velhos e ordinários, como artigos de um tempo que ficou para trás. Desço as escadas fazen-do barulho com minhas sandálias. Estou irritada que esse passa-do possa adquirir um aspecto tão barato e seguro, como se des-tinado desde o início a terminar por trás de um vidro, apartado por cordas de segurança e sob o controle de um botão. E estou irritada comigo mesma: qual o problema? Museus não são o lu-gar das coisas que já acabaram?

É uma boa caminhada, mas acho que sei chegar lá e, por-tanto, parto em direção à Runden Ecke. Espero que ainda esteja lá, que a versão espertinha e financiada pelo Ocidente que acabo de ver não seja tudo que restou da Alemanha Oriental. Sei que na periferia da cidade ficam os habituais altos blocos socialistas de apartamentos, mas ali, onde estou agora, as ruas são de paralelepípedo e os edifícios, grandiosos. Rostos esculpidos me olham de cima, dos arcos das arcadas, e uma fileira de cariátides sustenta o velho teatro. Passo por uma loja de música (era a casa de Bach), por um bistrô e por uma agência funerária com uma surpreendente gama de ofertas, além de uma placa que diz "dia e noite": sepultamentos, cremações, enterros no mar e funerais anônimos integram a lista, tanto quanto o "transporte de urnas". Um cachorro caminha resoluto pela calçada e, em alguma parte, suponho, uma pessoa se perdeu. A confiança do cachorro de cabeça erguida me faz sorrir. Um homem na vitrine de uma tabacaria me vê e retribui o sorriso.

O edifício ainda está lá, uma vastidão que ocupa o quarteirão inteiro e termina na esquina redonda, onde fica a entrada. Ao alcançá-la, vejo que o museu do comitê de cidadãos ainda existe e está aberto. Dentro de mim, uma angústia retesada se dissolve num alívio. Subo as escadas de pedra. A entrada para a exposição fica à esquerda, e para a Administração dos Arquivos da Stasi, à direita. Não mudou muita coisa. Caminho pelo corredor para além do escritório com o calendário de garotas, da cela com a janelinha e a cama minúsculas, e em direção ao escritório do museu. Cartazes solicitam doações para que o museu possa continuar funcionando.

Frau Hollitzer não está de serviço hoje, mas, sim, seu jovem colega me informa que ela ainda trabalha no *Bürgerkomitee*. Pergunto a ele sobre o novo museu da cidade, mas ele encolhe os ombros e diz alguma coisa sobre a incompatibilidade entre financiamento e autonomia. O comitê tentou negociar com as autoridades federais para que só existisse um museu da Alemanha dividida em Leipzig, e para que ele fosse administrado por alemães orientais, mas não funcionou. O museu do comitê ficou com um aspecto menor e mais pobrezinho do que o outro, mas, em compensação, é mais autêntico: era naquele prédio que as pessoas eram detidas e interrogadas, e era ali, no andar de cima, que se arquivavam as biografias roubadas. Passo algum tempo nas salas, vendo as pilhas de polpa de arquivo numa, os bigodes, perucas e a cola na outra, os vidros com amostras de cheiro numa terceira. Para mim, foi ali que tudo começou. Compro dois ou três livros com o rapaz e vou-me embora. Lá fora, faz muito calor. Desde a manhã, as árvores já adquiriram um verde mais profundo e produzem agora sombras mais escuras. Não tenho mais nada a fazer a não ser voltar para a estação ferroviária.

Caminho por um pequeno parque em cujos bancos pessoas almoçam. Há silêncio no ar, exceto pelo canto dos pássaros, pelo guinchar dos bondes e por um ruído rolante que vem se avolumando atrás de mim. Eu me viro, e dois garotos vêm em minha direção com seus skates, e avançam rápido. Antes que eu consiga me decidir por um lado, eles se separam numa formação graciosa, me ultrapassando um de cada lado para, mais à frente, juntarem-se de novo. Eu os observo deslizar para fora do parque. Repetem a mesma manobra em torno de uma garota numa cabine telefônica. Ela segue conversando enquanto se inclina para fora da cabine para vê-los prosseguir adiante em seus skates.

Quando chego perto da cabine, me pego observando a garota. Ela veste uma camiseta branca que deixa metade da barriga de fora e jeans, e masca chiclete enquanto fala ao telefone. Não ouço o que ela está dizendo, mas ela está completamente absorta em sua conversa, o calcanhar de uma perna apoiado no joelho da outra, dentro da cabine. Deve ter uns dezesseis anos, o que significa que tinha seis quando o muro caiu. Na certa, não vai se lembrar de um tempo em que não existiam cabines telefônicas.

Antes mesmo que eu possa compreender o que estou fazendo ali, ela me vê e acena com a cabeça, sinalizando que não vai se demorar muito mais. Por um momento, alivia-me ter encontrado um propósito. Mas agora estou paralisada. Quando a garota desliga, ela acena para mim e caminha para sua bicicleta. Eu entro na cabine. Dezesseis, penso comigo, dezesseis era sua idade quando ela embarcou daqui no trem para Berlim e escalou o muro. É tudo que me vai pela cabeça. Abro minha agenda no telefone dela e disco.

"Alô?"

"Miriam? Miriam, aqui quem fala é Anna Funder. Estou..."

"Anna! De onde você está ligando? Voltou para Berlim?"

"Eu... bom, na verdade, estou em Leipzig", digo. "Pensei em você, e pensei em dar uma ligada para dar um oi enquanto estou aqui. Não sabia se o seu número ainda era o mesmo. Estive em Nuremberg, e agora estou a caminho de Berlim. Eu só..."

"Vou te buscar", ela diz. "Onde você está?"

"Perto da estação, acho."

"OK. Encontro você na entrada lateral em dez minutos."

Eu a vejo caminhando em minha direção. Está toda de branco, calça folgada e blusa esvoaçante. Tem a minha altura, mas uma constituição elegante. Quando me abraça, sinto as escápulas sob minhas mãos. Miriam ergue os óculos escuros, e seus olhos exibem o mesmo azul. Mas as linhas do rosto mostram um desenho mais profundo.

"Eu mudei de casa desde a última vez que você esteve aqui", ela explica. Partimos de carro da estação sobre ruas de paralelepípedos e debaixo de olmos, plátanos e dos cabos do bonde.

O prédio de Miriam é de esquina e, restaurado, ficou muito bonito. Flores pintadas à mão sobem em espirais pelas paredes da grande escadaria e, lá no fundo, um discreto elevador de vidro e aço nos leva para cima. Mais uma vez, o apartamento dela é no último andar. A sala de estar dá para a esquina, as janelas estão todas abertas, e eu me dirijo para o parapeito. Do outro lado da rua, mais um belo edifício com um átrio de vidro no telhado e, para além dele, todo um campo de gramados e árvores estendendo-se até onde meus olhos alcançam.

"É a charneca de Leipzig", ela diz às minhas costas. "É adorável para dar uma caminhada. Se você quiser, podemos ir até lá mais tarde. O zoológico de Leipzig também fica lá, e vale a pena dar uma olhada."

"Que cheiro é esse?", eu pergunto.

"A jaula dos felinos, talvez?", ela ri.

"Não, é um cheiro doce."

"Ah, são as acácias." Ela se junta a mim na janela e aponta para o topo das árvores gloriosas, bem abaixo de nós. Flores de cor creme pendem aos cachos, como uvas. "É um belo perfume, não é?", ela pergunta. "Melhor do que o dos leões, pelo menos." Ela ri e toca meu braço.

Miriam faz um chá, e nos sentamos para conversar. Não parece surpresa com minha chegada, ou não tão surpresa como me sinto por estar ali com ela. É como se ela sempre tivesse acreditado que nos veríamos de novo, quase como amigas. O que são alguns telefonemas em vão entre amigas?

O ar perfumado nos envolve suavemente. O apartamento possui assoalho de parquete, paredes claras e uma cozinha nova numa extremidade da sala de estar. O cômodo vizinho é um amplo espaço recoberto de um carpete cor de giz. Nele, há fileiras de livros e plantas, além de um computador a um canto, com o protetor de tela mostrando nuvens. Tudo é branco, luminoso e confortável.

Conto a ela sobre minhas viagens, sobre os homens da Stasi, sobre a provação de Julia nos tempos de escola, sobre os seqüestros e os bebês deixados do lado errado do muro, sobre o Renft e o professor Cogumelo. Digo também que acabo de chegar de Nuremberg, onde conversei com as mulheres dos quebra-cabeças e descobri que há homens também entre elas — umas poucas dezenas de pessoas fazendo um trabalho que vai levar muito tempo. Descubro que não sou capaz de dizer "trezentos e setenta e cinco anos".

"Por aqui", ela diz, "tudo leva muito, muito tempo." Estamos sentadas a uma mesa de vime com tampo de vidro. Miriam deixa cair as sandálias e descansa os pés nos apoios da mesa. Os cabelos dela ainda estão cortados curtos, mas foram tingidos de um castanho escuro. Ela ainda usa óculos de aros redondos pequenos e sorri o mesmo sorriso gentil e repentino, as sombras entre os dentes acentuadas pela nicotina. "Muito... muito... tempo", ela repete, acendendo um cigarro. Uma brisa que sopra pressiona suas roupas contra a pele, tornando a revelar por um instante como ela é franzina — algo de que sua voz possante me faz esquecer.

Ela trabalha numa estação pública de rádio. Há pouco tempo, pediram que fizesse um programa sobre as festas animadas pela chamada *Ostalgie*, nas quais entra de graça quem exibe uma identidade alemã oriental, todos se chamam de "camarada" e a cerveja custa apenas um marco e trinta centavos.

"Coisas como essas", ela diz, "alimentam uma saudade maluca da RDA, como se a Alemanha Oriental tivesse sido um Estado de bem-estar social que cuidasse das necessidades das pessoas. Seja como for, a maioria dos que freqüentam essas festas é jovem demais para se lembrar da RDA. Estão só procurando alguma coisa que possam querer muito."

Alguns dos administradores da estação de rádio são ex-informantes, e um deles foi empregado da Stasi. Fico chocada, mas Miriam encolhe os ombros. "Os velhos quadros estão de volta ao poder", diz. Ela sabe que um deles costumava repassar à Stasi cartas e comentários de ouvintes queixosos, e ele sabe que ela sabe. "Não consegue olhar para mim", ela conta. Quando Miriam se recusou a fazer o programa sobre *Ostalgie*, ele disse a ela: "Você sabe qual é o seu problema? Seu problema é que você não se iden-

345

tifica com a cultura desta estação". Miriam rola os olhos diante da tentativa ridícula de um ex-Stasi de ressuscitar ameaças típicas da velha Stasi, apenas substituindo "nação" por "estação". O programa foi feito por outra pessoa e transmitido assim mesmo, alimentando a nostalgia fantasmagórica que, ali, ocupa o lugar de algum senso inexistente de integração. O tu-tu-tu dos motores das vespas chega até nós, proveniente lá de baixo. O som me faz pensar em beira de praia, embora estejamos encalacradas bem no meio da Europa Central. Pergunto a Miriam sobre Charlie, sobre como ele era. "Bom", ela me diz, "ainda não organizei todas as fotos, elas continuam naquela mala velha." Então, ela se levanta e vai até o quarto. Compreendo muito bem o impulso de não arquivá-las num álbum de plástico ou numa moldura. E, de repente, fica claro para mim por que o novo museu me irritara tanto. Envidraçaram coisas ainda não terminadas.

Miriam me mostra umas poucas velhas fotos em preto-e-branco, assim como um instantâneo colorido que lembra os da minha infância. Levo um choque. "Esta aqui é você?", pergunto. A fotografia mostra um jovem casal sentado a uma mesa. Eu o reconheço da outra vez que estive com ela: o mesmo Charlie de rosto límpido e queixo quadrado. Ele está usando uma cartola, sem camisa, brincalhão. Eu não teria reconhecido Miriam. A garota da foto é maravilhosa, de uma beleza extraordinária. Magra, pele macia, um rosto que parece esculpido e um sorriso de tirar o fôlego. Irradia naturalidade, mas poderia ter saído de qualquer revista, daquele tempo ou de agora. "Isso foi logo depois do nosso casamento", diz Miriam. "Nós fomos almoçar." Eu me lembro da foto rasgada. Fico feliz que ela tenha se permitido continuar existindo nessa outra foto.

Há outra fotografia dos dois juntos: Miriam o abraça, olhando para a câmera. Ela é uma aparição, um anjo malvado que foi pego voando sobre o muro, posta numa jaula e, depois, solta — ali, ao lado do homem amado. Na terceira foto, uma Miriam mais jovem e de franja olha solenemente para a câmera. Parece ter uns doze anos.

"Essa aí foi bem quando saí da prisão", ela diz. "Foi minha avó quem fez o vestido para mim."

"Mas você parece tão jovem", eu digo.

"E eu era, acho", diz ela. "Tinha dezessete anos e meio." Eu olho para ela. Não tem nenhuma vaidade, não esperava qualquer reação à beleza que se vê nas fotos. O sol brilha enviesado, dourando metade do seu rosto. Eu jamais teria visto a menina nela.

"Tem isto aqui também", ela diz. "Pensei nisto na última vez que você veio aqui e, depois, encontrei." Ela me passa um pedaço de papel dobrado duas vezes. "Na verdade, acho que não tinha remexido nessas coisas desde a morte do Charlie." Ela respira fundo. "Foi difícil para mim tornar a mexer." A página amarelou com os anos e está levemente rasgada. De um lado, há colunas de texto escrito a lápis, riscado e, depois, escrito de novo. No verso, o texto final, passado a limpo. "É um poema escrito pelo Charlie", ela diz.

"Posso fazer uma cópia?"

"Pode levar com você, por favor", ela diz. "Uma outra hora, você me manda de volta."

"Como ele era?", pergunto de novo.

Miriam acende o isqueiro, só para ver a chama, e se recosta na poltrona. "Bom, era uma pessoa sensível", diz. "Era muito reservado, notava as coisas. Tinha um bom senso de humor, mas, por baixo, eu diria que ele levava as coisas muito a sério." Ela olha pela janela para o céu que passa. "Era individualista, e era filho único. Por isso é tão difícil para meus sogros."

Ela se levanta e vai buscar uma tigela de cerejas na cozinha. "Os amigos pensavam que nosso casamento era uma catástrofe!", ela ri, tornando a se sentar. "Mas, para nós, era o ideal."

"Por que eles pensavam isso?"

"Tínhamos vidas separadas — até certo ponto, é claro! Acontecia de um querer ir ao cinema e o outro não, e aí quem queria ia sozinho. Nós achávamos que isso era bem normal. Ou, me lembro de uma vez em que eu estava voltando de uma viagem a Gera, na Turíngia, e topei com Charlie no corredor. 'Você está chegando ou saindo?', perguntei. 'Vou dar uma saidinha, te vejo amanhã', ele disse."

Vozes chegam da rua, notas isoladas de música humana. "Nossos amigos diziam: 'Mas isso não é casamento coisa nenhuma!'. Só que, para nós, só podia ser desse jeito mesmo. É por isso que funcionava tão bem." Ela cospe um caroço de cereja na mão. "Acho que, pelo menos para mim, isso veio da experiência na prisão. Reagi de um modo extremo quando saí de lá. Não conseguia planejar nada com antecedência, não conseguia dizer a alguém: 'Vejo você no domingo'. Achava esse tipo de coisa uma obrigação intolerável." Ela ri. "Com certeza, eu era difícil de agüentar!"

Não consigo imaginá-la como alguém difícil de agüentar, mas sei que é difícil apanhá-la. E percebo, de repente, que ela está contente de fato em me ver; que essa é a continuação de uma conversa iniciada três anos antes. Ela recebeu minhas mensagens telefônicas e minha carta, mas, por um impulso que agora compreendo, não quis ficar presa a uma resposta. Depois de passar anos tendo todos os seus movimentos vigiados, ela agora só quer deixar que as coisas tomem seu próprio curso. E o fato de eu ter aparecido é parte desse curso.

"Depois que fizemos a solicitação para sair do país, as coisas ficaram bem difíceis", ela conta. "A Stasi começou a nos assediar na rua, paravam a gente a todo momento. Com muita freqüência seguiam nosso carro também — queriam mesmo atazanar a nossa vida. No fim, Charlie foi chamado ao Departamento do Interior para interrogatório. Ele disse que só queria uma resposta para sua solicitação: sim ou não. Foi a primeira vez que o prenderam. Depois que ele foi solto, os cartões começaram a aparecer na nossa caixa de correio, convocando-o para comparecer à sala 111 da Dimitroffstrasse."

Na Dimitroffstrasse ficava o prédio da polícia, mas Charlie Weber aprendeu que "sala 111" significava um encontro com a Stasi. O complexo de edifícios tinha um pátio interno. "Você podia entrar ali achando que ia resolver um probleminha administrativo e de repente se via numa sala sendo interrogado pela Stasi, ou mesmo trancafiado numa cela dos fundos." Miriam faz uma pausa. "A última vez que Charlie entrou lá, ele compareceu à sala 111 e terminou numa cela."

"Você queria exumar o corpo dele. O que aconteceu?", pergunto. Ela remove o celofane de um novo maço de cigarros. Seus dedos parecem endurecidos e azulados pela falta de oxigênio.

"O gabinete do promotor daqui só quer saber de encobrir tudo que aconteceu e, acima de tudo, não quer ir atrás de ninguém da Stasi. Suponho que haja uma série de razões para isso, mas, em parte, esse comportamento se deve ao fato de que eles continuam trabalhando ao lado de gente que foi da Stasi: são todos colegas! Por exemplo, o juiz que assinou o mandado de prisão de Charlie, daquela última vez que o prenderam, continua em atividade."

Ao que parece, no entanto, alguma coisa caminhou. O promotor encontrou uma testemunha do que aconteceu nas celas no dia em que Charlie morreu: um outro prisioneiro. "De acordo com o relato desse prisioneiro", diz Miriam, "houve uma comoção na cela de Charlie logo cedo naquele dia. Alguma coisa aconteceu, e o guarda chamou outros guardas, que vieram correndo.

Depois, foram todos embora. A testemunha afirma que tudo permaneceu calmo até o meio-dia, quando vieram trazer o almoço. Então, o guarda precisou de novo da ajuda dos outros, e houve gritaria na cela dele. Seria de esperar que esse novo indício impulsionasse outra vez as investigações, mas não. O promotor veio me dizer, depois, que tinha encontrado outro ex-prisioneiro, que teria lhe 'assegurado com boa dose de credibilidade' não ter ouvido nada nas outras celas naquele dia. De novo, ele quis usar esse testemunho como motivo para encerrar o assunto."

Miriam perdeu a fé nas investigações. Há cerca de um mês ela enviou o arquivo e toda a correspondência de todos esses anos diretamente ao ministro da Justiça. "Ele ainda não me deu resposta", diz, "mas estou esperando." Ela deposita um cotovelo no braço da poltrona e segura o queixo na palma da mão. "E, claro, tem também os quebra-cabeças. Sei que existe uma grande quantidade de pedaços de papel que nem foi posta nos sacos, ou seja, que ainda não juntaram para enviar a Nuremberg. Talvez esses pedaços contenham alguma coisa sobre o Charlie."

Fico calada por um momento. Depois, pergunto o que ela acha que aconteceu na cela naquele dia.

"Charlie era teimoso. Sei, de sua prisão anterior, que ele se recusava a cooperar — que se recusava a falar ou a sair para os exercícios na prisão. Imagino que, talvez, ele não tenha respondido ou coisa do tipo quando foram à cela dele naquela manhã. Devem ter batido nele, e ele deu com a cabeça na parede ou coisa assim. Depois, devem ter deixado ele lá e, quando voltaram na hora do almoço, encontraram-no no mesmo lugar em que ele tinha caído. É provável que já estivesse morto ou, então, que estivesse morrendo, o que explica terem chamado mais guardas outra vez."

Ela apaga o cigarro e segue amassando a guimba.

Miriam provavelmente tem razão sobre o que teria acontecido. Mas desenterrar Charlie vai lhe revelar alguma coisa? Talvez possa esclarecer se ele morreu enforcado ou não, mas pelas mãos de quem? Ou, se o cremaram, como indica o arquivo, não vai haver nada no caixão que possa dizer a ela o que aconteceu. Ela própria, porém, seguirá vivendo, e só poderá contar com o consolo das frágeis teorias.

No momento, contudo, essa terrível espera mantém em suspensão sua vida com Charlie, o contato com ele. E, por baixo da necessidade de saber o que aconteceu, há o desejo de justiça. O regime pode ter acabado, mas o mundo não estará direito até que Miriam obtenha algum tipo de justiça. Envidraçaram coisas ainda não terminadas.

Seguimos conversando noite adentro. Comemos tomates com manjericão e melão com presunto. Miriam fala de amigos, mas não tem um companheiro. "É difícil demais", diz ela com tristeza, "explicar tudo." Pergunto sobre sua família. A mãe, ela me conta, é uma alpinista social. "Uma coisa difícil num regime socialista, mas ela conseguiu!", ri. A irmã é dentista. "O consultório dela é aqui mesmo, no andar de baixo, daria para você ter visto." Fico contente que sua irmã esteja por perto.

"E seu pai?"

"Meu pai era médico", ela conta, "um homem muito bom. Morreu no começo dos anos 1970, ainda relativamente jovem." Ela dá um tapinha no maço de cigarros sobre a mesa. "Câncer no pulmão."

"Oh."

"A vantagem é que não leva muito tempo", ela diz, exalando a fumaça.

Através das portas duplas que conduzem à sala ao lado, meus olhos captam o olhar de porcelana de uma boneca. É uma velha marionete em trajes de seda branca, mãos na cintura, pendendo do crucifixo de barbantes atrelado a um canto da estante de livros.

Miriam pede que eu fique e insiste em me ceder sua cama. Acordo no meio da noite, em busca de água e de um pouco de ar. No caminho, entre o banheiro e a janela que dá para a charneca, eu a vejo à luz da lua e me detenho. Ela está dormindo no chão da sala de estar, de pijama branco folgado e uma venda nos olhos. O pescoço está dobrado, braços e pernas esparramados por uma almofada redonda. É tão esguia encolhida ali que praticamente seu corpo inteiro cabe na almofada, sob a luz.

De manhã, ela me leva até a estação. Para meu alívio, encontro uma copiadora aberta no caminho e posso lhe devolver o poema de Charlie. Ela me acompanha até a plataforma e espera até que o trem comece a andar, silencioso e lento. A garota sentada à minha frente beija um cachorrinho. Na plataforma, um cachorro mais velho bufa e se reacomoda, ciumento. Então, Miriam acena para mim e se afasta, as costas eretas, em direção à luz do sol.

Gosto de trens. Gosto de seu ritmo e da liberdade de estar suspensa entre dois lugares, as ansiedades inerentes aos propósitos sob controle: por enquanto, sei para onde estou indo. Logo deixamos Leipzig, passando por milho, trigo e caixas-d'água de aspecto medieval junto de cada estação: Lutherstadt Wittenberg, Bitterfeld, Wannsee. Num dos campos, vejo um espantalho equipado para o que der e vier com um capacete preto de motociclista; atrás dele, um pára-quedista busca seu ponto de pouso. Dois garotos sentados num bote entre os juncos pescam em meio ao vasto mar plano de improvável verde.

Eu me afasto da janela, e o cachorrinho, de súbito, passa a me achar fascinante. Ele detecta o ruído do papel no meu bolso. Eu abro o poema de Charlie.

Nesta terra
Fiquei doente de silêncio
Nesta terra
Caminhei, perdido
Nesta terra
Eu me agacho para ver
O que será de mim.

Nesta terra
Eu me contive
Para não gritar
— Mas gritei, tão alto
Que esta terra uivou para mim
Do mesmo modo horrível
Como constrói suas casas.
Nesta terra
Fui semeado
Só minha cabeça desponta
Desafiadora do chão
Mas um dia também ela será ceifada
Fazendo-me enfim
Desta terra.

Dobro o poema e penso em Charlie Weber, agora parte desta terra. E penso em Miriam, uma donzela que sopra fumaça em sua torre. Às vezes, ela as ouve e sente seu cheiro, mas, no momento, as feras estão todas em suas jaulas.

Caminho para casa, em direção ao apartamento da estação de Rosenthaler Platz. O parque está vivo, o sol brilha forte a ponto de destacar as pessoas de suas sombras num 3D exagerado. Os veranistas se esparramam na grama, alguns de calção, outros com o traseiro de fora. Adolescentes tiram o chiclete da boca para se beijar, um cão pastor exibe na testa um único tufo de pêlos tingido de verde, um jovem deficiente é levado para uma voltinha num carrinho de bebê. Pessoas balançam bebês para lá e para cá, tentando acalmá-los, e crianças giram em balanços e carrosséis cuja presença ali eu nunca havia notado.

Algumas notas sobre as fontes

1. BERLIM, INVERNO DE 1996 [PP. 15-25]

p. 20: O historiador Klaus-Dietmar Henke afirma que a "revolução pacífica" de 1989 foi "a única revolução bem-sucedida na história da Alemanha. Os alemães orientais acrescentaram à história de nosso país um de seus momentos mais esplêndidos, uma contribuição à nossa maneira bastante conturbada de encontrar e aceitar as liberdades individual e política como valores de suma importância". Ele também afirma que, em quantidade aproximada, o número de arquivos gerados pela Stasi "equivale a toda a documentação produzida na história alemã desde a Idade Média".

"Abrindo a tampa da opressão — os arquivos da Stasi", comunicação à 26ª Conferência Bianual da International Bar Association, Berlim, 1996. Henke era, então, chefe do departamento de pesquisa da Administração dos Arquivos da Stasi (*Der Bundesbeauftragte für die Unterlagen des Staatssicherheitsdienstes der ehemaligen Deutschen Demokratischen Republik*, também conhecida como BstU).

6. O QUARTEL-GENERAL DA STASI [PP. 79-93]

p. 82: Sobre o número de agentes da KGB na União Soviética, de funcionários da Gestapo durante o regime nazista e de empregados e agentes da Stasi, ver

John O. Koehler, *Stasi: The Untold Story of the East German Secret Police*, Westview Press, Boulder CO, 1999, pp. 7-8.

pp. 83-84: Sobre a vida de Erich Mielke, ver Jochen von Lang, *Erich Mielke: Eine deutsche Karriere*, Rohwolt, Reinbek bei Hamburg, 1993; Koehler, pp. 33-72. Sobre o famoso discurso de Mielke no Parlamento, ver *Der Spiegel* 46/1999 (15 de novembro de 1999), "Wende und Ende des SED-Staates (8)", em <http://www.spiegel.de/spiegel>.
O discurso está disponível também em <http://ddr-im-www.de/Geschichte/1989.htm>. Os pronunciamentos de Mielke sobre traidores e execução foram extraídos do documentário feito para a TV *Die Stasi-Rolle: Geschichten aus dem MfS*, de Stefan Aust, Katrin Klöcke, Gunther Latsch e Georg Mascolo, Spiegel TV, 1993.

p. 88: A RDA tinha o maior PIB per capita do bloco socialista: Alexandra Ritchie, *Faust's Metropolis: A History of Berlin*, Carroll & Graf Publishers Inc., Nova York, 1998, p. 755.
A publicação russa *Sputnik*, por exemplo, foi banida pelas autoridades da RDA em novembro de 1988: *Informationen zur politischen Bildung*, 1. Quartal, 1996, "Der Weg zur Einheit: Deutschland seit Mitte der Achtziger Jahre", p. 15.

pp. 88-89: O relatório da Administração dos Arquivos da Stasi sobre os preparativos para a prisão de cidadãos no chamado "Dia X" está em *Vorbereitung auf den Tag X — Die Geplanten Isolierungslager der MfS*, de Thomas Auerbach e Wolf-Dieter Sailer, BstU, 1995.

pp. 91-92: As palavras de Honecker foram: "*Den Sozialismus in seinem Lauf, wie man bei uns zu sagen pflegt, hält weder Ochs noch Esel auf*" [Como costumamos dizer, nem um boi nem um burro é capaz de deter a marcha do socialismo], Erfurt, 14 de agosto de 1989, e também em seu discurso ao Parlamento, em 6 de outubro de 1989, 40º aniversário da RDA. Ver "1989 — 40 Jahre DDR", em <http://ddr-im-www.de/Geschichte/1989.htm>.
Ver também, nesse mesmo endereço, a famosa repreensão de Gorbatchev. Sobre a ordem de Honecker para "podar os contra-revolucionários na raiz", ver *Der Spiegel* 40/1999 (4 de outubro de 1999), "Wende und Ende des SED-Staates (2)", em <http://www.spiegel.de/spiegel/0,1518,44895,00.html>.
Sobre as notas tomadas pela Stasi acerca dos clamores dos manifestantes contra ela, ver *Der Spiegel* 46/1999 (15 de novembro de 1999), "Wende und Ende

des SED-Staates (8)", em <http://www.spiegel.de/druckversion/0,1588,52264, 00.html>.

pp. 92-93: O discurso de Günter Schabowski na entrevista coletiva de 9 de novembro de 1989 figura no documentário de TV *Die Stasi-Rolle: Geschichten aus dem MfS*, Spiegel TV, 1993. Nesse mesmo programa, o guarda de fronteira *Herr* Jäger, membro da Stasi, admite que os passaportes deveriam ser carimbados de modo a impedir o retorno de certas pessoas ao país. O discurso de Schabowski está disponível em "1989 — 40 Jahre DDR", <http://ddr-im-www.de/ Geschichte/1989.htm>.

7. O CHEIRO DOS VELHOS [PP. 94-104]

p. 97: Sobre o número de informantes da Stasi que participou das negociações com a Runden Tisch, ver *Der Spiegel* 49/1999 (6 de dezembro de 1999), "Wende und Ende des SED-Staates (11)", em <http://www.spiegel.de/druckversion/0,1588,52264,00.html>.

8. TELEFONEMAS [PP. 105-19]

pp. 114-15: *Frau* Neubert, do *Bürgerbüro e.V. Verein zur Aufarbeitung von Folgeschäden der SED-Diktatur,* me contou sobre as entregas de pacotes contendo pornografia ou o tiquetaque de um relógio. O cabo do freio do carro dos Neubert foi cortado. O escritor Jürgen Fuchs contou-me a história dos cachorrinhos, e sua filha foi detida quando saía da escola. Sobre a ameaça de ataque com ácido ao guarda de fronteira, ver Koehler, p. 29. Koehler cita também Manfred Kittlaus, diretor da Unidade de Investigação de Crimes Governamentais, de Berlim, que chama as associações de ex-funcionários comunistas de "uma forma clássica de crime organizado", p. 30.

Em 1998, uma investigação parlamentar do governo federal descobriu que, nas semanas da queda do regime do SED, em 1989, desapareceu uma quantia de marcos ocidentais estimada entre 2 e 10 bilhões. Ver referência a *Untersuchungsausschuss "DDR-Vermögen"* em *Der Spiegel* 50/1999 (14 de dezembro de 1999), "Wende und Ende des SED-Staates (12)", em <http://www.spiegel.de/druckversion/0,1588,52264,00.html>.

357

10. O NAMORADO ITALIANO [PP. 132-41]

p. 134: Embora a maior parte das pessoas fosse capaz de assistir à TV ocidental, o sinal não penetrava numa área que, por características geográficas, lhe era inacessível e incluía Dresden. A região ficou conhecida como *Tal der Ahnungslosen*, o "vale dos desinformados".

12. O LIPSI [PP. 156-68]

pp. 157: Em pesquisas realizadas logo após o final da guerra, o período da história da Alemanha em que Hitler esteve no poder (1933-45) foi avaliado positivamente por cerca de 40% da população alemã: "Umfrage des Instituts für Demoskopie Allensbach 1951", em Alfred Grosser, *Die Bonner Demokratie: Deutschland von draussen gesehen*, Rauch, Düsseldorf, 1960, p. 22.

Numa pesquisa efetuada em 1971, a maioria do povo alemão ainda considerava o nazismo uma boa idéia, equivocada apenas em sua implementação: Max Kaase, "Demokratische Einstellungen in der Bundesrepublik Deutschland", em Rudolf Wildenmann (org.), *Sozialwissenschaftliches Jahrbuch für Politik*, vol. 2, Olzog, Munique, 1971, p. 325.

13. VON SCHNI... [PP. 169-80]

p. 170: Karl-Eduard von Schnitzler escreveu uma autobiografia intitulada *Meine Schlösser oder Wie ich mein Vaterland fand*, Verlag Neues Leben, Berlim, 1989. Seus pontos de vista podem ser encontrados também em *Provokation*, Edition Nautilus, Hamburgo, 1993.

19. KLAUS [PP. 235-47]

p. 244: O relatório da Administração dos Arquivos da Stasi sobre o uso de radiação contra "oposicionistas" está em *Bericht zum Projekt: Einsatz von Röntgenstrahlen und radioaktiven Stoffen durch das MfS gegen Oppositionelle — Fiktion oder Realität?*, do Projektgruppe Strahlen: Bernd Eisenfeld (diretor), Thomas Auerbach, Gudrun Weber e dr. Sebastian Pflugbeil. Publicado pela BstU em 2000.

358

20. HERR BOCK, DE GOLM [PP. 248-57]

p. 254: Instruções a agentes sobre modos de incapacitar "oposicionistas", bem mais detalhadas do que essa pequena aula de *Herr Bock*, eu as descobri mais tarde. Elas integram a "Diretriz Percepções" (*Richtlinien, Stichpunkt Wahrnehmung*) e têm por objetivo:

> Desenvolver a apatia [no indivíduo] [...] para promover uma situação em que seus conflitos, sejam eles de natureza social, pessoal, profissional, médica ou política, se tornem insolúveis [...] para despertar seus medos [...] desenvolver/criar desilusões [...] restringir seus talentos e suas habilidades [...] reduzir sua capacidade de ação e [...] fomentar nele dissensões e contradições com esse mesmo fim [...]

Em 18 de janeiro de 1989 — muito antes que se pudessem prever as manifestações de outubro daquele ano —, o Estado publicou outra refinada diretriz chamada *Zersetzungsmassnahmen*. A palavra alemã *Zersetzung* [degradação, decomposição] é severa, exprimindo aí um conceito que envolve a aniquilação do eu interior. A diretriz recomendava os seguintes métodos:

> [a] disseminação direcionada de boatos sobre determinadas pessoas com o auxílio de cartas anônimas ou pseudo-anônimas [...] implicando-as em situações comprometedoras mediante a confusão deliberada dos fatos [...] [e] a geração de comportamentos histéricos e depressivos nas pessoas em questão.

Ver Jürgen Fuchs, *Unter Nutzung der Angst* 2/1994, publicado pela BstU, e "Politisch-operatives Zusammenwirken und aktive Massnahmen", em *Bearbeiten-Zersetzten-Liquidieren Analysen und Berichte* 3/93, BstU, pp. 13-24. Quanto às definições da própria Stasi, ver também *Das Wörterbuch der Staatssicherheit: Definitionen des MfS zur "politisch-operativen Arbeit"*, Siegfried Suckut (org.), Christoph Links Verlag, Berlim, 1996.

23. HOHENSCHÖNHAUSEN [PP. 279-94]

p. 285: Nenhum dos torturadores de Hohenschönhausen jamais foi levado à justiça. Ver Ritchie, p. 877.

24. HERR BOHNSACK [PP. 295-307]

pp. 297 e 301: Artigos sobre *Herr* Bohnsack foram publicados em *Der Spiegel* 29/1991, pp. 32-34 (contendo a confirmação de que a Stasi comprou votos de políticos da Alemanha Ocidental), e *Der Spiegel* 30/1991, pp. 57-58. Sobre desinformação, ver também *Der Spiegel* 49/1991, pp. 127-30. Apesar da compra de votos por parte da Stasi, o mandato de Brandt como chanceler foi curto. Dois anos mais tarde, ele cairia, quando se revelou que um de seus assessores mais próximos, Günter Guillaume, era um dos agentes de Wolf.

Agradecimentos

Meu primeiro débito de gratidão é para com as pessoas que me contaram suas vidas e, acima de tudo, para com Miriam Weber, cuja história me impulsionou a procurar outras histórias. Sou grata também àqueles que se dispuseram a conversar comigo, mas cujas histórias não integram este livro, em especial a *Herr* Wolfgang Schellenberg, cuja vida merece ser contada num livro à parte. Devo agradecimentos também a muitas outras pessoas com quem conversei na Alemanha. *Frau* Hollitzer, do *Museum in der Runden Ecke* de Leipzig, foi generosa no tempo e na hospitalidade que me ofereceu. Os funcionários da Administração Federal dos Arquivos da Ex-RDA (*Der Bundesbeauftragte für die Unterlagen des Staatssicherheitsdienstes der ehemaligen DDR*), e, em particular, Regina Schild, dr. Klaus-Dietmar Henke, Thomas Auerbach, Roger Engelmann, Jens Gieseke e Bernd Eisenfeld, me ajudaram muito com informações e, por vezes, experiências que compartilharam comigo. *Frau* Neubert, no *Bürgerbüro e.V. Verein zur Aufarbeitung von Folgeschäden der SED-Diktatur*, ofereceu-me sua compreensão inestimável dos fatos, assim como seu colega Uwe

Bastian. Ajudaram-me também Martin Gutzeit, o *Berliner Landesbeauftragte für die Stasi Unterlagen*, o pessoal da *Antistalinistische Aktion Berlin — Normannenstrasse e.V. (ASTAK)*, o *Bürgerkomitee "15 Januar" e.V. zur Aufarbeitung der Stasi-Vergangenheit* e a *Forschungs-und Gedenkstätte Normannenstrasse, Berlin*. Agradeço ainda ao professor Manfred Görtemaker, da Universidade de Potsdam.

Este livro não teria sido escrito sem o apoio generosíssimo de membros da Australian German Association, quando comecei a escrevê-lo. Agradeço à AGA por ter me agraciado com sua Educational Development Fellowship de 1995, em particular a seus membros BMW Ltd. (Austrália), Dresdner Bank AG, Mercedes Benz Pty Ltd. (Austrália) e Deutsche Bank Group (Austrália). Meus agradecimentos também a Andrew Grummet, pela ajuda e pela amizade.

Meu sincero muito obrigado ao Australia Centre, Potsdam, onde estive como escritora residente em 1996-7. A dra. Ditta Bartels, na Austrália, e Ruth Bader e Rico Janke, em Potsdam, propiciaram-me estímulo e apoio administrativo inestimáveis enquanto o verdadeiro trabalho começava.

Sou grata pelo Felix Meyer Creative Writing Award e pela bolsa New Work do Arts Victoria, que me propiciou o tempo necessário para escrever. A bolsa em Varuna — The Writer's House e o apoio que recebi ali de Peter Bishop foram maravilhosos.

Agradeço à Australian Society of Authors e a John Tranter, pela ajuda durante seu Mentorship Program. Devo muito a Marion Campbell, da Universidade de Melbourne, por sua percepção e sabedoria. Agradeço ainda a Jenny Lee, cuja leitura do manuscrito se deu em momento crucial, e a Gudruna Papak, do Instituto Goethe de Sidney.

Meus grandes amigos berlinenses propiciaram-me uma sensação de vida normal, muito necessária enquanto eu explorava a

Stasilândia: Annette e Gerhard Pomp, Charlotte Smith e Markus Ickstadt, Harald e Marianne Meinhold, Lorenz e Monika Prell, e Rainer Merkel. John, meu pai, e Kate, minha falecida mãe, deram-me grande apoio. Sou grata em particular a meu editor, Michael Heyward, cujo entusiasmo irrestrito me compeliu adiante diversas vezes, enquanto eu escrevia, e cujo trabalho de edição foi magnífico. Acima de tudo, agradeço a Craig Allchin, minha fonte constante de inspiração, que sempre me fez as perguntas certas, sem jamais questionar se este meu projeto valeu quatro anos de nossas vidas.

Posfácio

William Waack

A primeira vez que vi a DDR (até hoje não consigo usar a sigla em português, RDA) foi de uma distância segura, do alto de um palanque de madeira no lado ocidental de Berlim, armado para quem quisesse apreciar o muro "de cima", digamos assim. Era 1975, auge da Guerra Fria — algo que evidentemente só saberíamos depois, naquela época acreditava-se que a confrontação entre as superpotências do período estava a caminho de rápida superação. Não conheço qualquer pessoa que tenha encarado o muro e permanecido impassível ou indiferente. A definição de Anna Funder é preciosa: "(o muro) foi uma das maiores estruturas jamais construídas para manter as pessoas separadas umas das outras". Ou você chamava a imponente construção de "Muro da Vergonha" ou o encarava como "Barreira Anti-Fascista". Preocupado em encontrar um meio-termo, acabei sendo citado naquela época num editorial do jornal (o *Estadão*) para o qual trabalhava como repórter internacional com base em Bonn (a capital da então Alemanha Ocidental), como "um jovem correspondente que tem vergonha de chamar as coisas pelo nome que elas merecem".

Quem escreveu o editorial era um refugiado húngaro da revolução de 1956, esmagada pelos soviéticos assim como a revolta trabalhadora (a primeira grande no Leste da Europa) dos alemães orientais, três anos antes. De fato, era impossível estar diante do muro e fechar os olhos para aquela realidade. Tratava-se de um monumento fenomenal, que servia para comprovar a vergonhosa estupidez daquele tipo de regime. E só não o via quem não queria, obviamente.

Nos catorze anos seguintes, até que ele caísse, cruzei o muro várias vezes — de avião, trem, metrô, ônibus, carro e até a pé, numa correria à noite e debaixo de chuva para apanhar um avião rumo a Varsóvia no aeroporto de Schönefeld (o de Berlim Oriental). João Paulo II acabara de ser eleito e participava da correria um colega italiano que jamais pisara num país comunista. "Cuidado que eles atiram", gritava o italiano, arrastando uma mala que incluía até pó de café (tinham dito a ele que isso não existia "lá").

Não, os guardas do muro jamais atiraram em jornalistas estrangeiros. Eles nos sacaneavam de outra maneira: com o cumprimento rigoroso de toda a imensa rotina burocrática para permitir o ingresso no paraíso da classe trabalhadora e camponesa, como eles mesmos definiam o próprio país. Não era necessário visto para entrar em Berlim Oriental (que, do lado ocidental, tinha um status internacional diferenciado). Mas era bem diferente para o restante da DDR e para seus vizinhos do bloco comunista.

Numa outra ocasião, em parceria com o saudoso "Pepe" Comas, do *El País*, nos disfarçamos de motorista e advogado de uma instituição beneficente (que não existia) para entregar comida a trabalhadores poloneses durante o golpe militar que acabara de ser decretado pelo general Wociech Jaruzelski em Varsóvia. A única maneira de entrar na Polônia era com algum disfarce, já que não forneciam vistos a jornalistas. Tínhamos de atravessar a fronteira da DDR com a Polônia num furgão carregando, entre outras coisas, laranjas espanholas em pleno inverno de dezembro de 1981. Na ida e na volta os guardas da fronteira (os temidos "grepos", de Grenzpolizisten) desmontaram até os painéis laterais do furgão. Mas não encontraram as reportagens de vários colegas que estavam em Varsóvia e não podiam transmiti-las, e que havíamos escondido nos dutos de ventilação do veículo (era a época pré-internet, pré-celular, pré-televisão por satélite). Acho que foi minha única sensação de vitória contra os grepos. De resto, eles sempre me fizeram sentir mal. Especialmente num lugar chamado "Palácio das Lágrimas", a estação de metrô da Friedrichstrasse, no antigo centro, o lugar onde os alemães orientais se despediam dos alemães ocidentais que tinham vindo visitá-los. A frieza e a arrogância dos grepos era inesquecível.

Mas acho que só posso dizer que comecei a conhecer bem a DDR depois do muro, especialmente nos dois ou três primeiros anos da reunificação alemã. Lembro-me de ter acompanhado durante todos os anos que precederam a implosão do comunismo europeu o vivo debate sobre alternativas ao socialismo real (o da DDR, por exemplo). Cobrindo as greves do Solidariedade e a crise polonesa, passei a ser um ávido leitor — e debatedor — das principais teses sobre o fracasso, até então, das "terceiras vias" dentro do Bloco. Foi com certa decepção que notei, por parte dos habitantes da ex-DDR, o mais completo desinteresse por esse tipo de questão.

Inicialmente acho que fui um bocado influenciado pelos poloneses na maneira de encarar os "ossis" (a expressão, algo pejorativa, com que os ocidentais — "wessis" — tratavam os alemães orientais, que eles não encaravam de jeito algum como irmãos). Os poloneses sempre foram engraçados (até os dirigentes do Partido tinham um certo cinismo divertido), charmosos e tinham horror dos alemães orientais (que chamavam de "alemães certos com o dinheiro errado", enquanto os ocidentais, os capitalistas, eram os "alemães errados com o dinheiro certo").

367

Boa parte da população polonesa foi transferida por Stálin de um lado para o outro do país e ganhou territórios, depois da Segunda Guerra, que tinham sido alemães, mas essa é outra história. Para nós, correspondentes que cobriam o lado comunista, a Guerra Fria e a desintegração do bloco soviético, era fácil identificar uma "personalidade" em cada tipo de população envolvida naqueles eventos. No caso dos alemães orientais, o que nos vinha à cabeça era sempre a impressão de gente sem face. A primeira face da DDR com a qual tive contato constante, regular e com quem podia falar de qualquer assunto foi *Frau* Kischkewitz. Ela apareceu para trabalhar como faxineira em casa uns dois anos depois da queda do muro. Tinha acabado de se aposentar como técnica de nível médio em química de uma indústria de material fotográfico da DDR que falira, como muitas outras, incapaz de competir com as empresas ocidentais. E *Frau* Kischkewitz precisava de mais dinheiro para poder viajar. Em um ano, ela e o marido — ambos na faixa dos sessenta beirando os setenta — tinham andado pela Ásia, África do Norte, Estados Unidos e França. Mas não se interessaram muito pela Alemanha Ocidental — "que já conhecemos muito bem pela tevê", dizia.

Nos primeiros anos da reunificação ainda era muito fácil identificar quem era ossie e quem era wessie. Carros, roupas, jeito de falar. Os ossis sempre davam a impressão de campeões mundiais na categoria chorar de barriga cheia — *Frau* Kischkewitz também, eu dizia, para provocá-la. Na época, o governo da Alemanha jogava no território da ex-DDR o equivalente a uma dívida externa do Brasil por ano — e era uma barbaridade! De novo era necessário buscar um parâmetro razoável para aferir o estado psicológico daqueles 16 milhões de seres humanos para os quais o mundo virara de cabeça para baixo em alguns poucos meses.

Da mesma maneira que Anna Funder, também tive a "minha" fase de buscar os que trabalharam para a Stasi. O "meu"

368

agente da temida polícia política acabou aparecendo na figura de Jürgen Mirtschinck — o homem que fechou o último escritório da Stasi no... Brasil. Sim, a Stasi tinha um escritório de espionagem dentro da Embaixada da DDR em Brasília, com filiais no Rio e em São Paulo. O que eles faziam? "Líamos jornais", disse Jürgen. Uma foto dele no alto do prédio onde ainda morava — um prédio só para o pessoal da Firma, como eles chamavam a Stasi — ainda saiu publicada numa reportagem especial para a *Veja*, para a qual eu então trabalhava como correspondente na Europa, com sede em Berlim.

Jürgen deixou em mim a impressão que é típica de todo profissional que sabe ser correto em sua tarefa e não encontra mais serventia em lugar algum. Ele se esforçou, em algumas longas conversas, em tentar me provar que a Stasi apenas fazia o papel de qualquer outro serviço secreto. Jürgen jamais quis contar quem eram os brasileiros da sua rede de informantes, e nem sequer se sabiam que eram informantes oficiais ou inoficiais, como a Stasi gostava de dizer. Uma espécie de último bastião moral numa luta completamente perdida — e absolutamente imoral. Da última vez em que ouvi falar dele, estava num programa da ONU para limpar minas terrestres deixadas pela guerra civil em Angola. E sua mulher trabalhava como arrumadeira num hotel cinco estrelas na esquina da Friedrichstrasse com a Unter den Linden.

Para o programa *Milênio*, da Globo News, acabei entrevistando, quase dez anos depois da queda do muro, o grande nome da espionagem da DDR: o lendário Markus Wolf. Tinha se transformado num *showman* da imprensa internacional, claro, mas nós nos recusamos a pagar o cachê que ele normalmente cobrava para entrevistas longas. Deixou-se filmar passeando no parque que fica próximo ao Hotel Metropol — o favorito da Stasi para observar e grampear hóspedes ("alvos") estrangeiros. E tinha um curioso recado a dar: detestava, dizia, ser abordado pela CIA com ofertas saborosas para revelar seus espiões. "Há uma ética nisso tudo que eu sempre respeitei", dizia o ex-chefe dos espiões.

No meio do turbilhão da reunificação meu personagem favorito era um ex-funcionário público do povoado de Frest, bem ao Norte da antiga DDR, que morava em frente ao famoso (para quem gosta de Segunda Guerra Mundial) campo de provas de Peenemünde, onde Wernher von Braun testou os foguetes V-1 e V-2. O lugar estava intocado havia mais de sessenta anos: tinha sido setor militar na época da Alemanha nazista, depois fora gerenciado pelos novos donos, o Exército Vermelho. Além do mais, funcionavam ali perto quatro blocos de reatores similares aos de Chernobyl, e uma antiga base naval da DDR, com velhos barcos de patrulha enferrujando lentamente (acabaram vendidos como sucata para a Indonésia). Ou seja, até a "Wende" ("virada") — a palavra pela qual alemães dos dois lados conhecem o cataclismo da queda do muro —, só pássaros silvestres passeavam por ali.

A maior esperança desse ex-funcionário público era a chegada de muitos velejadores da Alemanha Ocidental. Explica-se: naquela região do Báltico, uma das coisas mais difíceis era arranjar um lugar para deixar o veleiro, e os alemães, assim como os holandeses, os dinamarqueses e, especialmente, os suecos, são velejadores fanáticos. Frest, com um portinho abrigado diante de Peenemünde, parecia um lugar ideal. O ex-funcionário resolveu ser empresário. Comprou um velho barco de passageiros, amarrou-o a um píer abandonado e muito raso (dependendo do vento o barco sentava no fundo de lama) e transformou-o na única lanchonete num raio de quilômetros. Era o Sturmvogel ("mergulhão").

Como em toda ex-DDR daqueles tempos, a comida limitava-se a horrorosos congelados "importados" do lado ocidental. O Sturmvogel não tinha um só "turista" do lado ocidental. Em compensação, virara uma espécie de confessionário de histórias que pareciam sempre as mesmas: como a minha empresa foi fechada, como perdi meu emprego, como os jovens se mudaram para o lado ocidental, como vou fazer para sobreviver, como era melhor antigamente. Antes de a palavra virar moda (e uma longa reportagem especial no *Fantástico*), a Ostalgie (um trocadilho com as palavras alemãs "Ost", para Leste, e nostalgia) já nascera em lugares como o Sturmvogel, balançando suavemente num portinho perdido no Báltico, esperando fregueses que nunca vinham.

Ao trabalhar na pesquisa para o livro *Camaradas*, que lidou com a fracassada tentativa de uma revolução no Rio, em 1935, patrocinada pelo Comintern (a Internacional Comunista), acabei encontrando outros tipos de derrotados pela História. Em especial lembro-me de Ruth Werner, que foi do famoso KPD (o PC alemão anterior à guerra) e depois recrutada pelo serviço secreto militar do Exército Vermelho (no qual se tornou colega de Olga Benário) e depois pela Stasi. Ruth teve de fugir da Inglaterra, onde era espiã, para não ser presa. E passou os últimos quarenta anos de sua vida — ao lado do marido inglês, também membro da rede de espionagem — esperando uma vitória que não veio. Curiosamente, quando Ruth resolveu vender seus "segredos" aos tablóides ingleses, o interesse por velhas histórias já tinha diminuído muito. Por encomenda do partido, Ruth escreveu um romance de muito sucesso na ex-DDR, *Olga*, sobre a vida de Olga Benário, forjando muitos aspectos para ressaltar o lado heróico da biografia da primeira mulher de Luís Carlos Prestes e escondendo os que não pareciam politicamente corretos ao regime. Ruth queixava-se de ter sido plagiada por brasileiros. Quando a encontrei, numa casinha num subúrbio de Berlim Oriental (antigamente uma distinção reservada aos velhos combatentes), já era uma pessoa completamente amargurada.

Meus amigos alemães ocidentais tinham dos ossies uma grande queixa: "eles gostavam daquela ditadura", dizia uma cole-

371

ga da SFB, a grande rádio berlinense. "Eles amavam aquela vidinha, tudo em ordem, tudo previsto, tudo garantido, tudo regulado". É difícil dizer isso de uma população inteira, mas nesse ponto Anna Funder tem toda razão: boa parte dos alemães orientais trocaram a ditadura hitlerista pela ditadura comunista sem o menor problema de consciência. E o que parecia para mim uma conclusão teórica e abstrata, até acadêmica, acabou sendo uma experiência diretamente vivida quando fui atrás de um dos sobreviventes alemães dos combates na Itália contra a FEB, a Força Expedicionária Brasileira.

Anos antes, revirando arquivos britânicos a respeito da participação de brasileiros nos combates na Itália, encontrara o interrogatório de um jovem tenente alemão, que havia sido capturado por brasileiros nos Apeninos, já em fevereiro de 1945 (portanto, a dois meses do final do conflito). Esse jovem oficial alemão fizera parte da Juventude Hitlerista e fora imobilizado pelos próprios subordinados, soldados veteranos interessados apenas em sobreviver, quando percebeu que eles se renderiam aos inimigos. No interrogatório, o jovem tenente mostrara-se um ardente defensor do regime nazista. Mas não conseguira encontrá-lo nos idos de 1984, período da minha pesquisa, embora tivesse localizado 27 outros combatentes alemães que enfrentaram os brasileiros da FEB na Itália.

Com o fim da DDR e o começo da Internet, arrisquei e tive sorte. Encontrei o ex-tenente Pohl já muito velho e doente, instalado numa casa à beira de um lago próximo da autobahn que liga Berlim a Rostock (que fora o principal porto da DDR). E a carreira do ex-integrante da Juventude Hitlerista tinha sido um modelo para a extinta DDR. Depois de libertado como prisioneiro de guerra dos britânicos na Itália, voltou para casa, então ocupada pelos soviéticos, e abraçou a nova causa sem o menor constrangimento. Trabalhara a vida inteira como professor de uma escola primária, membro do SED, o PC da Alemanha Oriental. Tinha feito parte, como assinala Anna Funder, "de uma das mais extraordinárias manobras de inocência da História". A história de vida do ex-tenente saiu publicada na *Veja*, em 1995.

Pouco tempo depois, já como correspondente da Rede Globo em Londres, embarquei numa ambiciosa matéria de TV que consistia em traçar o caminho de uma família que um antecessor meu no posto, Sílio Boccanera, havia entrevistado imediatamente após a queda do muro. De novo, com um bocado de sorte, encontramos o casal e sua filha, ainda morando no mesmo apartamento em Berlim Oriental. Ele havia perdido o emprego, ela havia mudado de penteado e, ambos, de carro. A filha tinha se transformado completamente e, da família inteira, era a única que já não falava com o típico (e revelador) sotaque dos ossies. Aos dezoito anos, para ela não existia passado. Para os pais, era só o passado que existia.

Uma outra parte da juventude que nasceu na DDR virou presa fácil do ódio contra estrangeiros. As vítimas mais fáceis foram os trabalhadores vietnamitas e moçambicanos que a "solidariedade" socialista levara até o paraíso da classe trabalhadora e camponesa — quando o muro caiu, sobretudo os negros e asiáticos que viviam em pequenas localidades da DDR foram alvo de campanhas racistas. O pior aconteceu em Rostock, onde os prédios que abrigavam número grande de estrangeiros foram atacados com coquetéis molotov. Pode-se dizer que incendiar habitações de estrangeiros não era uma característica apenas dos ossies — a Alemanha Ocidental teve também seus casos horríveis de ataques contra turcos —, mas em nenhuma outra parte do país a caçada a negros assumiu uma característica tão marcante entre a juventude como na DDR.

Mas o que me marcou mesmo foi a idéia de que o muro — do qual já quase não havia vestígios — continuava na cabeça das pessoas. Já não existia em Berlim aquele cheiro típico de gasolina com muito chumbo e carvão mineral queimado nos fornos de calefação quando o tempo ficava cinzento (boa parte do ano) e o vento frio vinha do outro lado do muro. Fazia às vezes uma brincadeira comigo mesmo e, dirigindo pelas ruas do lado oriental de Berlim, esforçava-me para visualizar apenas até o primeiro andar dos edifícios. Estavam totalmente transformados, reformados, pintados, iluminados e bonitos. Dali para cima, dez anos atrás, ainda via-se o descaso, o cinzento, as fachadas arruinadas. Sempre tive uma certa desconfiança em relação a tantas vezes anunciada "renascença" de Berlim, especialmente as partes centrais e orientais, com a unificação. Saí de lá antes que tivessem sido completados os monumentais projetos da nova sede do governo. Quando voltei a visitar a cidade — tudo já arrumadinho, ordenado e instalado —, o que mais me impressionou foi o silêncio.

A "minha" Alemanha da unificação e do fim da DDR — a Alemanha de Anna Flunder também — já acabou. Costuma-se dizer, com boa dose de razão, que a Alemanha é um dos poucos países do mundo cuja história contemporânea pode ser periodizada a partir de Copas do Mundo. A de 1954, vencida pela Alemanha ocidental, traz a idéia de que os alemães voltavam a ser alguma coisa, nem dez anos depois da derrota total da Segunda Guerra. Na de 1974, num show de pragmatismo os alemães ocidentais perderam de um a zero para os alemães orientais (com a derrota, evitaram encontrar times mais fortes), que os levou a vencer pela segunda vez o torneio. Ou seja, uma derrota era apenas a perda de uma batalha no caminho para o país se tornar um pilar da Europa. Na de 1990, os alemães festejaram a Copa e a reunificação. Na de 2006, jogando em casa, puderam agitar a bandeira do país, e gritar palavras patrióticas, sem que os vizinhos precisassem ter medo deles.

E, de fato, durante séculos os alemães foram sempre obcecados com a questão do que é ser alemão, o que é a identidade, o que é a nação alemã. Com a reunificação, assinalam alguns historiadores, pela primeira vez os alemães se juntaram sem ser contra seus vizinhos, mas com a concordância deles. É uma história de sucesso como nenhum outro país europeu tem para contar. E acabou, chegou ao fim essa busca de gerações em torno da identidade alemã. Ninguém dá bola para o fato de que a atual (escrevo em 2008) chefe de governo da Alemanha venha da ex-DDR. Arrisco-me a dizer, porém, que em todo o Leste da Europa nenhuma outra população se entregou a uma abertura tão profunda e abrangente dos arquivos da ex-polícia política. Mas é uma lavagem de roupa suja que vai indo embora com as velhas gerações.

Para as gerações mais novas, talvez um bom exemplo seja uma de suas figuras mais populares, uma apresentadora da MTV alemã. Ela nasceu em Berlim Oriental e tinha onze anos quando o muro caiu. E disso ela não lembra mais nada.

ESTA OBRA FOI COMPOSTA PELO ACQUA ESTÚDIO EM MINION E IMPRESSA
PELA GEOGRÁFICA EM OFSETE SOBRE PAPEL PÓLEN SOFT DA SUZANO PAPEL
E CELULOSE PARA A EDITORA SCHWARCZ EM JUNHO DE 2008